Vorwort

Die hier vorgelegte Publikation befaßt sich mit dem Thema „Strategisches Umweltschutzmanagement in der Industrie“. Strategisches Umweltschutzmanagement umfaßt dabei zum einen wesentliche, von der Unternehmensführung direkt zu regelnde Bereiche bzw. Normen und Grundsätze. Hierzu gehört z. B. die unternehmerische Entscheidung, den Umweltschutz als genuines Unternehmensziel zu formulieren und ihm seinen Platz und Rang im unternehmerischen Ziel- und Wertekatalog zuzuweisen. Dazu gehören u. a. der Aufbau unternehmensweiter Managementsysteme zur Umsetzung der jeweiligen Ziele und Strategien ebenso wie der unternehmensweite Einbezug des Umweltschutzes in die unternehmerische Prozeßkette. Aber auch Bereiche wie die unternehmerische Kommunikation zum Thema Umweltschutz in Public Relations, Marketing und Vertrieb oder der Einbezug des Umweltschutzes in die Personalentwicklung haben hier ihren Platz.

Uns geht es darum darzustellen, vor welchen wesentlichen Herausforderungen im Bereich Umweltschutz die Industrieunternehmen in den nächsten Jahren stehen werden und welche Ansätze zur Lösung heute bereits in den Unternehmen verwirklicht sind. Der erste Anstoß zur Aufnahme des Umweltschutzes in den betrieblichen Aufgabenkatalog ging von der Öffentlichkeit bzw. der Politik aus. Durch die zunehmende nationale und internationale Regelungsdichte, die Komplexität der Sachfragen und den an allen Orten spürbar werdenden Zwang zum Sparen wird der Staat die ursprüngliche Rolle nur noch in begrenztem Umfang spielen können und viele Handlungsfelder in die Eigenverantwortung der Betriebe zurückgeben müssen.

Das Unternehmen wird daher immer mehr zu einem eigenverantwortlichen Akteur im Umweltschutzsystem, wie dies im wirtschaftlichen Bereich schon lange der Fall ist. Mit der Rückgewinnung eines Stücks Autonomie ist allerdings auch die Übertragung einer zusätzlichen Verantwortung verbunden, denen die Unternehmen auf Basis ihres jeweiligen konkreten Hintergrundes nachkommen müssen. Dies geht nur auf der Grundlage unternehmerischer Entscheidungen zum Umweltschutz und seiner Ausgestaltung. In diesem Buch geht es daher weniger um Detailfragen des unternehmerischen bzw. betrieblichen Umweltschutzes, sondern um die wichtigen Kernfragen der unternehmerischen Umweltschutzpolitik. Den Zugang hierzu findet das Buch auf drei Wegen, die auch drei Teile des Buches bezeichnen:

- Der erste Teil entwirft einen konzeptionellen Rahmen für das strategische Umweltschutzmanagement,
- der zweite Teil stellt konkrete unternehmerische Ausgestaltungen des strategischen Umweltschutzes mit bestimmten Schwerpunkten wie Öko-Audit, Umweltschutzhandbuch, Managementsystem etc. dar,
- der dritte Teil enthält die Darstellung bestimmter Handlungsfelder des strategischen Umweltschutzes, wie z. B. des Umweltrechts, des Risk-Managements, der Zusammenarbeit mit externen Partnern, der Rolle der europäischen Gesetzgebung etc.

Die vorliegende Publikation ist für den Manager bzw. den Unternehmer konzipiert. Es sollen konkrete Erfahrungen mit dem Strategischen Umweltschutz geschildert und wichtige zukünftige Entwicklungen, auf die das Unternehmen zu reagieren hat, aufgezeigt werden. Daher wurde das Buch so aufgebaut, daß die einzelnen Beiträge nicht nacheinander, sondern je nach Bedarf gelesen werden können. Viele Beiträge, besonders die Darstellungen der unternehmensinternen Managementsysteme sind dabei nicht nur die „Meinung" des jeweiligen Autors, sondern stellen das Resultat eines komplexen unternehmerischen Zielsetzungs- und Managementprozesses auf dem Hintergrund umfangreicher Erfahrungen mit dem unternehmerischen Umweltschutz und seinen Anforderungen dar. Damit werden diese „Fallbeispiele" auch ein Muster für die konkrete Umsetzung abstrakter Forderungen in die industrielle Praxis bzw. in das Verhalten von Gruppen und einzelnen. Der moderne unternehmerische Umweltschutz, der jeden Mitarbeiter und jede Führungskraft auf seinem jeweiligen

Arbeitsplatz einbezieht, ist neben dem Konsum- und Freizeitverhalten des einzelnen, den normsetzenden und überwachenden Aktionen der Politik und den vielfältigen Umweltschutzdienstleistungen von Verbänden, Serviceunternehmen, Medien etc. ein Kernbereich des gesellschaftlich organisierten Umweltschutzes. Hier haben viele verantwortungsbewußte Unternehmen Hervorragendes geleistet. Diese Arbeit zu dokumentieren und für andere Unternehmen fruchtbar zu machen ist ein Anliegen dieser Publikation. Ein Know-how-Transfer wäre dem Umweltschutzanliegen durchaus förderlich. Denn im Umweltschutz, wie in vielen anderen Bereichen der unternehmerischen Praxis, kommt es nicht darauf an, das Rad jedesmal neu zu erfinden, sondern herausfordernde und erfolgversprechende, vielfach erprobte Lösungen für die eigene unternehmerische Praxis zu überprüfen, sie nach Modifikation gemäß dem eigenen unternehmerischen Hintergrund zu implementieren und gegebenenfalls zu optimieren. Eine solche Vorgehensweise könnte die Umsetzung erfolgreicher Umweltschutzmanagementsysteme erheblich beschleunigen.

Darüber hinaus zeigen die einzelnen Beiträge deutlich, daß der strategische Umweltschutz um so erfolgreicher agiert, je offensiver er vorgeht. Rein defensive Vorgehensweisen, im Sinne der Abwehr staatlicher Normen, Regeln und Auflagen, haben erstens nur kurzfristig, wenn überhaupt, Erfolg und verhindern zudem zweitens den intensiven Einbezug der Mitarbeiter und Führungskräfte in einen aktiven unternehmerischen Umweltschutz. Denn wie sollen Mitarbeiter und Führungskräfte für etwas gewonnen und begeistert werden, das die Unternehmensführung nicht voll mitträgt und aktiv vorwärtstreibt. Ohne den aktiven Einbezug der Mitarbeiter und Führungskräfte bleibt der unternehmerische Umweltschutz immer das Anliegen einiger „Beauftragter“ mit der daraus sich ableitenden Ergebnisminimierung. Die vorliegende Publikation soll daher auch Mut machen zu einer offensiven, vorwärtsgerichteten Umweltschutzpolitik der Industrie in eigener Regie.

Unser Dank gilt an dieser Stelle den Unternehmen, die sich bereit fanden, ihre Umweltschutzmanagementsysteme einer breiteren Öffentlichkeit zu präsentieren, sowie den Autoren, die als verantwortliche Umweltschutzmanager bzw. in eigenem Anliegen an dieser Publikation mitgewirkt haben.

Die Herausgeber
München, im September 1995

Kapitel I

Strategisches Umweltschutzmanagement – Herausforderung und Chance

Dietmar Goralczyk

1 Das Szenario

Die deutsche Wirtschaft steht in der tiefsten Rezession der Nachkriegsgeschichte. Die Ursache für die Rezession ist aber nicht nur in konjunkturellen Faktoren zu suchen. Vielmehr spielen auch große strukturelle Fehlentwicklungen sowie eine Neugestaltung der politischen Verhältnisse (Stichwort „Deutsche Einheit und Neuordnung Osteuropas“) eine wichtige Rolle im gegenwärtigen Krisenszenario.

Die Unternehmen werden die gegenwärtige Krise nur erfolgreich bewältigen, wenn umfangreiche unternehmerische Anpassungsprozesse in Angriff genommen und rasch umgesetzt werden. Diese Anpassungsprozesse betreffen die Gesamtheit des Unternehmens als Akteur im nationalen und internationalen Wettbewerbsprozeß, z. B. die Kostenverhältnisse, die Führungsstruktur, die Arbeitsorganisation, der Einsatz moderner Technologien wie etwa der Mikroelektronik, die Beweglichkeit und Flexibilität in der Reaktion auf technologische und Marktveränderungen, die Geschwindigkeit der Umsetzung von Ideen in unternehmerische Chancen, die Ausschöpfung der unternehmerischen Potentiale, die Kundenorientierung und Servicebereitschaft der Mitarbeiter sowie ihre Fähigkeit, unternehmerische Verantwortung zu übernehmen, die Informations- und Kommunikationsstrukturen im Unternehmen und nicht zuletzt die Unternehmensstrategie, z. B. die Besinnung auf die unternehmerischen Kernpotentiale, die Beendigung der Verzettelung der Kräfte und die Entschlackung der unternehmerischen Produkt- und Dienstleistungsangebote.

Die deutsche Wirtschaft hat diese Herausforderung angenommen. Unter den Schlagworten „Lean Production“, „Lean Management“, „Outsourcing“, „Revitalisierung“, „Business Reengineering“ etc. läuft gegenwärtig eine umfassende Umstrukturierung in vielen Unternehmen ab. Ziel ist dabei die Wiedergewinnung hoher Wettbewerbskraft, die strategische Ausrichtung auf wesentliche und profitable Märkte, die Konzentration der Kräfte, die umfassende Einbeziehung der Mitarbeiter und Führungskräfte und die Entschlackung der unternehmerischen Organisation.

Der dargestellte Prozeß der unternehmerischen Revitalisierung betrifft auch den unternehmerischen Umweltschutz bzw. die unternehmerischen Umweltschutzmanagementsysteme. Viele Unternehmen haben hier in den letzten Jahren Beachtliches geleistet und umfangreiche organisatorische und personelle Kapazitäten aufgebaut. Vielfach war dies auch nötig, um den kaum mehr zu überblickenden Anforderungen der nationalen und europäischen Gesetzgebung nachzukommen.

Dabei entstand fast zwangsläufig ein eher gewachsener als systematischer Managementansatz. Umweltschutz wurde entweder separat etabliert oder mit anderen Querschnittsfunktionen wie Arbeitssicherheit, Gesundheitsdienst, Feuerwehr und Katastrophenschutz, Personal etc. gemeinsam organisiert. Umweltschutz wurde vielfach nur eindimensional verstanden, z. B. als Beherrschung des Produktionsprozesses im Sinne der gesetzlichen Anforderungen, ohne dabei die anderen Bereiche des Umweltschutzes systematisch einzubeziehen. Umweltschutz wurde und wird auch heute noch vielfach als von außen oktroyierter Kontrollmechanismus verstanden und nicht als integraler Bestandteil der Prozeßkette industrieller bzw. unternehmerischer Tätigkeit. Folgen dieses Prozesses der Ausdehnung des unternehmerischen Umweltschutzes waren u. a.:

- das Fehlen einer unternehmerischen Gesamtkonzeption zum Umweltschutz,
- ein eher reaktives System des Umweltschutzes,
- die Aufblähung von bürokratischen Strukturen,
- die nur mangelhafte Ausschöpfung von Synergieeffekten zwischen verschiedenen Querschnittsfunktionen,
- der unkoordinierte Aufbau von unternehmerischen Expertenstäben,
- Doppel- und Dreifacharbeit.

Es war somit klar, daß im Gefolge der Strukturkrise der deutschen Wirtschaft und der daraus folgenden Anpassungsprozesse auch eine Neubewertung und Neuordnung der unternehmerischen Umweltschutzaktivitäten auf der Tagesordnung stand. Nötig ist eine völlig neue Konzeption des unternehmerischen Umweltschutzes. Diese Konzeption integriert den Umweltschutz in die unternehmerische bzw. industrielle Prozeßkette, statt ihn sozusagen „end of pipe" zu belassen. Hier geschieht ein ähnlicher Schritt wie im Bereich der sogenannten Qualitätssicherung. Dort hatte man erkannt, daß hohe Qualität der Produkte und Dienstleistungen nicht durch immer umfangreicher und detaillierter gestaltete Endkontrollen zu erreichen war, sondern nur durch die Integration des Qualitätsgedankens in die gesamte Prozeßkette sowie durch die Formulierung einer „Null-Fehler-Konzeption". Qualität kann am Ende nur herauskommen, wenn sie bereits am Anfang als Herausforderung definiert und über entsprechende Qualitätssicherungssysteme über alle Stufen der Prozeßkette hinweg umgesetzt wird. Ähnlich im Umweltschutz: Ein hoher Standard des unternehmerischen Umweltschutzes bzw. ein hohes Niveau der entsprechenden Managementsysteme kann nur herauskommen, wenn der Umweltschutz als unternehmerische Maxime herausfordernd formuliert und über die gesamte Prozeßkette hinweg umgesetzt wird.

Damit einher geht auch eine Vergrößerung der Verantwortung der Mitarbeiter und Führungskräfte. Denn verantwortlich für Qualität bzw. hohen Standard des unternehmerischen Umweltschutzes sind dann nicht mehr die jeweiligen Spezialisten und Beauftragten, sondern alle Mitarbeiter und Führungskräfte in ihrem jeweiligen Wirkungsbereich.

Ein solches integratives Konzept des unternehmerischen Umweltschutzes erlaubt auch eine veränderte Organisation des unternehmerischen Umweltschutzes bzw. erzwingt einen integrativen Managementansatz: weg vom Spezialisten und hin zum unternehmerischen Gesamtkonzept für Umweltschutz. Denn nur so kann die nötige Vergrößerung der Verantwortung der Mitarbeiter und Führungskräfte umgesetzt und damit auch die aufgeblähte Organisationsstruktur reduziert werden.

Ein integratives Konzept des unternehmerischen Umweltschutzes verlangt u. a.:

- eine Analyse der bestehenden Umweltschutzaktivitäten inklusive der aufgebauten Managementsysteme hinsichtlich:
  - Wirkungsgrad/Effizienz,
  - Aufwand/Nutzen,
  - Kosten inklusive ihrer Entstehung und Zuordnung,
  - personeller Kapazitäten,
  - nicht abgedeckter Wirkungsfelder,
  - Strukturen, Abläufen und Prozessen,
  - Mängeln und Defiziten,
  - Synergiepotentialen mit anderen Querschnittsfunktionen;
- eine Verankerung des Umweltschutzes in den Unternehmenszielen bzw. der Unternehmensstrategie,
- die Zusammenführung aller unternehmerischen Umweltschutzaktivitäten zu einem Gesamtkonzept, z. B.:
  - Umweltschutz in der Produktion,
  - Umweltschutz in bezug auf das Produkt, z. B. Recyclingkonzepte bzw. umweltfreundliche Produktkreisläufe,
  - Umweltschutz im Dienstleistungskonzept, z. B. Entsorgungslogistik, umweltschutzorientierte Zertifizierung von Dienstleistern und Zulieferern;
- die optimale Nutzung der unternehmerischen Umweltschutzaktivitäten im Wettbewerb, z. B. in Richtung „Öko-Marketing" bis hin zur ökologischen Unternehmenskonzeption für bestimmte Branchen und Unternehmen,
- den Aufbau eines effizienten Umweltschutz-Managementsystems als integralen Bestandteil des unternehmerischen Managementsystems und der unternehmerischen Prozeßkette,

- die Entwicklung effizienter Instrumente und Dokumentationssysteme für den unternehmerischen Umweltschutz, z. B.:
  - Umweltinformationssystem,
  - Umweltschutzhandbuch;
- die Integration des Umweltschutzes in die unternehmerische Fort- und Weiterbildung bzw. Personalentwicklung,
- die Integration der gesamten Umweltschutzkosten in die Kostenrechnung bzw. das unternehmerische Controlling,
- der Einbezug des unternehmerischen Umweltschutzes in Revision und Qualitätssicherung,
- die Entwicklung einer internen und externen Informations- und Kommunikationspolitik für den unternehmerischen Umweltschutz,
- den systematischen Einbezug des Umweltschutzes in Planungs- und Entwicklungsprozesse in bezug auf Produkte, Produktion, Unternehmensstrategien, Logistik, Einkauf, Verkauf, Marketing etc.

2 Elemente des Strategischen Umweltschutzmanagements

2.1 Transparenzanalyse

Die Analyse der unternehmerischen Umweltschutzaktivitäten in der Gesamtheit ist das Fundament, um ein integratives Konzept des Strategischen Umweltschutzmanagements zu erarbeiten und sukzessive umzusetzen. Selbst sehr große Industrieunternehmen mit jahrelanger Erfahrung im praktischen Umweltschutz haben keine solche Gesamtuntersuchung vorgenommen. Umweltaktivitäten wurden, je nach Gesetzesanforderungen, aufgelegt und in entsprechende Managementsysteme integriert. Dadurch entstand ein quasi „organisch“ gewachsener Umweltschutz mit mal mehr, mal weniger ausgefeilten bzw. detaillierten Anweisungen, Normen, Leitlinien, Kontrollen etc.

Am weitesten ausgebaut ist daher fast immer der sogenannte produktionsorientierte Umweltschutz. Denn hier sorgten staatliche Vorgaben für den Impuls zum Aufbau entsprechender betrieblicher Systeme. Geht es um Produkte und Dienstleistungen, so ist das Bild ziemlich uneinheitlich. Am geringsten entwickelt ist in der Regel ein ausgefeiltes „Öko-Marketing" bzw. gar die Ausarbeitung einer auch ökologisch fundierten Unternehmenskonzeption sowie die systematische Nutzung der unternehmerischen Umweltschutzaktivität für die Vermarktung der Produkte und Dienstleistungen und/oder das unternehmerische Image in Markt und Umfeld, die sogenannte Corporate Identity. Dabei liegen in vielen Unternehmen durchaus Ansätze in diesen Bereichen vor. Sie werden nur sehr oft nicht systematisiert oder sind nicht Bestandteil eines durchgängigen Konzepts. In vielen Fällen gibt es nicht einmal klare projektorientierte Strukturen für die Information und Kommunikation zwischen z. B. dem Verantwortlichen für den produktionsorientierten Umweltschutz, der Marketingabteilung, der Presse- und Informationsabteilung, dem Verkauf, Einkauf und den Verantwortlichen für Planung und Entwicklung. Was im Produktionsprozeß, bei der Entwicklung von Produkten oder der Einführung eines Informations- und Kommunikationssystems selbstverständlich ist, nämlich die rechtzeitige, präventive Einbindung aller Beteiligten, die projektorientierte Arbeitsweise und die Installation einer Projektführerschaft, dies ist im unternehmerischen Umweltschutz noch nicht in demselben Umfang verbreitet. Dabei geht es hier längst um z. T. beachtliche Investitionssummen, um beträchtliche Gefahrenpotentiale und um große unternehmerische Haftungsrisiken. Und eben auch um große unternehmerische Chancen der Effizienzsteigerung, der besseren Vermarktung, des besseren unternehmerischen Image.

Nötig ist daher, im Rahmen eines unternehmensweiten Projekts „Integratives Strategisches Umweltschutzmanagement" die Analyse, Bewertung und Zusammenführung aller Ansätze des Umweltschutzes im Unternehmen vorzunehmen. Dabei sind u. a. Fragen zu untersuchen wie:

- In welchen Bereichen ist das Unternehmen im Umweltschutz engagiert?
- Wo liegen die Schwerpunkte, und sind sie im Lichte der Unternehmensstrategie richtig verteilt?
- Gibt es Felder, in denen das Unternehmen bisher nicht engagiert war und wo es sinnvoll wäre, geeignete Aktivitäten zu entwickeln?
- Gibt es klare Zielvorgaben für die unternehmerischen Umweltaktivitäten, und wie sind diese für die einzelnen Bereiche formuliert?
- Sind die Teilziele in ein unternehmerisches Gesamtziel integriert?
- Existieren Systeme der Ergebnissicherung für diese Zielvorgaben?
- Was wurde in den bisherigen Jahren im Umweltschutz geleistet?
- Wie ist der Wirkungsgrad des unternehmerischen Umweltschutzes hinsichtlich Aufwand und Ertrag einzuschätzen?
- Welche Strukturen, Abläufe, Prozesse sind im Umweltschutz verwirklicht?
- Sind diese Strukturen, Abläufe, Prozesse effektiv und strategie- sowie zielkonform?
- Entsprechen diese Strukturen, Abläufe und Prozesse den neuen Anforderungen des Revitalisierungsprozesses?
- Wie ist die unternehmerische Verantwortung für den Umweltschutz geregelt?
- Wie ist die Stellung des Umweltschutzes zu anderen „klassischen" Querschnittsfunktionen geregelt, wie z. B. Arbeitssicherheit, Gesundheitsdienst etc.?
- Gibt es hier zu erschließende Synergiepotentiale?
- Wie ist die Einbindung des Umweltschutzes in Projekte geregelt?
- Wer hat im Umweltschutzbereich die Projektführerschaft?

- Ist das Investitions- und Kostenvolumen des Umweltschutzes bekannt?
- Wenn ja, wie hoch ist es, und auf welche Unternehmensbereiche verteilt es sich?
- Werden die Haftungsrisiken aus dem Umweltschutz realistisch eingeschätzt, und wird dementsprechend Vorsorge getroffen (Management, Rückstellungen, Versicherungen)?
- Ist der unternehmerische Umweltschutz Aufgabe der „Experten", oder liegt er wirklich im Verantwortungsbereich der Mitarbeiter und Führungskräfte?
- Sind die Mitarbeiter und Führungskräfte für die Aufgabe hinreichend qualifiziert, motiviert, engagiert?
- Sind die Möglichkeiten des unternehmerischen Umweltschutzes ausgeschöpft, oder gibt es Spielräume, und wenn ja, wo?
- Nutzt das Unternehmen den Umweltschutzaspekt, der sich aus der wirtschaftlichen Interdependenz mit Lieferanten, Dienstleistern, Abnehmern ergibt?

Auf dem Hintergrund einer solchen Analyse können dann die Elemente eines neuen integrativen Umweltschutzmanagement-Konzepts entwickelt werden. Dieses Konzept ist Teil der Unternehmensstrategie. Denn es formuliert die unternehmerischen Umweltschutzaktivitäten nicht mehr reaktiv, als Erfüllung gesetzlicher Normen, Vorgaben und Auflagen, sondern aktiv, als integratives Element des unternehmerischen Ziel- und Strategierahmens. Die Frage lautet nicht mehr: Wie können wir gesetzlichen Auflagen gerecht werden und Haftungsrisiken ausschließen. Sie lautet nunmehr: Wie können wir den unternehmerischen Umweltschutz für unsere unternehmerischen Ziele und die Durchsetzung der Unternehmensstrategie fruchtbar machen. Oder zumindest: Wie können wir Umweltschutz so organisieren, daß die Auswirkungen in Richtung Zielerreichung und Strategiedurchsetzung optimiert werden.

Ausgehend von dieser Fragestellung, können dann weitere Entscheidungen getroffen werden, z. B. hinsichtlich:

- der unternehmerischen Schwerpunkte des Umweltschutzes,
- der Konzentration der verfügbaren Mittel auf den wirkungsvollsten Punkt,
- der effizienten Organisation des Umweltschutzes,
- der optimalen Nutzung des Umweltschutzes für Vermarktung und Image.

2.2 Der Umweltschutz als Bestandteil der Unternehmenskonzeption

Ein wesentlicher Ansatzpunkt zu einem integrativen, gesamtheitlichen Konzept des betrieblichen Umweltschutzes ist die Aufnahme des Umweltschutzes in die Unternehmenskonzeption. Erste Schritte hierzu sind in vielen Unternehmen bereits geschehen, etwa wenn Leitlinien des unternehmerischen Umweltschutzes definiert werden oder wenn der Umweltschutz in die unternehmerische Zielkonstellation aufgenommen wird. Sehr oft ist aber bei genauerem Hinsehen erkennbar, daß eine solche Aktion nicht Ergebnis eines integrativen Gesamtkonzepts, sondern eher einer additiven Denk- und Handlungsweise ist.

Unternehmensziele, Strategien und Grundsätze sind der wesentliche Bezugspunkt unternehmerischen Handelns. Sie sind überdies eine ganz wesentliche Basis für die Bindung, die Motivation und Identifikation der Mitarbeiter sowie ein Instrument der Ergebniskontrolle, des Soll-Ist-Vergleichs. Daher muß die Zielkonstellation eines Unternehmens in sich schlüssig bzw. plausibel sein. Sie stellt schließlich den Handlungsrahmen für Mitarbeiter und Führungskräfte dar.

Die Integration des Umweltschutzes in den unternehmerischen Ziel- und Wertekatalog stellt dann eine qualitative Weiterentwicklung der Unternehmenspolitik dar, wenn sie, was übrigens für alle Unternehmensziele gilt, als übergreifendes Ziel für alle Bereiche, Abteilungen, Mitarbeiter etc. in deren jeweiligem Handlungsumfeld konkretisiert und damit praktisch wird. Diese Konkretisierung erfolgt am besten durch die Mitarbeiter und Führungskräfte der jeweiligen Unternehmenseinheit selbst; natürlich auf der Basis der generell formulierten unternehmerischen Umweltschutzleitlinien. Nur durch diese Anwendung globaler unternehmerischer Ziele auf die Ebene der unternehmerischen Einheiten wie Bereiche, Abteilungen, Profit Center und schließlich den einzelnen Mitarbeiter wird aus einer plakativen Absichtserklärung konkretes, praktisches unternehmerisches Handeln.

Um allerdings Element eines integrativen Umweltschutzkonzepts zu werden, muß noch mehr geschehen, wie z. B.:

- die Verankerung des Umweltschutzes im unternehmerischen Wertesystem,
- die Aufnahme des Umweltschutzes in den unternehmerischen Zielkatalog (dabei kann das Umweltschutzziel herausfordernd oder auch relativ eng definiert werden),
- die Definition der wesentlichen Aktionsfelder des unternehmerischen Umweltschutzes,
- die Erarbeitung eines Procedere, eines Instrumentariums etc., um den definierten Wert bzw. das Ziel in das praktische Handeln der einzelnen Unternehmenseinheiten zu überführen: z. B. indem Unternehmensziele Bestandteil des Planungs-, Budgetierungs-, Controlling- und Führungssystems werden,
- die Herstellung von Transparenz darüber, wie mögliche Zielkonflikte entschieden werden sollen, z. B. zwischen Kosten- und ökologischen Aspekten,
- die fortlaufende Verankerung der Werte und Ziele sowie ihrer praktischen Konsequenzen im Bewußtsein der Mitarbeiter und Führungskräfte durch die unternehmensinterne Information und Kommunikation,

- die schrittweise Herstellung eines unternehmensweiten Konsenses zu den formulierten Unternehmenszielen.

2.3 Die Integration der unternehmerischen Umweltschutzfelder

Auf der Basis der Transparenzanalyse und der Aufnahme des Umweltschutzes in den unternehmerischen Ziel- und Wertekatalog in der eben beschriebenen integrativen Art und Weise kann im weiteren die Zusammenführung aller unternehmerischen Handlungsfelder des Umweltschutzes geschehen. Als solche wesentlichen Handlungsfelder sind in der Industrie u. a. zu definieren:

- Umweltschutz im Rahmen der Produktionsprozesse:
  Hier geht es im wesentlichen um Anlagen, Prozesse, Immissionen, Schall, Abluft, Boden- und Gewässerschutz, Schutz der Anlieger, Energieerzeugung und -verwendung etc.

- Umweltschutz im Rahmen der Produkte bzw. der Produktkreisläufe:
  Hier geht es sowohl um den Einsatz ökologisch einwandfreier Vorprodukte, Materialien, Stoffe etc. wie auch um die Nutzung und schließlich die Entsorgung im Sinn von Recycling, anderweitiger Verwendung, Lagerung etc. Entscheidend ist dabei, daß der Umweltschutz so früh wie möglich, sinnvollerweise am besten bereits in die Entwicklung der Produkte integriert wird. Wird das Umweltschutzziel bereits in die Entwicklungs- und Planungs- und dann in die Einkaufs- und Produktionsphase voll integriert und umgesetzt, dann ist der Wirkungsgrad solcher Maßnahmen am größten.

- Umweltschutz im Rahmen sogenannter begleitender Prozesse, wie z. B. Transport, Logistik, Verpackung, Verteilung etc. Diese berühren sowohl die Produktion wie das Produkt.

- Umweltschutz als integraler Bestandteil des Lieferanten- und Partner-Netzwerks:

Hier werden z. B. alle Dienstleistungs- und Zulieferverhältnissc unter Umweltschutzaspekten betrachtet. Betroffen sind entweder der zentrale Einkauf und/oder die selbständig beschaffenden Unternehmenseinheiten.

- Umweltschutz als Maxime für das Alltagsverhalten der Mitarbeiter:
  Praktische Anwendungsfelder sind z. B. die Abfalltrennung, der sparsame Energie- und Wasserverbrauch, die Organisation der An- und Abfahrt der Mitarbeiter und der Verkehrsströme zwischen Werken, Abteilungen etc.

In allen genannten Feldern kann durch unternehmerische Aktionen Umweltschutz betrieben werden. Wesentlich für den Wirkungsgrad, den Erfolg der unternehmerischen Umweltschutzaktivitäten ist, daß diese Felder gemeinsam betrachtet und integriert werden. Nur dann ergibt sich eine gesamtheitliche, geschlossene Umweltschutzpolitik. Genau dies ist heute in der mittelständischen Industrie, aber auch in vielen Großunternehmen noch nicht der Fall. Das dokumentiert sich z. B. im sehr unterschiedlichen Entwicklungsgrad der einzelnen Felder des Umweltschutzes, in den vielen Ansprechpartnern und Zuständigkeitsbereichen für Umweltschutz in den Unternehmen, in der fehlenden Gesamtschau, z. B. in Form eines Umweltberichts, sowie in der oftmals völlig unzureichenden Information und Kommunikation zwischen den Akteuren der einzelnen Handlungsfelder.

Der Umweltschutz im Unternehmen bzw. das Umweltschutzmanagement sind allerdings viel zu komplex und tangieren viel zu viele interne und externe Bereiche, um ihn zentral zusammenzufassen. Eine oberste Umweltbehörde im Unternehmen zu etablieren wäre nicht sinnvoll und widerspräche auch völlig dem aktuellen Trend zur Dezentralisierung, zur schlanken Organisation und flexiblen Führung. Der Umweltschutz ist aber auch zu wichtig, seine Bedeutung ist zu groß, um seine Entwicklung in verschiedenen Handlungsfeldern ungestaltet nebeneinander herlaufen zu lassen.

Ein Lösungsweg zur Integration der verschiedenen Handlungsfelder des unternehmerischen Umweltschutzes liegt in der Etablierung einer sogenannten Projektführungs- bzw. Projektmanagementfunktion für den Umweltschutz in einem bestimmten Handlungsfeld. Hierfür bietet sich der Bereich des sogenannten produktionsorientierten Umweltschutzes an. Denn er ist in den meisten Unternehmen am umfangreichsten aufgebaut, verfügt meist über langjährige Erfahrungen und hat entsprechendes Know-how inklusive der entsprechenden Managementsysteme entwickelt. Um diesen Projektführer herum kann dann Schritt für Schritt ein Kompetenzzentrum für Umweltschutz für das gesamte Unternehmen entwickelt werden. Dieses Kompetenzzentrum besteht aus den wesentlichen Akteuren und Handlungsfeldern des unternehmerischen Umweltschutzes. Sie agieren im Rahmen des Kompetenzzentrums abgestimmt, arbeitsteilig, dezentral, integrativ und „kundenorientiert".

Ziel des Kompetenzzentrums ist es, die Umweltschutzaktivitäten des gesamten Unternehmens:

- in einen integrativen Gesamtansatz des unternehmerischen Umweltschutzes zu überführen,
- die Umweltschutzaktivitäten des Unternehmens auf Ziel und Strategie auszurichten,
- die Aktionen der einzelnen Akteure abzustimmen, zu koordinieren und zu steuern,
- einen Gesamtbericht zum unternehmerischen Umweltschutz zu erstellen und periodisch fortzuschreiben,
- Instrumente und Werkzeuge bzw. geeignete Methoden zu entwickeln, um die Umweltschutzziele in das praktische Handeln aller Unternehmenseinheiten zu integrieren,
- ein übergreifendes Informations- und Kommunikationssystem zum unternehmerischen Umweltschutz aufzubauen, inklusive der dazu nötigen Informations- und Kommunikationstechnologie (Systeme, Software, Datenbanken etc.),

- konkrete, praktische Werkzeuge für den Anwender vor Ort (z. B. den Anlagenbetreiber, den Entwickler, den Einkäufer etc.) und in Abstimmung mit ihm zu entwickeln, so daß dieser sukzessive zu einer eigenverantwortlichen, selbstgesteuerten Umweltschutzaktivität auf Basis des unternehmerischen Handlungsrahmens in der Lage ist,
- Materialien, Unterlagen zu speziellen Bereichen und zum gesamten unternehmerischen Umweltschutz zu liefern, um den Umweltschutz in die Unternehmenskommunikation, in Marketing und Vertrieb zu integrieren,
- Daten, Berichte, Statistiken zu erstellen, so daß der unternehmerische Umweltschutz Schritt für Schritt auch in den unternehmensinternen Controlling-, Revisions- und Planungsprozeß voll einbezogen werden kann, inklusive voller Kosten- und Nutzentransparenz.

Das Kompetenzzentrum unter Leitung des Projektführers Umweltschutz verbindet damit die Integration aller unternehmerischen Umweltschutzaktivitäten mit dezentraler Organisation, Arbeitsteiligkeit, Verfügbarkeit des gesamten Know-how und abgestimmter Entwicklung im gesamten Unternehmen. Es versteht sich als Dienstleister, als Berater der unternehmerischen Einheiten, der Führungskräfte und Mitarbeiter, als Informations- und Kommunikationsmedium für alle Belange des unternehmerischen Umweltschutzes, als Know-how- und Erfahrungsträger, als Transferagentur und Wissens- bzw. Ideenlieferant. Seine Aufgabe ist es, alle unternehmerischen Umweltschutzaktivitäten im Sinne der unternehmerischen Ziele und Strategien zu optimieren. Mit dem Kompetenzzentrum hat damit auch der unternehmerische Umweltschutz den nötigen personellen und organisatorischen Unterbau, um aktiv, initiativ und strategieorientiert tätig zu werden.

Mit dem Kompetenzzentrum aber sind zwei weitere wichtige Entwicklungen verbunden:

- Zum einen wird der Prozeß, den konkreten Umweltschutz wirklich zum Anwender, zum Mitarbeiter zu bringen, optimal unterstützt. Denn im Grundansatz des Kompetenzzentrums ist enthalten, daß dieses den konkreten Umweltschutz vor Ort durch Mitarbeiter und Führungskräfte nicht ersetzen, sondern nur unterstützen kann. Umweltschutz durch den Betroffenen, den Betreiber, die unternehmerische Einheit – nicht mehr durch den allgegenwärtigen Spezialisten.
- Zum zweiten werden die Mitarbeiter des Kompetenzzentrums von vornherein darauf orientiert, den Dienstleistungscharakter ihrer Arbeit optimal auszuprägen. Sie sind nicht länger nur der verlängerte Arm staatlicher Ämter und Behörden, sondern Dienstleister, die Führungskräfte und Mitarbeiter darin unterstützen, optimal umweltschützend auf Basis der unternehmerischen Ziele und Strategien tätig zu werden. Sie müssen sich dabei dem Wettbewerb mit externen Dienstleistungsangeboten stellen und somit ihre Arbeit unter Kosten-Ergebnis-Erwägungen u. U. neu und damit effizienter gestalten

Und noch ein weiterer wichtiger Aspekt wird hier sichtbar: Unternehmen, die im Umweltschutz Hervorragendes leisten, und zwar sowohl inhaltlich wie methodisch-instrumentell als letztlich unter Preis-Leistungs-Aspekten, sind in der Lage, ihr Know-how in diesem Bereich bei anderen Unternehmen zu vermarkten und damit ihre eigenen Umweltschutzinvestitionen mindestens zum Teil zu refinanzieren. Zuerst bei partnerschaftlich verbundenen Unternehmen, dann bei Zulieferern, dann im gesamten Wettbewerbsumfeld. Viel zu wenige Unternehmen haben diesen Aspekt des Dienstleistungscharakters des unternehmerischen Umweltschutzes bisher begriffen.

Das Kompetenzzentrum kann insgesamt als Profit bzw. Cost Center organisiert werden und rechnet seine Dienstleistungen unternehmensintern gegenüber den Unternehmenseinheiten ab. Ein darüber hinausgehender Gedanke ist, weitere sogenannte „Querschnittsfunktionen" des Unternehmens, die mit dem Umweltschutz mehr oder weniger verbunden sind und teilweise sogar in Personalunion wahrgenommen werden, zu einer „Dienstleistungseinheit Unternehmenssicherheit“ zusammenzufassen. In Frage kommen hier solche Bereiche wie Arbeitsschutz, Gesundheitsdienste, Feuerwehr, Katastrophenschutz, Werkschutz etc. Hier sind zahlreiche Synergieeffekte personeller, logistischer, räumlicher, inhaltlich-thematischer Art möglich, die mit Sicherheit noch nicht ausgelotet sind. Für viele Unternehmen wird aber die Realisierung solcher und ähnlicher Synergieeffekte in Zukunft von wesentlicher Bedeutung im Wettbewerb sein.

Im Kompetenzzentrum können alle Umweltschutzaktivitäten einer Unternehmung kostengünstig, flexibel, dezentral und dienstleistungsorientiert zusammengefaßt und insoweit externen Partnern als Ressource angeboten werden.

2.4 Das Umweltschutz-Managementsystem

Unternehmerischer Umweltschutz ist eine Führungsaufgabe. Jede Führungs- bzw. Managementfunktion muß unter ihren drei impliziten Teilaspekten betrachtet werden:

- des unternehmerischen bzw. betriebswirtschaftlichen Managements,
- der Mitarbeiterführung,
- des Selbstmanagements der Führungskräfte bzw. Führungseinheiten.

Für das unternehmerische bzw. betriebswirtschaftliche Management gilt, daß der unternehmerische Umweltschutz von der Zielsetzung und Strategiedefinition bis herunter zum unternehmerischen Handeln der einzelnen Einheiten und Mitarbeiter so organisiert werden muß, daß:

- Zielerreichung und Strategieumsetzung optimiert werden,
- unternehmerisches Handeln gegenüber Eingriffen von Ämtern, Behörden etc. sowie gegenüber Einwänden von Bürgern und deren rechtlicher Vertretung abgesichert wird,

- Risiken aus Produkt, Produktionsprozeß und sonstigem unternehmerischen Handeln auf die Umwelt minimiert und, wo unvermeidbar, eingegrenzt und kalkulierbar gehalten werden,
- ein Mechanismus der Zielsetzung und Ergebnissicherung auch im gesamten Umweltschutz realisiert wird,
- Transparenz der gesamten Umweltschutzaktivität hergestellt wird,
- Effizienz, Kosten-Ergebnis-Kontrolle, hoher Wirkungsgrad, hoher Nutzen für alle Beteiligten etc. angestrebt und erreicht wird,
- eine lückenlose Verantwortungskette vom Vorstand/der Geschäftsführung bis zum Betreiber und letztlich einzelnen Mitarbeiter aufgebaut und stabilisiert wird,
- die nötige Information und Kommunikation zwischen den beteiligten internen und externen Akteuren optimal laufen kann,
- die erforderliche Dokumentation aller Umweltschutzaktivitäten jederzeit und aktuell möglich ist,
- Transparenz der Zuständigkeiten, Aufgaben, Funktionen, Kompetenzen etc. herrscht,
- Absicherung gegenüber eventuell auftretenden Schadensereignissen gewährleistet ist und schnelle sowie adäquate Reaktion im Fall des Falles garantiert ist,
- Abstimmung und Integration aller unternehmerischen Umweltschutzaktivitäten gesichert ist.

Der erste und wesentliche Schritt in Richtung eines durchgängigen unternehmerischen Umweltschutz-Managementsystems war sicherlich in vielen Unternehmen die auf der Grundlage behördlicher Auflagen erfolgende Installation von Beauftragten sowie die Implementierung der Betreiberverantwortung von der Unternehmensleitung bis zum einzelnen Betreiber. Dieser Schritt war am Anfang defensiv, d. h. in Richtung der Abwehr möglicher Risiken erfolgt. Im

Sinne eines strategischen Umweltschutz-Managementsystems muß er jetzt offensiv erweitert und ausgebaut werden. Und zwar im Sinne der grundsätzlichen Zielrichtung, den unternehmerischen Umweltschutz zu den Unternehmenseinheiten, den Führungskräften und Mitarbeitern zu bringen, ihn transparenter zu gestalten, ihn für jeden Verantwortlichen handhabbar und damit effizienter und umfassender zu machen.

<u>Schritte in diese Richtung können u. a. sein:</u>

- die Definition konkreter Umweltschutzziele auf der Basis der unternehmerischen Ziele und Strategien sowie die Erarbeitung konkreter Maßnahmenpläne für jede unternehmerische Einheit;
- die Integration dieser Ziele und Maßnahmenpläne in den unternehmerischen Mechanismus von Zielsetzung und Ergebnissicherung;
- die Integration des unternehmerischen Umweltschutzes in den Planungs-, Budgetierungs-, Investitions- und letztlich in den Controlling- und Revisionsprozeß als durchgängigen Prozeß;
- die Organisation der Umweltschutzaktivitäten im Kompetenzzentrum als Profit oder Cost Center und damit die Möglichkeit der Zuordnung und Abrechnung von Dienstleistungen und des internen/externen Preis-Leistungs-Vergleichs;
- die durchgängige Erarbeitung von Aufgaben, Funktionen und Verantwortlichkeiten im unternehmerischen Umweltschutz und ihre personelle und bereichsmäßige sowie hierarchische Zuordnung:
  - hierarchisch: von der Geschäftsführung über den Bereich/die Einheit bis zum Betreiber,
  - Bereich: für jeden unternehmerischen Bereich, von der Entwicklung über Einkauf und Produktion bis zu Marketing und Vertrieb,

- Arbeitsteiligkeit: vom Kompetenzzentrum als Dienstleister, Spezialisten, Berater, Projektmanager und Informations- und Kommunikationsmedium bis zum Betreiber vor Ort;

- die Bestimmung eines sogenannten Projektführers für unternehmerischen Umweltschutz im Kompetenzzentrum mit klaren Kompetenzen, Aufgaben und Funktionen, wie z. B.:
  - Mitwirkung bei Entwicklungsprojekten,
  - Mitwirkung in Investitionsentscheidungen,
  - Projektmanagementfunktion bei unternehmensübergreifenden Umweltschutzprojekten,
  - Mitwirkung in der Ausarbeitung von Umweltschutzaktivitäten zu Materialien, Unterlagen und Aktionen der Unternehmenskommunikation,
  - Erarbeitung von Materialien der unternehmensinternen Information und Kommunikation zum Thema Umweltschutz,
  - Zugang zu Geschäftsführung bzw. Bereichsleitern im Falle wichtiger/dringlicher Angelegenheiten;

- Die Organisation des Kompetenzzentrums selbst mit u. a.:
  - Führungsstruktur,
  - Mitarbeiterstruktur und bereichsweiser bzw. räumlicher Verteilung,
  - Aufgaben-, Funktions- und Verantwortungsstruktur,
  - Selbstverständnis,
  - Information und Kommunikation,
  - technischer Infrastruktur,
  - Administration;

- die sukzessive Erarbeitung von Werkzeugen, Instrumenten, Methoden für das Umweltschutzmanagement wie z. B.:
  - Umweltschutzhandbuch inklusive Bereichs- und Betreiberhandbüchern,
  - Checklisten,

- Musterberichte,
- Handlungsanweisungen,
- bereichs- bzw. anforderungsbezogene Gesetzesübersichten,
- Ablaufpläne für Behördenkontakte/Genehmigungsverfahren,
- Strukturpläne für Erstellung und Ablage von Dokumentation zum Umweltschutz,
- positionsbezogene Personalentwicklungs- bzw. Qualifikationspläne,
- Musteranweisungen zur Regelung der Betreiberverantwortung,
- Musterverträge zum Einkauf umweltschutzbezogener Dienstleistungen;

• der Aufbau eines Umweltschutzinformations- und Dokumentationssystems mit Regelung von Zugang und Nutzung.

Das strategische Umweltschutz-Managementsystem sollte transparent, durchgängig, auf Ziel und Strategie orientiert und schnell und leicht nutzbar sein. Am besten läßt sich dies verwirklichen, wenn das Prinzip der Delegation von Aufgabe und Funktion so weit wie irgend möglich praktiziert wird und die Interaktion von Kompetenzzentrum und Betreibern/Mitarbeitern und Führungskräften sowie des Kompetenzzentrums und der Bereiche, Führungsebenen, Unternehmenseinheiten klar geregelt ist.

Die Führung als Mitarbeiter- oder Personalführung auf der anderen Seite ist bereits durch das geschilderte Managementsystem in ihren rechtlichen und funktionalen Aspekten geregelt. Mitarbeiterführung bedeutet aber mehr als Zielsetzung und Ergebniskontrolle und die Zuweisung von Aufgaben, Funktionen und Verantwortlichkeiten. Sie umgreift auch die Motivation der Mitarbeiter, die Integration der Mitarbeiter in das unternehmerische Umweltschutzkonzept, die Herstellung von Identifikation und Engagement. Hier ist jede einzelne Führungskraft in ihrem Bereich sowie die Führungskultur jedes Unternehmens gefordert. Dazu ist erforderlich, daß der Umweltschutz als Führungsaufgabe in der Führungskultur verankert wird. Jede Führungskraft steht dann in der Verantwortung, in ihrem

Zuständigkeitsbereich die konkrete Umsetzung der globalen unternehmerischen Umweltschutzziele und -strategien mit ihren Mitarbeitern zu vollziehen und dabei mit den jeweils anderen Bereichen, hierarchischen Ebenen, Unternehmenseinheiten und dem Kompetenzzentrum zusammenzuarbeiten. In dieser personalen Seite der Führung spielen natürlich solche Dinge wie Vorbildfunktion, Glaubwürdigkeit, Überzeugungskraft, Begeisterungsfähigkeit, Unterstützung und Hilfe eine große Rolle und werden entscheidend dafür sein, wieviel vom Umweltschutzmanagement letztlich beim Mitarbeiter ankommt, verstanden, akzeptiert und dann auch verwirklicht wird. Hier besteht in den Unternehmen noch großer Handlungsbedarf. Denn die Akzeptanz einer gesamtheitlichen und durchgängigen Umweltschutzpolitik ist weder bei den Führungskräften noch bei den Mitarbeitern in vollem Umfang als gegeben vorauszusetzen. Und selbst wenn diese Akzeptanz vorhanden ist, so ist es, das zeigen alle Untersuchungen, noch ein weiter Weg vom Verständnis zum praktischen Handeln. Oft schon deshalb, weil die Kenntnis der größeren und vernetzten Zusammenhänge nicht vorhanden ist.

Der Aspekt Selbstmanagement in der Führung betrifft im unternehmerischen Umweltschutz zum einen die einzelne Führungskraft bzw. ihre Kompetenz, Professionalität und Umsetzungsbereitschaft. Im wesentlichen geht es hier aber um das Selbstmanagement des Projektführers und darüberhinaus des gesamten Kompetenzzentrums. Kompetenzzentrum und Projektführer haben für den unternehmerischen Umweltschutz ganz entscheidende Funktionen. Denn jede unternehmerische Aktivität braucht ihren personellen und organisatorischen Träger, den oder die Verantwortlichen. Und es hängt natürlich die Effizienz und der Wirkungsgrad einer Aktivität auch davon ab, wie der Träger, der Verantwortliche sich selbst und besonders seine Aktivitäten im Umweltschutz organisiert hat. Hier wirkt darüber hinaus auch das generelle Organisationsklima einer Unternehmung mit hinein. Wichtige Instrumente, um den Wirkungsgrad des unternehmerischen Umweltschutzes durch ein gutes Selbstmanagement seiner Träger zu unterstützen, sind z. B.:

- die klare Bestimmung eines Verantwortlichen für den unternehmerischen Umweltschutz;
- die Definition der Spielregeln im Verhältnis der verschiedenen Bereiche, Umweltschutzsegmente, Führungsebenen;
- die transparente Bestimmung der Aufgabe, Rolle, Funktion, Verantwortung und Kompetenz der einzelnen Umweltschutzverantwortlichen, des Projektführers, des Kompetenzzentrums;
- die Qualifikation der Mitarbeiter des Umweltschutzes darin, ihre Dienstleistungen effizient, kompetent und professionell ihren internen und externen Kunden anzubieten und mit ihnen geeignete Umweltschutzaktivitäten in die Wege zu leiten;
- die Entwicklung der Mitarbeiter des Umweltschutzes in ihrer Beratungs-, Unterstützungs-, Kontroll- und Moderatorenfunktion;
- die effektive Nutzung moderner informations- und kommunikationstechnologischer Instrumente, um den unternehmerischen Umweltschutz in Qualität und Verfügbarkeit zu optimieren;
- die Erarbeitung und ständige Weiterentwicklung von Werkzeugen des unternehmerischen Umweltschutzes, wie z. B. des
  - Umwelthandbuchs,
  - Öko-Audits;
- die Etablierung einer flexiblen und projektorientierten Führungsstruktur im Kompetenzzentrum.

Der unternehmerische Umweltschutz ist ein sehr komplexes unternehmerisches Tätigkeitsfeld. Es gibt fast keinen Bereich, der nicht in irgendeiner Form vom Umweltschutz betroffen ist. Umweltschutz betrifft den gesamten unternehmerischen Kreislauf und greift weit darüber hinaus, z. B. durch Gesetze, Regelungen, Normen, Genehmigungsverfahren, Verbandsarbeit, Öffentlichkeitsarbeit etc. Von der Unternehmensplanung über die Entwicklung, den Einkauf, die Produktion, die Logistik, das Marketing, den Vertrieb, die Unternehmenskommunikation und schließlich Personal, Personalentwicklung, Controlling, Revision etc. spielt der Faktor des unternehmerischen Umweltschutzes eine mal mehr, mal weniger große Rolle.

Der unternehmerische Umweltschutz ist daher ein Paradebeispiel für die immer wieder gern zitierte Notwendigkeit des vernetzten Denkens, der sog. chaotischen Organisation, des gesamtheitlichen, integrativen Managements etc. Persönlichkeiten in diesem Bereich sollten daher in hohem Maße die Bereitschaft und die Fähigkeit mitbringen, in solchen komplexen Strukturen zu arbeiten und mit ihnen zurechtzukommen.

Insbesondere sind hier wesentlich die Fähigkeiten:

- des mittel- und langfristigen Denkens,
- der Übersicht über komplexe, vernetzte Wirkungszusammenhänge,
- der Projektarbeit und des Projektmanagements,
- der Kommunikation mit ganz verschiedenen Persönlichkeiten mit sehr unterschiedlichen Denk- und Handlungsmustern,
- der Integration, der konsensualen Abstimmung, der parallelen, synchronen Vorgehensweise,
- der sicheren und professionellen Überzeugungsarbeit in Projekten, Gremien, Verbänden, Behörden,
- der Integration technischer, organisatorischer und sozial-kommunikativer Zusammenhänge.

Der unternehmerische Umweltschutz verlangt daher, wenn er nach modernen Managementmethoden organisiert ist, den multifunktionalen Profi, nicht den einseitigen Spezialisten, der seine Aufgabe rein in der Einhaltung staatlicher Vorgaben sieht. Selektion, Qualifikation und systematische Entwicklung des Personals sind deshalb gerade an dieser Stelle von großer Bedeutung.

2.5 Die Standardisierung des unternehmerischen Umweltschutzes

Die gegenwärtige Wettbewerbssituation, die Entwicklung und der Einsatz neuer Technologien, die Internationalisierung haben zu einer Überprüfung der unternehmerischen Situation in vielen Bereichen geführt. Diese Entwicklung wird auch vor dem unternehmerischen Umweltschutz nicht haltmachen. Es ist im Gegenteil gerade hier besonders wichtig, sich von vielen staatlich-bürokratischen Vorgaben und Reglementierungen frei zu machen und der Wirtschaft angepaßte Methoden und Instrumente der Steuerung zu finden. Darüber hinaus wird es insbesondere für den Mittelstand von Bedeutung sein, nicht alles selbst unternehmensintern zu entwickeln, sondern auf bestimmte standardisierte Instrumente und Werkzeuge zurückgreifen zu können. Diese Standardisierung der Instrumente des unternehmerischen Umweltschutzes ist gegenwärtig im Gang. Sie wird im Ergebnis zu einer Erhöhung der Effizienz, zu einer Verbreiterung des Einsatzes, zu einer Senkung der Kosten des unternehmerischen Umweltschutzes führen. Drei wichtige Instrumente seien hier nur erwähnt:

- das Umweltschutzhandbuch,
- das Öko-Audit,
- das Umweltschutz-Informationssystem.

Das Umweltschutzhandbuch, an dem gegenwärtig in vielen Unternehmen gearbeitet wird, kann einen ganz wesentlichen Meilenstein in der Entwicklung der jeweiligen unternehmerischen Umweltschutzaktivitäten darstellen und einen wichtigen Beitrag zur Standardisierung des Umweltschutzes leisten.

Im Rahmen eines übergreifenden Projektes zur Erstellung eines Umweltschutzhandbuchs können z. B. folgende Prozesse abgewickelt werden:

- transparente Dokumentation aller Umweltschutzaktivitäten im Unternehmen;

- Analyse der Ergebnisse, Nutzen, Wirkungen des unternehmerischen Umweltschutzes
- Zusammenführung der verschiedenen Bereiche des unternehmerischen Umweltschutzes, z. T. auch personell durch ein unternehmensübergreifendes Team;
- Erkennen von Defiziten im Umweltschutz und Formulierung von Handlungsfeldern für die Zukunft;
- Erarbeitung eines neuen, modernen Managementsystems für den Umweltschutz mit Projektführer und Kompetenzzentrum;
- Erarbeitung eines „Werkzeugkastens" für den Umweltschutz; diese Werkzeuge können dann über das Kompetenzzentrum den betroffenen Mitarbeitern zum weiteren Einsatz übergeben werden;
- Erstellung von Handbüchern für ökonomisch selbständige Unternehmenseinheiten, wie Töchterniederlassungen etc.;
- transparente, nachvollziehbare Gliederung des unternehmerischen Umweltschutzes nach Geschäftsbereichen, Abteilungen, sowie nach Fachthemen;
- themen-, bereichs- und zielgruppenbezogene Übersichten zu Anforderungen, Regelungen, Gesetzestexten etc.;
- Schaffung einer vernetzten Informations- und Kommunikationsstruktur für den Umweltschutz;
- Integration des unternehmerischen Umweltschutzes in:
  - Unternehmensziele und -strategien,
  - das unternehmerische Managementsystem,
  - die gesamte Unternehmenskonzeption,
  - das unternehmerische Führungssystem,
  - die Personalentwicklung und Qualifikation,
  - den unternehmerischen Qualitätssicherungsprozeß.

In Unternehmen, die bisher nur in Teilbereichen des Umweltschutzes tätig waren, bietet das Umweltschutzhandbuch Gelegenheit, dies zu überprüfen und die Aktivität nach anderen Seiten hin abzurunden. In anderen Unternehmen, die bisher schon auf zahlreichen Feldern des unternehmerischen Umweltschutzes tätig waren, liefert es die Gelegenheit, bisher weitgehend nebeneinander herlaufende Bereiche des Umweltschutzes zu integrieren und ein modernes Managementsystem zu etablieren.

Das Umweltschutzhandbuch liefert den Status des unternehmerischen Umweltschutzes, dokumentiert die Gesamtheit der Aktivitäten, entwickelt ein neues Verständnis und ein modernes Managementsystem und standardisiert und verbessert die Werkzeuge des Umweltschutzes. Insofern kann es ein großer Schritt in Richtung der Professionalisierung des unternehmerischen Umweltschutzes sein.

Das Umweltschutzhandbuch liefert auch die Basis für das Öko-Audit. Das Öko-Audit ist ein fortlaufender Prozeß der regelmäßigen Überprüfung der unternehmerischen Umweltschutzaktivitäten in Relation entweder zu staatlichen Auflagen, einem vorher definierten Status oder definierten unternehmerischen Zielsetzungen.

Liefert das Umweltschutzhandbuch sozusagen einen Handlungsrahmen für den gesamten unternehmerischen Umweltschutz, wie z. B. Integration in Ziel und Strategie, Managementsystem, Werkzeugkasten etc., so ist das Öko-Audit eher ein fortlaufender Controlling- bzw. Revisionsprozeß mit dem Ziel, Abweichungen, Defizite etc. zu erkennen und durch unternehmerisches Handeln zu beseitigen. Das Öko-Audit liefert dabei ebenfalls wertvolle, standardisierungsfähige Ansätze und Instrumente, wie z. B.:

- die Definition von unternehmerischen Umweltzielen;
- die Ermittlung des unternehmerischen Status in bezug auf den Umweltschutz;
- das Anforderungsprofil aus staatlichen Auflagen in bezug auf unternehmerische Umweltschutzaktivitäten;

- einen Untersuchungs-, Revisions-, Kontrollmechanismus;
- eine fortschreibungsfähige unternehmensübergreifende Projektorganisation;
- ein Stärken-/Schwächen-Profil für das Unternehmen in bezug auf seine:
  - Umweltschutzorganisation,
  - Umweltschutzaktivitäten;
- einen Rahmen für Erkennen, Analysieren und Beseitigen von unternehmerischen Defiziten;
- eine aktuelle Dokumentation der Umweltschutzaktivitäten, der Umweltschutzorganisation und der Leistungsfähigkeit der unternehmerischen Umweltschutzsysteme.

Für beide Instrumente gilt allerdings, daß sie ihre optimierende Wirkung auf das Unternehmen und den unternehmerischen Umweltschutz nur dann haben werden, wenn hier eine echte unternehmerische Aktivität im Sinne des Total-Quality-Managements eingeleitet wird. Dies bedeutet u. a., daß:

- wirkliche Veränderungen in der Organisation, im Management, im Verhalten gewollt sind und eingeleitet werden;
- ein systematischer projektorientierter Arbeitsprozeß in Gang gesetzt wird;
- die Chancen solcher Prozesse wie Umweltschutzhandbuch, Öko-Audit etc. erkannt und genutzt werden.

Geschieht dies nicht, dann bleiben Umweltschutzhandbuch und Öko-Audit deskriptiv und dienen bestenfalls der internen und externen Vermarktung der Umweltschutzaktivitäten.

Das Umweltschutz-Informationssystem ist in Teilen in vielen Unternehmen bereits vorhanden, z. B. als Gefahrstoff-Datenbank, als Instrument der Bürokommunikation im Umweltschutz, als Dokumentations- und Archivierungssystem, als Datenbank zu Ansprechpartnern, Dienstleistern, Behörden, Verbänden etc. Aber auch hier muß eine neue Qualität der Information und Kommunikation erreicht werden, indem u. a.:

- das System nicht nur für die Spezialisten, sondern für alle Betroffenen vor Ort verfügbar gemacht wird,

- die verschiedenen Anwendungen in ein System unter einheitlicher Benutzeroberfläche integriert werden, z. B.:
  - Dokumentation des gesamten Umweltschutzhandbuches,
  - Dokumentation des Öko-Audit-Prozesses,
  - Personendatenbank,
  - Werkzeug-, Instrumenten- und Methodenverzeichnis,
  - Dokumentation der gesamten Umweltschutzorganisation mit Aufgaben, Funktionen etc.,
  - Dokumentation aller Einsatzpläne,
  - Dokumentation der Anlagen, Lagerplätze, Produktionsstandorte, mit allen benötigten räumlichen und sonstigen Informationen,
  - Dokumentation von Genehmigungen, Auflagen etc.,
  - Gefahrstoffe,
  - Verzeichnis von Lieferanten, Dienstleistern, Partnern etc.,
  - Personalentwicklungs- und Qualifikationsangebote;

- das System multifunktionell genutzt werden kann, z. B. Bürokommunikation, Informationsabfrage, Dokumentation und Archivierung, Management und Controlling von Prozessen, Aufbereitung von Daten und Materialien zu Präsentationen, Berichten, Statistiken etc.

Solche und andere Instrumente werden in Zukunft der „Handwerkelei“ im Umweltschutz ein Ende bereiten und damit diesen Unternehmensbereich auf dieselbe Höhe der Qualität und Leistung bringen, die andere unternehmerische Systeme bereits erreicht haben.

2.6 Kostentransparenz im Umweltschutz

Viele Unternehmen wenden heute beträchtliche Mittel für den Umweltschutz auf. Den meisten, auch größeren Unternehmen würde es heute jedoch schwerfallen, die Höhe der gesamten Umweltschutzkosten, die Mittelverwendung etc. auch nur einigermaßen exakt wiederzugeben. Umweltschutzkosten verbergen sich z. B.:

- in zahlreichen Investitionen in Anlagen, Gebäuden etc. Der Umweltschutz ist hier integraler Bestandteil einer Gesamtinvestition. Nur bei reinen Umweltschutzinvestitionen ist der Umweltschutzfaktor als solcher schnell zu erkennen,
- in sogenannten Gemeinkostenumlagen für Querschnittsfunktionen wie EDV, Personal, Sicherheit und eben auch Umweltschutz,
- in Pflege-, Wartungs-, Reparaturleistungen und sonstigen Dienstleistungen, in den Einkaufspreisen für Vorprodukte, Materialien, Stoffe etc., die durch ökologische Anforderungen in der Regel hochgetrieben werden,
- in den Kosten für Transport, Logistik, Entsorgung, Recycling etc.,
- in den Mehraufwendungen zur Berücksichtigung des ökologischen Faktors in der Produktentwicklung.

Zahlreiche dieser Aktivitäten und Investitionen dienen nicht nur dem Umweltschutz im engeren Sinn, sondern auch dem Schutz des Menschen, der Anlagensicherheit etc. Dadurch wird ihre Zurechenbarkeit weiter erschwert.

Der generelle Trend innerhalb der Wirtschaft geht aber ganz klar weg von den großen Einheiten, von den undurchschaubaren Gemeinkostenblöcken etc., hin zu:

- überschaubaren, flexiblen, kleinen Einheiten,
- ökonomisch selbständigen Einheiten mit Profit-Loss-Verantwortung,

- Verringerung von Gemeinkostenblöcken durch Outsourcing, Fremdeinkauf von Dienstleistungen, Zurechnung von verbleibenden Gemeinkosten nach Verursacherprinzip etc.,
- zunehmendem Wettbewerb zwischen internen und externen Anbietern von Leistungen.

Damit gerät auch der gesamte unternehmerische Umweltschutz unter den Zwang, die Kosten wie auch die Leistungen bzw. Ergebnisse transparent zu machen. Denn die Leiter unternehmerisch selbständiger Einheiten wie Töchter, Sparten, Profit Center etc. werden sich immer weniger von scheinbar unverrückbaren Gemeinkosten beeindrucken lassen.

Das Ziel der Kostentransparenz des unternehmerischen Umweltschutzes wird sich in den meisten Unternehmen nur schrittweise umsetzen lassen. Es ist jedoch wichtig, das Ziel der Kostentransparenz über ein Controlling des Umweltschutzes im Unternehmen zu setzen, denn die Aufwendungen hierfür können nicht mehr als „Quantite négligeable" behandelt werden.

Erste Schritte in diese Richtung können z.B. sein:

- die Definition des Kompetenzzentrums für Umweltschutz als Profit Center mit der Folge der Berechnung der Dienstleistungen.
  Damit werden schon einmal alle Personal-, Sach- und Investitionsmittel, die direkt für den Umweltschutz aufgewendet werden, für das Unternehmen insgesamt, für das Kompetenzzentrum und für die Kunden des Kompetenzzentrums transparent;
- die Einbeziehung des Umweltschutzes als ausweisbare Größenordnung in die Investitionsplanung, die Budgetierung für selbständige ökonomische Einheiten, den Controllingprozeß insgesamt;
- der laufende, systematische Ausweis der Kosten staatlicher Umweltschutzanforderungen bzw. unternehmerischer Entscheidungen, die an den Umweltschutzzielen orientiert sind, quasi als „Delta" zu „normalen" Beschaffungskosten.

Damit können zwar nicht alle Umweltschutzkosten erfaßt und transparent gemacht werden, aber doch eben wichtige Teilbereiche. In Querschnittsfunktionen wie dem Umweltschutz wird überdies immer ein „Rest“ von Kosten bleiben, der nur über Gemeinkostenschlüssel zugeordnet werden kann.

2.7 Umweltschutz als Personalentwicklungsaufgabe

Ziel eines modernen und effizienten Umweltschutz-Managementsystems muß es sein, den praktischen Umweltschutz vor Ort in den Aufgaben- und Funktionsbereich der jeweiligen Mitarbeiter und Führungskräfte zu integrieren. Umweltschutz geht jeden an, genau wie Qualität und Sicherheit. Dies wird die Rolle des Kompetenzzentrums für Umweltschutz nie ersetzen; es wird dessen Aufgabe aber erheblich erleichtern und die Effizienz des unternehmerischen Umweltschutzsystems ganz erheblich steigern.

Um dieses Ziel zu erreichen, muß allerdings eine funktions- und zielgruppenorientierte Ausbildung aller Mitarbeiter zu Zielen, Strategien, Methoden, Vorgehensweisen etc. des unternehmerischen Umweltschutzes als strategisches Personalentwicklungsprojekt durchgeführt werden. Dabei sind im wesentlichen drei große Handlungsfelder der Personalentwicklung zu unterscheiden:

- die Integration der Führungskräfte in das neue Konzept des unternehmerischen Umweltschutzes und die Einweisung in ihre Führungsfunktion „Umweltschutz“,
- die laufende, periodisch zu überprüfende und aufzufrischende Qualifikation der eigentlich und direkt Betroffenen, z. B. der sogenannten „Betreiber“,
- die Integration aller Mitarbeiter in das Gesamtkonzept sowie die Erarbeitung konkreter Formen der gemeinsamen Umsetzung (ähnlich dem „Qualitätszirkel“).

Damit wird schon deutlich, daß es zumindest bei Führungskräften und den Mitarbeitern nicht um Qualifikation im eigentlichen Sinn, sondern vielmehr um Personalentwicklung geht, nämlich die:

- Schaffung eines auf die betriebliche Praxis und die Unternehmensziele orientierten Umweltschutzbewußtseins,
- Integration einer weiteren wichtigen Komponente in die Verantwortung der Mitarbeiter, neben Leistung, Qualität, Sicherheit jetzt: des Umweltschutzes,
- Erarbeitung von Verhaltensweisen und Handlungsmustern, die zur Umsetzung der unternehmerischen Umweltschutzziele führen.

Ohne eine solche Personalentwicklung aber wird unternehmerischer Umweltschutz ebenso Sache der Spezialisten bzw. direkt Betroffenen bleiben wie Qualität Sache der Kontrolleure, was im Endresultat die Wirksamkeit, Effizienz, Umsetzung etc. des unternehmerischen Umweltschutzes einschränkt und seine Kosten hochtreibt. Denn wo die Integration der Mitarbeiter und Führungskräfte nicht gewährleistet ist, müssen teure Spezialisten zentral oder vor Ort bereitgehalten und ein aufwendiger Kontrollapparat aufgebaut werden.

3 Die Vermarktung des unternehmerischen Umweltschutzes im Wettbewerb

Der Umweltschutz ist in vielen Branchen und Wirtschaftsbereichen eine klare Anforderung der Kunden und damit zu einem Faktor der Profilierung und Differenzierung geworden. Damit können die unternehmerischen Umweltschutzaktivitäten im Wettbewerb eingesetzt werden. Dabei sind verschiedene Formen der Vermarktung möglich, die zugleich eine gewisse Stufenfolge vom ökologischen Produktlabel über das dezidierte Öko-Marketing bis hin zur ökologischen Unternehmenskonzeption darstellen. Eine Vermarktung der unternehmerischen Umweltschutzaktivitäten ist allerdings nur dann möglich, wenn zumindest eine gewisse Transparenz der Umweltschutzaktivitäten gegeben und eine grundsätzliche Verankerung des Faktors Umweltschutz im unternehmerischen Handlungsrahmen realisiert ist.

Bei den meisten Unternehmen begann bzw. beginnt die Vermarktung des Umweltschutzes eher defensiv und reaktiv. So wenn z. B. auf die Unbedenklichkeit von Produkten hingewiesen wird und/oder die ökologischen Aktivitäten gewissermaßen als Ausweis der Pflichterfüllung nachgewiesen werden. Die nächste Stufe ist dann das unternehmerische Bemühen, seinen Produkten eines der mittlerweile zahlreichen Öko-Labels zu verleihen (Grünen Punkt etc.) und damit zu werben. Durch ihre Inflation gewinnen diese Labels allerdings nach und nach den Status von Standards und taugen dann nur noch bedingt zur Abgrenzung im Wettbewerb.

Auf der dritten Stufe beginnen Unternehmen ganz bewußt und an herausragender Stelle, ihre unternehmerischen Umweltschutzaktivitäten im Wettbewerb zu positionieren. Dies geschieht entweder durch direktes ökologisches Produktmarketing (Lebensmittel, PKW, Pflegemittel etc.) und/oder durch ökologisches Unternehmensmarketing. In letzterem Fall wird die Unternehmung als Ganzes im Wettbewerb mit dem Differenzierungsmerkmal „ökologisch" positioniert.

Damit ist die Grenze zur „ökologischen Unternehmenskonzeption" bezeichnet. In diesem Fall ist der Umweltschutz das oder zumindest ein wesentliches Element des gesamten unternehmerischen Selbstverständnisses. Der Umweltschutz durchzieht hier als roter Faden die gesamten Unternehmensaktivitäten von der Produktentwicklung bis hin zum Verkauf. Wirtschaftsbereiche, in denen solche ganz bewußt ökologischen Unternehmenskonzeptionen mit teilweise großem Erfolg praktiziert werden, sind z. B. Nahrungs- und Genußmittel, Textilien und Bekleidung, Kosmetik und Pflege, Baumaterialien etc.

Insgesamt aber kann gesagt werden, daß die Vermarktung der Umweltschutzaktivitäten noch ganz am Anfang steht. Besonders der Mittelstand liegt hier gegenüber der Großindustrie noch weit zurück. Dabei bietet sich auf Grund der wachsenden Verschärfung der Umweltsituation allgemein der Faktor Umweltschutz als Chance der Profilierung und Differenzierung im Wettbewerb geradezu an, und dies im Grunde in allen Branchen und Märkten und auf der Basis unterschiedlicher Zugänge:

- technologisch innovative Produkte (Öko-Kühlschrank),
- technologisch innovative bzw. optimierte Prozesse bzw. Produkte (Benzinverbrauch im PKW),
- am Umweltschutz orientierte Produktionsprozesse,
- umweltfreundlicher Transport, ökologisch optimierte Logistik,
- übergreifendes ökologisches Engagement (Rekultivierung, Öko-Sponsoring etc.),
- natürliche bzw. ökologisch einwandfreie Vorprodukte, Materialien, Stoffe,
- Weitergabe des unternehmerischen Umweltschutzes an Lieferanten, Partner etc., z. B. über Auditierung von Zulieferern,
- die unternehmerischen Aufwendungen für Umweltschutz insgesamt.

All diese Bereiche können im Marketing, in der Unternehmenskommunikation dazu dienen, sich zu profilieren bzw. im Wettbewerb zu differenzieren. Und da dies bisher von wenigen Unternehmen professionell praktiziert wird, muß eine Unternehmung gar nicht in allen ökologischen Aktivitäten Spitze sein. Es genügt, daß sie überhaupt diesen Faktor zur Vermarktung von Produkt und Unternehmung bzw. zur Imagepflege heranzieht. Denn viele andere Unternehmen des gleichen Wettbewerbsumfelds, die in Teilbereichen des Umweltschutzes vielleicht sogar besser sind, benutzen den Faktor Umweltschutz überhaupt nicht im Marketing, z. B. weil es angeblich nicht zu ihrem sonstigen Image paßt. Damit wird der Weg frei für solche Unternehmen, die die Chance des Öko-Marketing wahrnehmen.

Jede Unternehmung, die ein strategisches Umweltschutzmanagement praktiziert, sollte den Faktor des unternehmerischen Umweltschutzes im Wettbewerb beachten und nutzen. Denn hier besteht die Möglichkeit, die vergleichsweise hohen Aufwendungen für Umweltschutz durch eine gezielte Vermarktungsstrategie und den damit erhöhten Umsatz zumindest teilweise zu kompensieren. Möglichkeiten hierzu sind u. a.:

- Einbindung des Umweltschutzes in die PR-Kampagnen;
- regelmäßige Präsentation der Umweltschutzaktivitäten in Jahresberichten, Reports etc.;
- direkte Werbung mit den unternehmerischen Umweltschutzaktivitäten, und zwar bezogen auf:
  - das Produkt,
  - den Produktionsprozeß,
  - begleitende Prozesse (Energiegewinnung etc.),
  - Recyclingkonzepte,
  - übergreifendes ökologisches Engagement,
  - Einbindung des Umweltschutzes in Ziel und Strategie;
- gezieltes Öko-Marketing, ausgerichtet auf Zielgruppen und Produkte;
- interne und externe Profilierung als ökologisch orientierte Unternehmung.

Der unternehmerische Umweltschutz hat in den vergangenen Jahren hohe Kosten und Investitionen in den Unternehmen verursacht. Dies beginnt sich jetzt langsam und mit wachsender Bedeutung u. a. auch als Wettbewerbsvorteil auszuzahlen. Viele Unternehmen haben diesen Trend erkannt und beginnen den unternehmerischen Umweltschutz nicht mehr nur als Kostenfaktor, sondern ganzheitlich, als Investition in die Zukunft ihres Unternehmens zu verstehen. Dies ist zugleich Sinn und Ziel des Strategischen Umweltschutzmanagements: Eine Ressource in Einsatz und Verwendung, in Kosten und Nutzen so einzusetzen, daß der Wirkungsgrad, der unternehmerische Return on Investment, das Ergebnis für Unternehmung und Wirtschaftssystem insgesamt optimiert werden.

Kapitel II

Das Umweltmanagementsystem der BMW AG

Manfred Heller

Die Olympischen Spiele 1972 in München fanden in unmittelbarer Nähe des BMW Stammwerkes statt. Mit dem Bau des Olympiadorfes im Westen wurde der Bebauungsring um den Industriestandort geschlossen. Die Produktion von BMW findet heute auf einer Fläche von ca. 50 ha Industriegebiet statt, die Weiterentwicklung dieses Standortes zu einer umweltgerechten Produktion wurde als Herausforderung aufgenommen. Es galt, mehr als 10.000 Menschen zu ihrem Arbeitsplatz zu bringen, ca. 800 Fahrzeuge pro Tag herzustellen, die Ver- und Entsorgung der Produktion sicherzustellen und das Ganze ohne Reibungsverluste zu organisieren.

Als erstes Unternehmen in Süddeutschland wurde eine Stabsstelle für Umweltschutz ins Leben gerufen. Damit war die Keimzelle für das Umweltmanagementsystem der BMW AG gelegt. Die folgenden zwei Jahrzehnte waren für BMW durch das schnellste Wachstum in der Automobilindustrie gekennzeichnet. Der frühe Leidensdruck aus der Produktion in der Großstadt und den Schnittstellen zur unmittelbaren Wohnbebauung hat die Entscheidungsträger in unserem Hause frühzeitig sensibilisiert, die Erfordernisse des Umweltschutzes beim Bau neuer Standorte voll zu integrieren. Während sich diese Entscheidungen im wesentlichen auf die Umweltrelevanz der Produktionsstandorte bezog, hat mit Beginn der 90er Jahre eine ganzheitliche Betrachtung Einzug gehalten. Das bedeutet, im Mittelpunkt steht die Lebenszyklusbetrachtung des Produktes über die Produktnutzung bis hin zur Produktentsorgung.

1 Umweltpolitik und Ordnungsrecht

Die Umweltpolitik der letzten 20 Jahre war in Deutschland geprägt vom Ordnungsrecht, von Auflagen, Grenzwerten, von Ge- und Verboten. Die Bürokratisierung hat einen Grad erreicht, der es für die Handelnden kaum mehr möglich macht, die Orientierung zu behalten. Nimmt man EU-Recht, Bundes- und Landesrecht zusammen, so gelten in Deutschland rund 800 Umweltgesetze, 2.800 Umweltverordnungen und 4.700 Umweltverwaltungsvorschriften. Diese Zahlen sind ein deutliches Zeichen dafür, daß es neuer Wege bedarf, um den Umweltschutz in Industrie und Gesellschaft weiter voranzubringen. Ziel muß es sein, vorsorgend eine nachhaltige Entwicklung unserer Wirtschaft und Gesellschaft als Gesamtheit zu erreichen. Damit wird deutlich, daß diese Herausforderung keine rein staatliche oder wirtschaftliche, sondern eine gesamtgesellschaftliche Herausforderung ist. Der Begriff der Deregulierung macht in letzter Zeit die Runde; Deregulierung wird jedoch nur möglich, wenn die Eigenverantwortung der Wirtschaft sicherstellt, daß die Anforderungen zum Umweltschutz damit weiter entwickelt werden. Vor dem Hintergrund der gesellschaftlichen Akzeptanz muß Deregulierung im Umweltschutz nicht weniger, sondern besseren, schnelleren und wirtschaftlicheren Umweltschutz bedeuten.

2 Umweltschutzleitlinien

Mit Beginn der 90er Jahre hat sich die BMW AG Umweltschutzleitlinien gegeben, die alle Mitarbeiter über alle Hierarchieebenen des Unternehmens zum eigenverantwortlichen Handeln verpflichten:

1. Ziele:

Es ist unser Unternehmensziel, sichere und anspruchsvolle technische Produkte wirtschaftlich herzustellen und im Wettbewerb ebenso erfolgreich zu vermarkten. Innerhalb der Gesamtzielsetzung sind Gesundheit und Sicherheit des Menschen sowie der Schutz der Umwelt verbindliche Ziele.
Wir gehen verantwortungsbewußt und effizient mit Ressourcen um und verpflichten uns zur nachhaltigen Sicherung unserer Umwelt. Deshalb haben wir, die BMW AG, u. a. die internationale Umwelt-Charta unterzeichnet („ICC-Charta für eine langfristig tragfähige Entwicklung").

2. Umweltschutz als Führungsaufgabe

Umweltschutz ist eine der Führungsaufgaben. Die Führungskräfte tragen die besondere Verantwortung dafür, die Umweltleitlinien umzusetzen und vorzuleben sowie die Mitarbeiterinnen und Mitarbeiter im Sinne dieser Aufgabe zu motivieren.

3. Handlungsgrundlagen

Grundlage unseres Handelns sind Gesetze und Verordnungen. Wenn über den gesetzlichen Rahmen hinausgehende technisch-wissenschaftliche Erkenntnisse zur Minimierung der Umweltbelastung vorliegen und wirtschaftlich vertretbar sind, werden wir sie anwenden.

4. Vermeidung von Umweltbelastungen bei der Produktion

Bei der Herstellung unserer Produkte nutzen wir die technischen und wirtschaftlichen Möglichkeiten, um Ressourcen zu schonen und Belastungen der Umwelt zu minimieren. Insbesondere ist beim Einsatz neuer Produktionsprozesse und Verfahren die Umweltverträglichkeit in die technisch-wirtschaftliche Gesamtentscheidung mit einzubeziehen.
BMW verfolgt dabei das Ziel, Emissionen in Abluft und Abwasser sowie Schallimmissionen und die Entstehung von Produktionsrückständen auf ein technisch und wirtschaftlich möglichstes Mindestmaß zu reduzieren. Unvermeidbare Rückstände werden als Reststoffe dem Stand der Technik entsprechend wiederverwertet oder umweltverträglich entsorgt.

5. Vorsorge für Notfälle

Für Störfälle haben wir Notfallpläne – auch unter Berücksichtigung werksüberschreitender Auswirkungen – entwikkelt, die wir laufend den aktuellen Erfordernissen anpassen.

6. Umweltverträgliche Fahrzeuge

Da wir uns unserer Verantwortung für einen natürlichen Lebensraum bewußt sind, setzen wir neueste Technologien zur Erhöhung der Sicherheit und zur Minderung des Schadstoffausstoßes, der Lärmemissionen und des Kraftstoffverbrauches konsequent ein. Durch optimale Konstruktion unserer Produkte und entsprechende Information unserer Kunden werden wir dazu beitragen, daß die vom Betrieb unserer Fahrzeuge ausgehende Belastung möglichst gering ist.

7. Recycling

Zur Vermeidung von Abfällen erarbeiten wir Lösungen zum Recycling von Altfahrzeugen und setzen diese systematisch in die Praxis um. Unser Ziel ist es, die recyclinggerechte Konstruktion und den Einsatz von Sekundärrohstoffen weiter voranzutreiben, um damit den Gesamtverbrauch an Energie und Ressourcen aus Produktion und Betrieb zu minimieren und Stoffkreisläufe zu schließen.

8. Alternative Antriebskonzepte

Zur Schonung von Ressourcen und Verbesserung der Umweltverträglichkeit unserer Fahrzeuge entwickeln wir alternative Antriebskonzepte, die wir konsequent weiterverfolgen. Dabei engagieren wir uns auch im Umfeld dieser Fahrzeuge, also in der Entwicklung und Bereitstellung der für die alternativen Fahrzeuge notwendigen Antriebsenergien.

9. Mobilität

Gemeinsame Kooperation von BMW mit allen Bereichen von Politik, Gesellschaft und Verwaltung liefert die Zukunftsperspektive, in der Mobilität und Umweltverantwortung keine Widersprüche mehr sind. Deshalb entwickeln wir Verkehrskonzepte und Verkehrstechnologien, deren oberstes Ziel ist, die Lebensqualität der Menschen zu erhalten, ohne ihre Mobilität zu gefährden.

10. Verantwortungsbewußte Durchführung

Wir werden regelmäßig den Erfolg unserer Umweltmaßnahmen prüfen und weitere Verbesserungen vornehmen. Die Einhaltung der Richtlinien des Unternehmens, der rechtlichen Auflagen und der gesetzlichen Vorschriften wird sichergestellt.

3 Umweltschutz-Informationssystem

Ein definiertes Selbstverständnis des BMW-Konzerns im Umweltschutz kann nur auf Basis motivierter Mitarbeiter, die kompetent, eigenverantwortlich und umweltbewußt handeln, umgesetzt werden. Die Förderung des Umweltbewußtseins der Mitarbeiter wird unterstützt durch regelmäßige und systematische Information zu Umweltzielen und -politik. Diese Verantwortung ist bei sich stetig verändernden Inhalten und Prozessen durch Vorschriften, Stand der Technik, Ansprüchen und Planungen des Unternehmens sowie Wertewandel nur durch zielgerichtete und aktiv betriebene Information und Kommunikation beherrschbar. Zur positiven Beeinflussung des umweltrelevanten Verhaltens der Mitarbeiter und deren weiteren Motivation liegt in einem fortlaufend anzupassenden

- Informations-,
- Bildungs-, und
- Kommunikationssystem.

Die Effizienz des Kommunikationssystems beruht auf einer durchzuführenden und fortlaufend zu prüfenden und zu aktualisierenden Kommunikationsanalyse.

Abb. II–1:

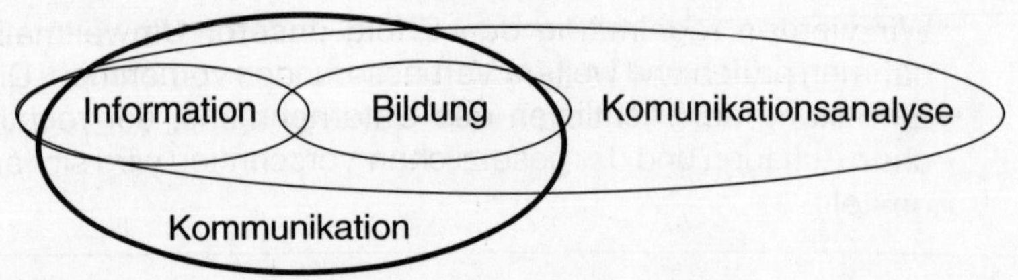

Bei der Information wird insbesondere die Grenze zwischen gesellschaftlich/ökologisch Wünschenswertem und technisch/ökonomisch Erreichbarem herausgestellt. Die Unterrichtung der Öffentlichkeit über die Umweltaspekte der unternehmerischen Tätigkeit stellt einen wesentlichen Bestandteil des Umweltschutzmanagements dar und ist eine Antwort auf das zunehmende Interesse der Öffentlichkeit an diesbezüglichen Informationen. Die Mitarbeiterinformation ist geprägt durch eine zielgruppenorientierte und handlungsfördernde Information jedes einzelnen zur Förderung des Unternehmenserfolges. Durch die Vermittlung von Argumentationshilfen in der gesellschaftlichen Diskussion kann nicht nur im beruflichen, sondern auch im persönlichen Umfeld bis hin zum familiären Bereich eine positive Wirkung auf die Weiterentwicklung des Unternehmens erzielt werden. Damit werden dem Mitarbeiter die Motivation und der Rückhalt vermittelt, die er als Repräsentant des Unternehmens in der Öffentlichkeit benötigt. Ziel ist es, durch die Stärkung des Selbstbewußtseins und Wissensstandes eine Solidarisierung mit der Unternehmensidentität zu erreichen. Zielgruppen sind:

- **die Öffentlichkeit,** diese wird durch Presse, Rundfunk, Fernsehen und durch BMW-Medien, wie z. B. ALex-Blätter, sowie durch Fachvorträge über allgemeine und spezielle Umweltthemen informiert. Dabei wird ein enges Zusammenwirken der Fachstellen Öffentlichkeitsarbeit, Marketing, Umwelt und Verkehr, Altfahrzeugrecycling und damit dem Kompetenzzentrum Umweltschutz sichergestellt;

- **die Nachbarn** werden durch Besichtigungs- und Diskussionsveranstaltungen über geplante Projekte informiert. Tage der offenen Türe ermöglichen der „erweiterten“ Nachbarschaft einen Einblick in die Aktivitäten eines Standortes;
- **die Aktionäre** werden durch die zuständigen Fachstellen im Rahmen der Hauptversammlung und des Geschäftsberichtes informiert;
- **der Vorstand** wird durch die im Kompetenzzentrum Umweltschutz zusammengeschlossenen Fachabteilungen und in Form von Jahresberichten über den Stand des Umweltschutzes im Unternehmen fortlaufend unterrichtet;
- **die Mitarbeiter,** erhalten ihre Informationen über die bestehenden Medien im Rahmen des Umweltschutz-Informationssystems (UIS). Die Bausteine des UIS sind Managementbriefe für verschiedene Führungsebenen, gezielte Umweltschutzinformationen für Handlungsgaranten aus Entwicklung, Planung, Einkauf, Logistik, Vertrieb und Produktion. Die Firmenzeitschrift informiert darüber hinaus monatlich alle Mitarbeiter, um ein allgemeines Umweltwissen zu vermitteln. Über ein weltweites elektronisches Postsystem (Office Vision/Infothek) haben alle Mitarbeiter des Konzerns Zugriff auf die Informationen des Kompetenzzentrums Umweltschutz.

4 Instrumente des Umweltmanagementsystems

Während sich in den 70er und 80er Jahren die Aufmerksamkeit auf die Emissionsreduzierung in den Werken und am Produkt beschränkte, wurden zwischenzeitlich neue Instrumente entwickelt, um die Erfordernisse des Umweltschutzes lückenlos und effizient umzusetzen. Hierzu zählt der Steuerkreis Umweltschutz, dessen Aufgabe es ist, Umweltthemen aufzugreifen, die aus Politik, Gesetzgebung oder Gesellschaft kommen und auf die Produkte oder deren Betrieb erheblichen Einfluß ausüben können. Der Steuerkreis entscheidet oder bereitet Entscheidungen auf Vorstandsebene vor.

Der Projektkreis Umweltschutz, in dem übergreifende Themen der BMW-Produktionsstandorte entschieden und abgearbeitet werden, setzt sich aus den Betriebsbeauftragten der verschiedenen Werke zusammen. Da neben den kontinuierlich ablaufenden Prozessen im Unternehmen immer wieder Vorhaben durchgeführt werden, die eine gewisse Einmaligkeit besitzen, bietet sich die Abarbeitung im Projektmanagement an. Projekte können z.B. sein:

- die Einführung eines neuen Produktes,
- die Entwicklung eines neuen Produktionsverfahrens,
- die Umstrukturierung von bestehenden Produktionsanlagen oder
- die Neuerrichtung einer Anlage.

Bei komplexen Projekten wird für die Dauer des Projektablaufes der Aufbau von speziellen Organisations- und Durchführungsstrukturen notwendig. Aufgaben und Verantwortlichkeiten werden festgelegt, und die Projektorganisation wird schriftlich fixiert. Für übergreifende, strategische Umweltschutzprojekte übernimmt das Kompetenzzentrum Umweltschutz das Projektmanagement, wie beispielsweise bei der Altlastenproblematik für neue Grundstücke. Dort kommt es auf Grund der hohen Kosten zur Erkundung, Bewertung und Beseitigung auf ein sachkundiges, rationelles Projektmanagement an. Die finanztechnische Abwicklung strategischer und übergreifender Umweltschutzprojekte wird über die langfristige Investitionsplanung eingesteuert und dem Investitionskreis zur Entscheidung vorgelegt.

Die Regelung der Querschnittsfunktion Umweltschutz erfordert die Dokumentation von Abläufen, Verantwortlichkeiten und Zuständigkeiten. Handbücher sind deshalb ein wesentliches Element des Umweltmanagementsystems unseres Unternehmens. Ihre Aufgabe ist unter anderem

- Erfassung aller umweltrelevanten Tätigkeiten,
- Beschreibung der Gesetzeslage,

- Darstellung der Anforderungen an gesetzeskonformes Handeln,
- Lieferung von Instrumentarien zur Abwicklung des Umweltschutzes,
- Dokumentation des Umweltschutzsystems inklusive Management und Organisation.

Die Handbuchebenen sind ein Spiegelbild der lückenlosen Delegationskette im Verantwortungsbereich Umweltschutz.

Hierzu wurden 5 Handbuchebenen gewählt:

1. Ebene: Umweltschutzhandbuch
Darin werden alle umweltrelevanten Tätigkeiten und Festlegungen des BMW-Konzerns zusammengefaßt. Zielgruppen sind Vorstand, Werkleiter, Spartenleiter, Bereichsleiter, Niederlassungs- und Vertriebszentrenleiter.

2. Ebene: Werksleiter- und Spartenleiterhandbuch
Dieses Handbuch dient zur Beschreibung und Dokumentation der Verantwortlichkeiten als Bindeglied eines Standortes zu seinen Funktionseinheiten und dem BMW-Konzern.

3. Ebene: Betreiberhandbuch
Hier wird die Verantwortung der benannten Betreiber genehmigungspflichtiger Anlagen dokumentiert.

4. Ebene: Betriebshandbuch
Dieses Handbuch wird von den einzelnen Funktionsbereichen geführt. Es dokumentiert innerhalb des Umweltschutz-Managementsystems die Festlegungen in der Betriebsorganisation und die Ablauforganisation für die Umweltschutzbereiche Abluft, Abwasser, Abfall, Altlasten, Boden, Gefahrstoffe, Gefahrgut und Lärmschutz, in bezug auf Planen, Errichten, Fahren, Instandhalten, Warten, Dokumentation und Kontrolle umweltrelevanter Anlagen.

5. Ebene: Betriebstagebuch

Die Betriebstagebücher dienen zur Überwachung und Kontrolle umweltrelevanter Anlagen und verfahrenstechnischer Aspekte sowie zur Dokumentation des ordnungsgemäßen Anlagenbetriebes. Dabei wird der operative Umweltschutz in konkreten Handlungsanweisungen für die Mitarbeiter in Form von Betriebsanweisungen niedergelegt.

Eine umfassende und möglichst lückenlose Dokumentation umweltrelevanter Auswirkungen aus betrieblichen Aufgaben, Abläufen und Tätigkeiten ist heute zu einer unternehmerischen Aufgabe geworden, die letztlich auch die Fürsorgepflicht gegenüber dem einzelnen Mitarbeiter sicherstellt. Für die Teilnahme am Öko-Audit bedeuten die Handbücher eine unerläßliche Hilfestellung, um die Betriebsprüfung durch unabhängige Sachverständige zu erleichtern und damit die Transparenz für die Öffentlichkeit herzustellen.

5 Prozeßkette Umweltschutz

Die Querschnittsaufgabe Umweltschutz betrifft alle Teile eines Unternehmens in unterschiedlicher Gewichtung und mit unterschiedlichen Feldern bzw. Bereichen. Lag bisher der Schwerpunkt auf der Produktionsbetrachtung, wird heute deutlich, daß eine gesamtheitliche Betrachtung über die verschiedensten Bereiche eines Unternehmens erforderlich ist.

In der Unternehmensplanung werden die Weichen für eine ganzheitlich umweltorientierte Unternehmenspolitik gestellt. Ziel ist es, den Entscheidungsträgern aufzuzeigen, daß die Entscheidungen so gefällt werden, daß sowohl die betriebswirtschaftlichen Interessen des Unternehmens als auch die Interessen der Gesellschaft in sozialer und ökologischer Hinsicht gewahrt bleiben.

Bei Standortentscheidungen im In- und Ausland kommen die Gesichtspunkte des Umweltschutzes gleichrangig zum Tragen. Damit wird bereits ein Beitrag zur Standortsicherung geleistet.

Unternehmensziel ist es, hochwertige und zuverlässige Produkte zu entwickeln, die den Anforderungen der Kunden entsprechen. Beim Kunden haben heute umweltverträgliche Produkte einen wachsenden Stellenwert. Daher wird bei der Entwicklung neuer Produkte und Produktionsprozesse zusätzlich das Denken in Stoff- und Materialkreisläufen berücksichtigt. Im Mittelpunkt steht die Verbrauchsreduzierung von Wasser, Energie und anderen Ressourcen, um die Belastung der Umwelt durch Emissionen, Abwasser und Abfall zu vermeiden. In der Entwicklungsphase wird der gesamtheitliche Ansatz – von der Wiege bis zur Bahre – beachtet.

Emissionen infolge industrieller Produktion stehen in direktem Zusammenhang mit der Produktionstechnik. Umweltbelastungen resultieren im wesentlichen aus den Prozessen und den verwendeten Einsatzstoffen. Wünschenswert ist es, Emissionen erst gar nicht entstehen zu lassen, bzw. weitestgehend zu vermeiden. Prozeß- und Verfahrenstechnik spielen eine entscheidende Rolle, um präventiven Umweltschutz zu betreiben.

Die Automobilproduktion in den BMW-Werken erfolgt unter ständiger Reduzierung der Fertigungstiefe und Konzentration auf die Kernfertigung. Damit kommt der Funktion „Einkauf und Logistik" in den letzten Jahren eine hohe Bedeutung für die Erreichung der Umweltschutzziele des Unternehmens zu. Der Einkauf hat eine direkte Einwirkung auf die umweltrelevanten Stoffströme. Er ist für alle Beschaffungsvorgänge des Unternehmens zuständig, z. B. Roh-, Hilfs- und Betriebsstoffe, Maschinen und Einrichtungen, Produkte und Dienstleistungen usw. Vor allen Beschaffungsvorgängen werden die Fragen der Auswirkungen auf die Umwelt bewertet. Durch das große Einkaufsvolumen wirkt er auf eine sehr große Zahl von Zulieferfirmen und Dienstleistungsbetrieben ein. Damit wird durch die Umsetzung umweltorientierter Zielvorgaben ein ökologischer Schneeballeffekt erwirkt. Zukunftsaufgabe ist es, die Lieferanten auf ihre Umweltintegrität hin zu überprüfen. Intern eingesetzte Dienstleistungsunternehmen beeinflussen den Umsetzungsgrad ganz wesentlich, deshalb müssen bereits bei der Auftragsvergabe die Umweltschutzziele der BMW AG zum Vertragsgegenstand gemacht werden.

Ein Automobil besteht aus 20–30.000 Einzelteilen, damit kommt den effizienten, umweltschonenden Logistikvorgängen eine hohe Aufmerksamkeit zu. Dieses zu gewährleisten ist unter anderem dadurch zu realisieren, daß

- Transportwege optimiert und umweltschonende Transportmittel eingesetzt werden;
- durch konsequent auf Vermeidung bedachtes Verkehrsmanagement der Anteil der Leerfahrten nahezu auf Null reduziert wird;
- zur Sicherstellung des Entsorgungsprozesses, in Analogie zur Versorgungslogistik, eine qualitativ vergleichbare eigenständige Entsorgungslogistik aufgebaut wird;
- durch umweltfreundliche Verpackungsplanung die Entsorgung vermieden wird, Stichwort: Mehrwegverpackung;
- durch umweltgerechtes Lagerwesen die daraus resultierenden, spezifischen Umweltrisiken auf das Mindestmaß reduziert werden;
- die Fahrrouten über Computersimulation auf ihre Lärmrelevanz optimiert werden (Schallimmissionsprognose).

Bisher wirken auf die Produktion die Umweltschutzgesetze, Verordnungen und Vorschriften besonders stark und direkt ein. Damit hat die Produktion im Rahmen des Umweltschutzes eine Schlüsselstellung. Hier nimmt ein beauftragtes Mitglied der Geschäftsleitung die Organisations- und Aufsichtspflichten wahr und ist verantwortlich. Die entsprechende Aufbau- und Ablauforganisation ist im Betreiberhandbuch dokumentiert.

Ein Großteil der Konsumenten steht heute ökologischen Problemen bewußter gegenüber, dies drückt sich in mehr oder weniger ausgeprägter Weise im umweltbewußten Kauf- und Verbrauchsverhalten aus. Damit ist Umweltschutz ein wichtiges Element für Marketingkonzepte und Marketingstrategien. BMW stuft deshalb den Umweltschutz als Basisqualität, vergleichbar mit den Feldern Zuverlässigkeit und Sicherheit, ein. Im oberen Marktsegment der Automobilindustrie ist der Übergang von Umweltschutzakzeptanz und sozialer Akzeptanz fließend. Der Spagat für die Glaubwürdigkeit eines Herstellers von Hochleistungsprodukten ist um ein Vielfaches schwieriger als die Anforderung an einen Hersteller von Massenprodukten. Im Zuge von Kundeninformationen werden die positiven Auswirkungen der Umweltschutzaktivitäten unseres Hauses, wie

- umweltfreundliche Technologien (Wasserkreisläufe, Wasser-/ Pulverlacke),
- umweltfreundliche Produkte (FCKW-frei, asbestfrei, cadmiumfrei),
- Recycling in Produktion und Altfahrzeugdemontage usw.

als strategisches Instrument der unternehmerischen Eigenverantwortlichkeit im Umweltschutz herausgestellt.

Der Umweltschutz im Vertrieb, also in der Handelsorganisation, hat andere Aufgaben zu erfüllen. Beginnend beim Produkt- und Teileversand, beim Verpackungswesen, dem Einsatz von Verkehrsträgern usw., spielt der Umweltschutz eine entscheidende Rolle. Reparatur und Service von Fahrzeugen bis hin zu einem Demontage- und Recyclingkonzept für Bauteile bieten die Möglichkeit, die Kompetenz des Unternehmens dem Kunden direkt darzustellen. Heute werden mehr als 1.500 Bauteile über die Handelsorganisation angeboten, die den Weg der Wiederaufbereitung genommen haben und bei voller Jahresgarantie einen Preisvorteil gegenüber Neuteilen von bis zu 50% haben. Durch die direkte Nähe zum Kunden ist der praktizierte Umweltschutz im Vertrieb eine wirkungsvolle Maßnahme zur Vertrauensbildung und Kundenbindung.

Die Schließung von Stoffkreisläufen wurde möglich, als 1990 die Pilotdemontageanlage der BMW AG in Landshut in Betrieb ging. Ziel ist die systematische Gewinnung des erforderlichen Demontage- und Verwertungs-Know-hows für alle BMW-Modelle. Um sämtliche Daten des Demontageprozesses zur erfassen und auszuwerten, wurde eine Datenbank eingesetzt. Es galt, Werkstoffe, Demontagezeiten, Verbindungstechnik und Teilegewichte zu erfassen. Die Erkenntnisse werden so aufbereitet, daß sie die Entwicklungsingenieure bei Konstruktion und Auswahl unterstützen, um zukünftige Bauteile recyclinggerecht zu gestalten. Auch für vorhandene Produkte wird der Informationsfluß zu den Verwertungspartnern sichergestellt, um eine praxisnahe und wirtschaftliche Fahrzeugverwertung zu erreichen. Die Demontage muß dabei flächendeckend erfolgen, um zusätzliche Verkehrsbelastungen mit den rückgewonnenen Stoffströmen zu vermeiden. Durch intensive Zusammenarbeit mit Rohstoffirmen und Zulieferern werden so Materialkreisläufe aufgebaut, die den zukünftigen Anforderungen aus dem Kreislaufwirtschaftsgedanken Rechnung tragen. Um die Bindung zur Neufahrzeugentwicklung zu stärken, wurde zwischenzeitlich ein neues Demontagezentrum im Großraum München in Betrieb genommen. Die direkte Bindung von Entwicklungszentrum und Demontagezentrum wird den Prozeß beschleunigen.

6 Informationssystem ZEUS

Das Gefahrstoffinformationssystem ZEUS (Zentrale Erfassung umweltrelevanter Stoffe) wurde Ende der 80er Jahre eingeführt. Das System ist allen einschlägigen Fachabteilungen – von Planung und Konstruktion bis hin zu Umwelt- und Katastrophenschutz – jederzeit zugänglich.

Der Nutzer erhält Informationen über

- chemisch-physikalische Eigenschaften,
- sicherheitstechnische Belange,
- Transportvorschriften,
- Schutzmaßnahmen (z. B. Beschränkung am Arbeitsplatz),

- Maßnahmen bei Betriebsstörungen, Unfall oder Brand,
- Toxikologie,
- Ökologie,
- Entsorgung usw.

Abb. II–2:

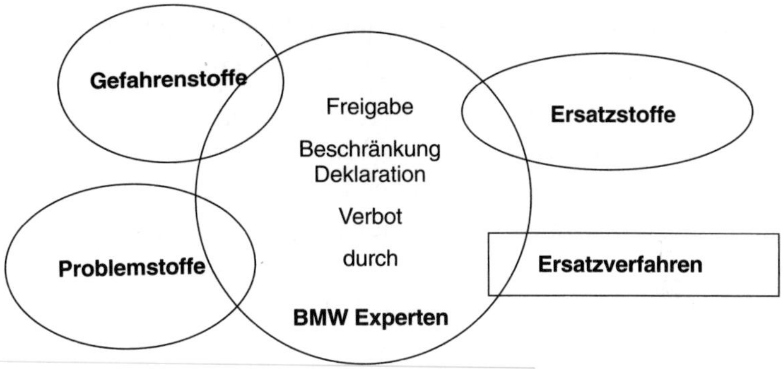

Damit die Daten aufgebaut und gepflegt werden können, müssen alle Lieferanten und Hersteller mitarbeiten und auf sogenannten Datenerfassungsblättern entsprechende Angaben über die eingesetzten Materialien machen. Der wesentliche Effekt liegt darin, daß all diese Fragestellungen in Ruhe vor dem Einkauf der Produkte diskutiert und bewertet werden können. Kostenträchtige Nachrüstungen von Filteranlagen am Arbeitsplatz können damit ebenso vermieden werden wie unnötige Reststoffe, die als Sondermüll beseitigt werden müssen.

Die Zielerreichung liegt in der Optimierungsstrategie, die Ersatzstoffe, Ersatzverfahren, Verwendungsbeschränkungen und Verbote gleichermaßen berücksichtigt. Hierzu ist ein internes Freigabeverfahren zu durchlaufen.

Das Informationssystem ZEUS unterstützt damit die Entwicklungsphase eines Automobils und leistet einen erheblichen Beitrag für eine möglichst umweltverträgliche und umweltschonende Produktion von Automobilen.

7 Umweltschutzverantwortung durch Fremdfirmen

Innerhalb und außerhalb der Betriebsstätten der BMW AG erfüllen externe Vertragspartner eine Vielzahl von Dienstleistungen. Dabei geht es um Transport, Reinigung von Anlagen, Entsorgung und Instandhaltung sowie Gebäude- und Maschinenbau. Ein Teil der Leistungen birgt Risiken im Bereich des Umweltschutzes, wie z. B. Erzeugung von Sondermüll, Verwendung umweltgefährdender Stoffe, Überlassung von Verpackungsresten sowie Lärmerzeugung. Um die Umweltschutzziele unseres Hauses sicherzustellen, werden die umweltrelevanten Parameter zum Bestandteil von Leistungsverzeichnissen und Verträgen gemacht. Bei Produktionsunterbrechungen zur Umstellung auf neue Modellreihen können bis zu 2.000 Mitarbeiter von Fremdfirmen auf einem Werksgelände tätig werden. Damit wird es erforderlich, auch die Umsetzung zwischen Auftraggeber und Auftragnehmer zu überwachen und Abweichungen zu korrigieren.

8 Effiziente Energienutzung in der Produktion

Soziale Sicherheit und Wohlstand sind eng an den Verbrauch von Energie gekoppelt. Die damit verbundenen Belastungen der Umwelt müssen jedoch durch einen sparsamen und rationellen Umgang mit der Energie so gering wie möglich gehalten werden.

Wer ein großes Automobilwerk inmitten eines Wohngebietes betreibt, hat auch eine besondere Verantwortung gegenüber seinen Nachbarn – auch wenn die Fabrik zuerst da war. So wurde das Werk München schon Ende der 60er Jahre von Steinkohleheizung auf Erdgasbetrieb umgestellt. Damit schuf BMW als Großabnehmer von Erdgas die Voraussetzung, daß die Stadt München diesen sauberen Energieträger einführen konnte. München ist heute die Großstadt in Deutschland mit dem geringsten Schwefelgehalt in der Luft. Ein Meilenstein bei der Energieversorgung und Luftreinhaltung ist das Blockheizkraftwerk (BHKW). Um die Primärenergie Erdöl/Erdgas optimal zur Erzeugung von Strom und Wärme für die Werke zu nutzen, ist BMW von der konventionellen Heizung mit ihrem schlechteren Wirkungsgrad abgegangen. Der Strom wird nicht mehr ausschließlich über die Energieversorgungsunternehmen bezogen, sondern teilweise im BHKW selbst erzeugt. Verbrennungsmotoren liefern über Generatoren Strom und heizen mit ihrer optimal genutzten Abwärme die Werkshallen. Dieses Prinzip der Kopplung von Strom und Wärmeerzeugung ermöglicht einen Gesamtwirkungsgrad der Motorenanlage von mehr als 85%. 1980 wurde die erste Anlage in einem Motorenwerk eingesetzt. Heute werden an einigen Standorten bereits Gasturbinen mit einem noch günstigeren Wirkungsgrad eingesetzt.

9 Alternative Antriebe

Erdöl ist knapp und damit wertvoll. Die Kraftstoffe für die Automobile basieren fast alle auf diesem Rohstoff. Durch den steigenden Fahrzeugbestand nehmen die Vorräte ab. Auch der Ausstoß von Kohlendioxid mit seinen Einflüssen auf das Klima nimmt weiter zu.

Die Entwicklung alternativer Energieträger, insbesondere die Nutzung der unerschöpflichen Sonnenenergie, kann in Zukunft dazu beitragen, Emissionen zu vermindern und die kostbaren Ressourcen zu schonen. Die Konzepte Wasserstoff- und Elektroantrieb bieten dabei aus heutiger Sicht die aussichtsreichsten Alternativen für die Zukunft.

Beim Wasserstoffantrieb entstehen bei der Verbrennung kaum schädliche Abgase, da der Wasserstoff mit dem Sauerstoff der Luft wieder zu Wasser oxydiert. Damit könnte der Kohlendioxidanstieg in der Atmosphäre vermindert werden.

Wasserstoff kommt in der Natur als Rohstoff aber nicht vor, sondern er muß durch Elektrolysezerlegung von Wasser in Sauerstoff und Wasserstoff gewonnen werden. Wichtig für die Umweltbilanz dieses Energieträgers ist deshalb, wie die Gewinnung der elektrischen Energie für die Zerlegung des Wassers erfolgt. Bei der herkömmlichen Stromerzeugung würden Emissionen nicht vermieden, sondern nur verlagert werden. Nur durch die Nutzung regenerativer Energien ergeben sich die Vorteile der alternativen Antriebsformen.

In den Energiekonzepten der Zukunft ist die Sonnenenergie für viele Experten die Nummer eins. Die Sonne spendet uns tagtäglich ein Vielfaches des Energiebedarfes der gesamten Weltbevölkerung. Über den Weg der biologischen Nutzung der Sonnenenergie, zum Beispiel mit Brennstoffen aus Pflanzenölen, könnte aber wegen des hohen Flächenbedarfes nur ein Bruchteil der insgesamt benötigten Energie erzeugt werden.

Dagegen ließe sich durch die technische Nutzung der Sonnenenergie durch Solarkraftwerke und Wärmekollektoren und durch Nutzung von Wasser- und Windenergie ein Mehrfaches der heute benötigten Energiemenge produzieren.

Der technische und wirtschaftliche Aufwand für solche Anlagen ist jedoch noch nicht absehbar, und der Flächenbedarf für diese Lösungen der Energiegewinnung bereitet große Probleme.

Bei der Speicherung von Wasserstoff muß im Vergleich zu den Tanksystemen für Ottokraftstoffe oder Diesel in Personenkraftwagen ein erheblicher Mehraufwand betrieben werden. Wasserstoff ist bei normalen Umgebungsbedingungen gasförmig und 15mal leichter als Luft. Wasserstoff kann deshalb nur dann in ausreichender Menge gespeichert werden, wenn er flüssig ist. Dazu muß er auf etwa minus 250° C abgekühlt werden. Die neuen Tanksysteme ermöglichen bereits einen Aktionsradius von bis zu 400 km bei Personenkraftwagen der Mittelklasse. Solange jedoch noch keine ausreichende Infrastruktur zur Versorgung mit Wasserstoff aufgebaut ist, müssen die Fahrzeugmotoren auch für den wahlweisen Betrieb mit Ottokraftstoffen ausgelegt sein.

Wann eine Serienproduktion von wasserstoffbetriebenen Fahrzeugen möglich wird, ist derzeit noch nicht absehbar, denn die heutigen Kraftstoffe werden auf absehbare Zeit noch erheblich billiger sein als mit Solarenergie erzeugter Wasserstoff.

Beim Elektroantrieb ergeben sich in bezug auf die Energieerzeugung und -speicherung noch ähnliche Probleme wie beim Wasserstoffantrieb. Bei der Nutzung von Solarenergie entstehen durch Elektrofahrzeuge keine Emissionen. Außerdem sind sie sehr leise. Elektrofahrzeuge bieten sich derzeit insbesondere für den Kurzstreckenbetrieb in Ballungsräumen an, da die Probleme bei der Kapazität und Lebensdauer der Batterien noch gelöst werden müssen.

Die alternativen Antriebe mit Wasserstoff und elektrischer Energie bieten langfristig die Chance, auf umweltschonende, regenerative, Energieformen zurückzugreifen, um unsere Umwelt von Emissionen zu entlasten. Allerdings ist der technische und wirtschaftliche Aufwand heute noch nicht absehbar.

Naturgas schont Erdölressourcen

Eine emissionsarme Antriebsart, die sich schnell in herkömmlichen Fahrzeugen verwirklichen läßt, ist die Verwendung von komprimiertem Erdgas. Was das Naturprodukt so attraktiv macht, ist die hohe Umweltverträglichkeit und das geographisch günstige Vorkommen. Der Naturgasgrundstoff Methan enthält in hohem Maße Wasserstoff, dessen Verbrennung im Idealfall nur Wasserdampf zurückläßt.

Geringe Zylinderfüllung und kleinere Gemischheizwerte vermindern die Motorleistung um etwa 15%. In der praktischen Fahrerprobung erscheinen diese Einbußen akzeptabel. Heute wird die Verbreitung von Gasfahrzeugen stark beeinträchtigt, da die Infrastruktur für das Tankstellennetz noch nicht gegeben ist. Die Nutzung des sehr gut ausgebauten Rohrleitungsnetzes der Fernversorgung von Erdgas bietet jedoch ideale Voraussetzungen, um bei einer Kooperation zwischen Gaswirtschaft und Automobilindustrie dieses Manko zu beheben. Ein positiver Nebeneffekt ist dabei die hohe Sicherheit durch den Wegfall von Tankwagen. Die aufwendige Speichertechnik in Druckbehältern kann dabei weitgehend von den Entwicklungen zur Wasserstoffspeicherung profitieren. Die Zusatzausrüstung in vorhandenen Fahrzeugen erfordert zusätzlichen Einbauraum. Längerfristig kann die Verwendung von Naturgas interessant werden, wenn durch kryogene Speicherung von tiefkaltem, verflüssigtem Gas die hohen Speicherdrücke vermieden werden und die Fahrzeugreichweite von heute ca. 200 km deutlich vergrößert wird. BMW bietet deshalb bereits zwei Modellreihen mit dieser Antriebstechnik an. Die Akzeptanz von Gasfahrzeugen durch die Gesellschaft wird davon abhängen, daß die richtigen politischen und fiskalischen Rahmenbedingungen geschaffen werden, um damit die Durchsetzung am Markt zu fördern. Ein Zusammenspiel zwischen Mineralölindustrie, Gaswirtschaft und Automobilindustrie ist außerdem unabdingbar.

10 Zukunft sichern durch Mobilität

Beim Transport von Neufahrzeugen und Produktionsmaterial setzt BMW immer mehr auf Kooperation von LKW und Bahn. So erreichen heute mehr als 50% des Materials die Produktionsstandorte per Bahn. Sogenannte Langzüge werden von den Gebietsspediteuren beschickt und erreichen den süddeutschen Raum im Nachtsprung. In der Fahrzeugauslieferung werden die Partner in der Logistik über ein Informationssystem vernetzt. So werden die Frachtkapazitäten der Speditionen optimal genutzt und die Transportkette zeitlich verkürzt. Dabei werden 65% der Neufahrzeuge mit der Bahn in die jeweilige Region gebracht und erst dort vom Spediteur mit dem LKW übernommen. Konsequent verlagert BMW seit Jahren Transporte von der Straße auf die Schiene, die Auslieferung neuer Fahrzeuge für den Export erfolgt direkt aus den Werken per Bahn in die Verschiffungshäfen.

Der Einsatz moderner Telekommunikation spielt dabei eine ebenso wichtige Rolle wie die Kooperation mit anderen Unternehmen der Automobilindustrie. Denn nur mit diesem integrierten Ansatz kann das Ziel erreicht werden, unnötigen Verkehr zu vermeiden und notwendige Transporte unter ökologischen Gesichtspunkten zu steuern und abzuwickeln. Alle Transporte müssen mit der innerbetrieblichen Produktionslogistik übereinstimmen.

Die flexiblen Arbeitszeitregelungen im Unternehmen dienen vor allem der optimalen Auslastung von Produktionsmaschinen. Sie sind aber auch eine der effizientesten Maßnahmen zur Vermeidung von Berufsverkehr. Arbeitet die Belegschaft immer kürzer und bleibt die Wegstrecke des einzelnen Mitarbeiters unverändert, so wird die Fahrtzeit im Verhältnis zur Arbeitszeit immer länger. Bei den Arbeitszeitmodellen wird deshalb großer Wert auf die Vermeidung von unnötigen Wegstrecken gelegt. Die 4-Tage-Woche und die Gleitzeit ermöglichen dabei die Erhöhung der Laufzeiten von Maschinen und Anlagen und gleichzeitig die Entkopplung der persönlichen Arbeitszeit. Beide Maßnahmen zusammen können so zu einer Verringerung des Berufsverkehrs von über 12% führen.

BMW setzt Videokonferenzen schon heute für interne Besprechungen von Standort zu Standort ein, ebenso in der Kommunikation mit Konzerntöchtern, Händlern und Lieferanten. Damit lassen sich Dienstwege und Dienstreisen vermeiden.

Werksbusse erfreuen sich großer Akzeptanz dank maßgeschneidertem Fahr- und Streckenplan. Mangels eines passenden ÖPNV-Fahrplanes hat BMW schon vor vielen Jahren ein Werksbussystem eingerichtet. Schichtarbeiter müssen früh aufstehen oder kommen spät heim. Manche von ihnen kommen aus Ortschaften, die bis zu 100 km vom Werk entfernt liegen. An manchen Standorten werden so mehr als 200 Busse täglich eingesetzt. Damit wird ein hohes Potential an Individualverkehr vermieden.

In Ballungsräumen wird dieses Konzept ergänzt durch die „Mobil-Card“. Mit diesem Job Ticket können Werksangehörige zum halben Preis und ohne zeitliche Einschränkung das gesamte Netz des Verkehrsverbundes benutzen.

Die Schnittstelle zwischen ÖPNV und PKW kann aber auch durch Kooperationen mit anderen Industrieunternehmen sinnvoll entwikkelt werden. Im Norden Münchens besitzt BMW drei große Parkhäuser nahe der U-Bahn, im Süden bietet Siemens viel Parkraum mit U-Bahn-Anschluß. Eine Vereinbarung beider Firmen ermöglicht den Mitarbeitern einen Parkplatztausch. Die Durchquerung der Innenstadt erfolgt mit öffentlichen Verkehrsträgern.

Die BMW-Mitfahrzentrale ermöglicht zwischenzeitlich rund 11% der Mitarbeiter, Fahrgemeinschaften zu bilden. Die computergesteuerte Börse informiert über Mitfahrmöglichkeiten, die angesichts der flexiblen Arbeitszeitregelung nur schwer zu finden wären.

Mit dem „Kooperativen Verkehrsmanagement München" startete BMW eine Initiative, um den Verkehr im Einzugsbereich von Großstädten durch eine enge Vernetzung von Individual- und öffentlichem Verkehr zu entlasten.

Das „Kooperative Verkehrsmanagement" soll durch die Schaffung neuer technischer Systeme und die enge Zusammenarbeit zwischen Wirtschaft, Wissenschaft, Politik, Verwaltung und Verbänden zur Lösung bestehender und zukünftiger Verkehrsprobleme beitragen. Durch die Betrachtung des Gesamtsystems Verkehr sollen Automobil, Bus, Bahn und Flugzeug nicht mehr konkurrieren, sondern sinnvoll gemeinsam genutzt werden. Die erste Stufe des Konzeptes wurde bereits in die Praxis umgesetzt. Schon weit vor den Toren Münchens steuern elektronische Wechselverkehrszeichen auf den Schilderbrücken der Autobahn die Geschwindigkeit der Fahrzeuge in Abhängigkeit von den Verkehrsverhältnissen und leiten die Verkehrsströme bei Staugefahr auf weniger belastete Ausweichstrecken um. Zusätzlich warnt das System die Autofahrer vor Nebel, Glatteis und Nässe.

In einem späteren Schritt soll das zentral gesteuerte Leitsystem auch zu den S- und U-Bahn-Terminals mit Parkhäusern und Einkaufszentren hinweisen, um die Nutzung des öffentlichen Nahverkehrs attraktiv zu gestalten.

Zukünftige Aufgabenstellung ist in der ersten Stufe die effiziente Steuerung der Verkehrsflüsse durch die bessere Nutzung bereits heute verfügbarer Technologien, d. h. Ausbau von Systemen zur Verkehrsdatenerfassung und Fahrkartenplanung sowie Datenaustausch mit dem Fahrzeug.

In der zweiten Stufe sollen alle Informationen, z. B. über die Verkehrsbelastung, die Auslastung von Parkhäusern und P & R-Anlagen, die Luftqualität im Stadtgebiet, Fahrpläne sowie die Auslastung der öffentlichen Verkehrsmittel im Datenverbund analysiert werden, um jedem Verkehrsteilnehmer individuelle Verhaltensempfehlungen geben zu können.

Das Citykonzept „Blaue Zone" zeigt am Beispiel München Wege auf, wie Innenstädte in ihrem Kern ebenfalls durch ein kooperatives Miteinander der Verkehrssysteme, aber auch durch bauliche Maßnahmen für alle Verkehrsteilnehmer attraktiver werden können. Die beiden Projekte können jedoch nur als Denkanstöße dienen, die Zuständigkeiten und Verantwortungen liegen heute außerhalb des Unternehmens.

11 BMW-Umweltschutzstrategie: Im Ganzen denken!

Die Strategie erschöpft sich nicht in einem Katalog von mehr oder weniger zusammenhanglosen Einzelmaßnahmen. Sie ist vielmehr auf den gesamten Lebenszyklus eines Automobils ausgerichtet. Alle umweltschutzbezogenen Maßnahmen und Aktivitäten bilden zusammen einen geschlossenen Kreislauf, an dessen Anfang die Forschung und Entwicklung stehen.

- Die BMW Forschung beschäftigt sich mit Umweltschutztechnologien und Verkehrssystemen von morgen.

- Fahrzeug- und Antriebsentwicklung bilden die Basis für den umweltverträglichen Betrieb von Automobilen.
- Innovative Technologien in der Fertigung schonen Ressourcen und minimieren Schadstoffe.
- Während der Laufzeit eines Fahrzeuges tragen der umfassende Service und die moderne Technologie der BMW-Autohäuser zu geringem Wartungsaufwand und zur Verbrauchssenkung bei.
- Durch eine entsprechende Fahrweise kann auch der Autofahrer den Treibstoffverbrauch entscheidend verringern. Auf Fahrertrainingslehrgängen zeigen BMW-Instruktoren, wie's gemacht wird.
- Am Ende der Laufzeit des Automobils steht das Altfahrzeugrecycling. Es bietet die Chance für den Übergang in den neuen Kreislauf.

Die erfolgreiche Teilnahme am Öko-Audit wird eine geeignete Herausforderung sein, um die selbstgesteckten Ziele des Unternehmens durch unabhängige Gutachter bestätigen zu lassen. Die Akzeptanz in der Öffentlichkeit muß von verantwortungsbewußten Industrievertretern genutzt werden, um durch Selbstkontrolle die weitere Flut von Gesetzen und Verordnungen einzudämmen.

Kapitel III

Umsetzung und Anwendung des Umweltkonzepts der BASF

Hans Jörg Henne

1 Das gesellschaftliche Umfeld der BASF

Die Industriegesellschaft unserer Tage ist durch immer noch wachsende Bevölkerungsdichte und hohen Lebensstandard charakterisiert. Es sind im wesentlichen drei Erwartungen, die diese Gesellschaft an Unternehmen richtet, die in ihr tätig sind:

- angemessener wirtschaftlicher Erfolg,
- soziale Verpflichtung,
- verantwortungsvoller Schutz der Umwelt.

Solange die Aufgaben so allgemein definiert werden, ist ihnen breite Zustimmung gewiß. Eine andere Formulierung besagt, das „Magische Viereck" der Marktwirtschaft (Geldwertstabilität, Zahlungsgleichgewicht, Wirtschaftswachstum, Vollbeschäftigung) müsse durch die Faktoren „Sozialer Friede" und „Umweltverträglichkeit" zum „Magischen Sechseck" des nächsten Jahrtausends erweitert werden. Die Schwierigkeiten solcher theoretischen Überlegungen werden besonders dann deutlich, wenn es nicht darum geht, Zuwächse im Ergebnis zu verteilen, sondern – wie in den abgelaufenen Jahren – rückläufige Ergebnisse durch unternehmerisches Handeln aufzufangen. Allzu schnell verselbständigt sich dann eine der drei unternehmerischen Aufgaben, die Anteilseigner pochen auf einen angemessenen Kapitaldienst, die Mitarbeiter fordern die soziale Verpflichtung ein und engagierte Gruppen der Gesellschaft weitere Umweltschutzmaßnahmen.

Ungeachtet der in jüngster Zeit stärker ins Blickfeld gerückten Aufgaben wie Arbeitsplätze und Alterssicherung wird dem Umweltschutz nach wie vor in der öffentlichen Meinung ein hoher Stellenwert eingeräumt. Parallel zu dieser hohen Bewertung des Umweltschutzes läuft ein ständig steigendes Informationsverlangen der Öffentlichkeit. Man erwartet, immer mehr Informationen immer rascher zu erhalten. Die chemische Industrie ist von dieser Entwicklung stärker betroffen als andere Industriezweige. Es ist ihr Geschäft, Stoffe herzustellen. Dabei bedingen Naturgesetze die Bildung von Nebenprodukten und Reststoffen. Die Öffentlichkeit unterscheidet nicht zwischen diesem normalen Geschäft und Störfällen wie Bhopal oder Seveso. Sie unterscheidet auch nicht zwischen dem Hersteller, dem Weiterverarbeiter, dem Transporteur oder dem Anwender von Chemikalien. Jedes Ereignis wird der ganzen Branche zugerechnet, an welch entlegenem Ort, unter welch ungünstigen Bedingungen es sich auch zugetragen haben mag.

So ist das Umfeld beschaffen, in dem die BASF-Gruppe in mehr als 160 Ländern mit unterschiedlichen politischen, wirtschaftlichen und sozialen Strukturen tätig ist. Sie beschäftigt weltweit rund 120.000 Mitarbeiter und erwirtschaftete 1993 einen Umsatz von fast 41 Mrd. DM. Ein Drittel des Umsatzes wurde in Deutschland erzielt, ein weiteres Drittel im Rest Europas und das letzte Drittel in den anderen Kontinenten mit einem wachsenden Anteil in Asien. Der wichtigste Standort für Verwaltung, Forschung und auch die Produktion ist Ludwigshafen. Das Werksgelände umfaßt über 700 ha, es werden rund 43.000 Mitarbeiter beschäftigt und über 8.000 Verkaufsprodukte hergestellt.

2 Das Umweltkonzept der BASF

Ein weltweit tätiges Chemieunternehmen kann in diesem Umfeld langfristig nur Erfolg haben, wenn die Unternehmenspolitik auch für den Umweltschutz über ein umfassendes Gesamtkonzept verfügt. Ein solches Umweltkonzept bildet zusammen mit dem Qualitätsmanagement für die Produkte vom Rohstoff bis zum Verkauf (Total-Quality-Management) mit der gemeinsamen weltweiten Initiative der chemischen Industrie für verantwortliches Handeln (Responsible Care) und schließlich der Verpflichtung der Wirtschaft zu verträglichem Wachstum (Sustainable Development) die Grundlage für einen umfassenden Umweltschutz. Die BASF begrüßt und unterstützt es, daß so in den großen Industrieländern ähnliche Verhaltensnormen zum Schutz von Mitarbeitern, Verbrauchern und Umwelt entstehen.

Zu einem umfassenden Umweltkonzept gehören: langfristige Zielsetzung und klare Aufgabenstellung, geeignete organisatorische Gliederung mit eindeutiger Verantwortlichkeit, geschulte und motivierte Mitarbeiter, Erkennen der Einzelaufgaben und Entwickeln tragfähiger Lösungen, ausreichende Ressourcen, kritische Erfolgskontrolle, aktive interne und externe Information, gute Nachbarschaft.

Für den einzelnen Mitarbeiter, vom Lehrling bis zum Vorstand, ist Engagement für den Umweltschutz Teil einer erfolgreichen Tätigkeit im Unternehmen. Für die BASF als Unternehmen ist Umweltschutz notwendige Voraussetzung der Geschäftstätigkeit, wie andere Funktionsbereiche, etwa Logistik (An- und Wegtransport von Rohstoffen und Produkten) oder Werkstechnik (Wartung und Instandhaltung der Betriebsanlagen), auch.

3 Leitlinien des BASF-Vorstandes

Die Antwort eines Unternehmens auf die Erwartungen der Gesellschaft soll knapp und klar sein. In der BASF sind die Vorgaben des Vorstandes an die Mitarbeiter in Unternehmensleitlinien festgelegt. Hinsichtlich des Umweltschutzes ist dort als allgemeines Ziel definiert: „Die BASF will sich überall als zuverlässiger, umwelt- und sicherheitsbewußter Partner erweisen, der gute Zusammenarbeit sucht, die Gesetze achtet und in sozialer Verpflichtung handelt.“ Diese Zielsetzung wird in speziellen Leitlinien für Umweltschutz und Arbeitssicherheit (siehe Kasten unten) näher erläutert.

Die BASF versteht Umweltschutz und Arbeitssicherheit als ständige Aufgabe und festen Bestandteil ihres Handelns.
Leitlinien dazu sind:

- Wirtschaftliche Belange haben keinen Vorrang gegenüber dem Umwelt- und Arbeitsschutz.
- Produkte erzeugen, die sicher herzustellen, sicher zu verwenden und sicher zu entsorgen sind. Auf die Sicherheit von Betrieb und Arbeit größte Sorgfalt verwenden.

- Belastungen von Mensch und Umwelt bei Herstellung, Lagerung, Transport, Vertrieb und Verwendung der Produkte minimieren.
- Als notwendig Erkanntes aus eigenem Antrieb auch ohne gesetzliche Verpflichtung oder behördliche Auflagen in Angriff nehmen.
- Anlagen, Produkte, Emissionen und Entsorgung eigenverantwortlich überwachen.
- Den wissenschaftlichen und technischen Fortschritt bei Umweltschutz und Produktsicherheit als eigene wichtige Aufgabe vorantreiben.
- Das Umwelt- und Sicherheitsbewußtsein aller Mitarbeiter fördern.
- Die Kunden im Bemühen um eine sichere, umweltfreundliche Weiterverarbeitung der Produkte unterstützen, durch Information für eine sachgerechte Handhabung der Produkte sorgen.
- Im offenen Dialog mit der Öffentlichkeit das Wissen über Umweltschutz und Produktsicherheit mehren, den Wissens- und Erfahrungsaustausch mit Behörden und Verbänden, Politik und Wissenschaft pflegen.

Gemäß den Leitlinien ist es das Ziel, Produkte zu erzeugen, die sicher herzustellen, sicher zu verwenden und sicher zu entsorgen sind. Die Belastungen von Mensch und Umwelt dabei sind zu minimieren. Als notwendig Erkanntes wird auch ohne behördliche Auflage aus eigenem Antrieb in Angriff genommen. Wirtschaftliche Belange haben keinen Vorrang gegenüber Umwelt- und Arbeitsschutz.

Diese Leitlinien richten sich in erster Linie an das Unternehmen selbst. Sie stellen Zielvorgaben des Vorstandes an die Mitarbeiter dar. Dem Mitarbeiter wiederum geben sie Rückhalt für umweltbewußtes Verhalten bei Zielkonflikten innerhalb des Unternehmens. Die in diesen Leitlinien formulierte Umweltstrategie des Unternehmens bildet die Klammer zur Verbindung der Einzelaktivitäten zu einem Gesamtkonzept. Leitlinien beschreiben keinen Zustand und beziehen sich nicht auf das Tagesgeschehen. Es handelt sich bei ihnen um langfristige Aufgabenstellungen.

Wegen ihres unternehmensinternen Charakters wurden diese Umweltschutz-Leitlinien erst über ein Jahr nach ihrer Verabschiedung, im Jahr 1985, der Öffentlichkeit bekanntgemacht. Diese BASF-Umweltschutz-Leitlinien haben nach ihrer Veröffentlichung Signalcharakter in der Wirtschaft gehabt. Andere Unternehmen aus der Chemie und aus anderen Branchen sind dem Beispiel gefolgt. Der Verband der Chemischen Industrie (VCI) und der Europäische Chemieverband (Cefic) haben eigene Leitlinien entwickelt.

4 Weltweite Koordination

Die Unternehmensleitlinien der BASF-Gruppe haben weltweite Gültigkeit. Sie wurden in die wichtigsten Sprachen übersetzt und in den Tochterfirmen eingeführt. Das gilt auch für den Teil Umweltschutz und Arbeitssicherheit, der die Unternehmensphilosophie für diesen Sektor beschreibt. An den jeweiligen Produktionsstandorten der BASF werden sie durch detaillierte schriftliche Richtlinien ergänzt, die die örtlichen Verhältnisse und Vorschriften berücksichtigen.

Die Standorte stehen im ständigen Informations- und Erfahrungsaustausch untereinander. In Ludwigshafen wurde ein Revisionsteam „Umwelt und Sicherheit“ (Abb. III–1) zusammengestellt.

Abb. III–1:

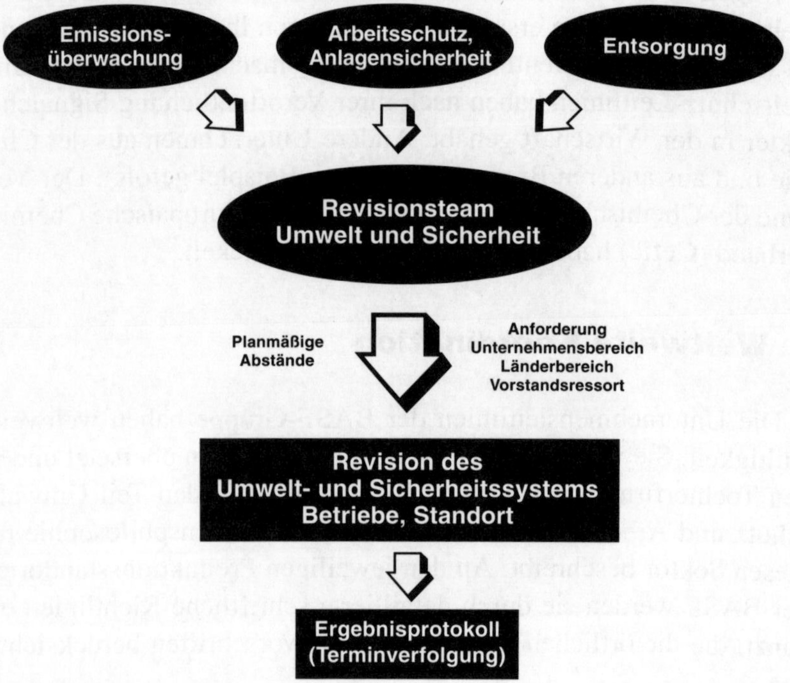

Diese Experten bereisen auf Anforderung des Vorstandes und der zuständigen Einheiten sowie anhand eines eigenen Prüfplanes weltweit die Produktionsstandorte der BASF und prüfen sowohl die lokalen Prüfsysteme wie auch die Anlagen selbst vor Ort mit dem Ziel, die Einhaltung der Leitlinien des Vorstandes sicherzustellen. In Begehung der Anlagen gemeinsam mit den örtlichen Verantwortlichen wird der erreichte Stand geprüft und dokumentiert. Es werden gemeinsam Verbesserungsvorschläge erarbeitet, deren Ausführung mittels Terminplan verfolgt wird.

Der Anlagenbau der BASF baut Chemieanlagen überall nach den gleichen Konstruktionsplänen, es gibt keine „Einfachausführung" für

Länder mit geringeren Standards. Die BASF will in solchen Ländern ein gutes Beispiel für praktischen Umweltschutz geben. Deshalb werden während der Planung alle Projekte einer eingehenden Sicherheitsbetrachtung unterzogen. Das Anlagensicherheitskonzept der BASF (Abb. III–2)

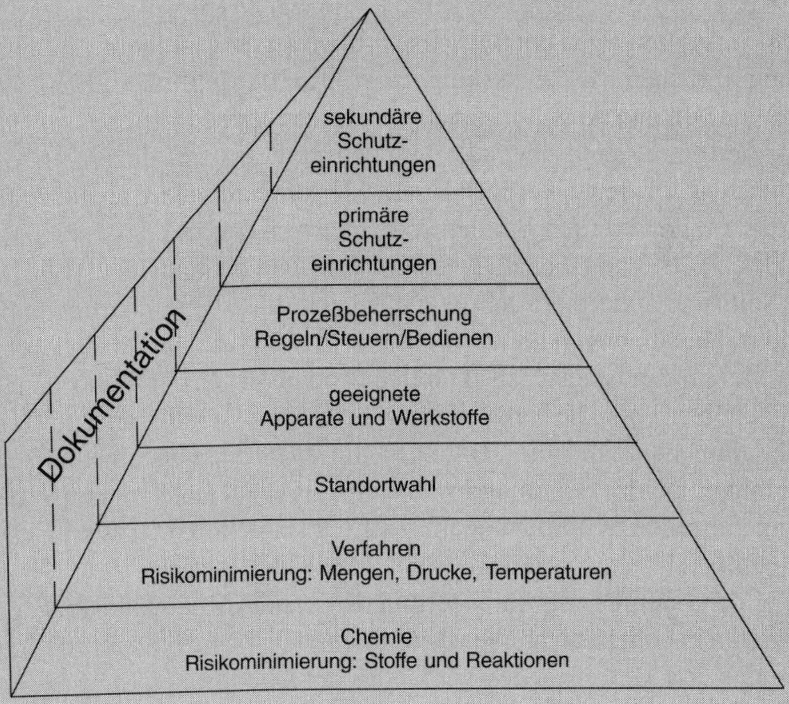

Abb. III–2: Anlagensicherheitskonzept

5 Gemeinsam mit den Arbeitnehmern

Umweltschutz ist eine Aufgabe, an deren Erfüllung jeder Mitarbeiter des Unternehmens mitwirken muß. In dieser Frage gibt es keinerlei Differenzen mit dem Betriebsrat. Eigene Betriebsvereinbarungen regeln die Zusammenarbeit zwischen Werksleitung, Betriebsrat und Sprecherausschuß. In einer regelmäßig zusammentretenden Umweltkommission unter Leitung des Arbeitsdirektors werden alle Fragen des Umweltschutzes behandelt. Die rasche Information der Mitarbeitervertretungen bei Betriebsstörungen wird gesichert. Zu Behördengesprächen werden sie eingeladen. Auf betrieblicher Ebene werden die von den Angehörigen des entsprechenden Betriebes gewählten Vertrauensleute über alle Umweltschutzfragen, die im Betrieb auftreten, von den jeweiligen Einheitsleitern informiert. Umweltrelevante Fragen werden bei den regelmäßigen Sicherheitsgesprächen mit den Sicherheitsbeauftragten der Betriebe behandelt.

Seit rund anderthalb Jahren haben sich diese Vereinbarungen bewährt. Die Sitzungen der Umweltkommission sind immer ein lebhafter Meinungsaustausch zu aktuellen Problemen. In den Behördengesprächen erleben die Vertreter von Betriebsausschuß und Sprecherausschuß hautnah, wie schwierig die Materie, wie ernsthaft das Bemühen beider Seiten und wie mühselig das Unterfangen ist, den eingefahrenen Behördenapparat zu einer schnelleren Gangart zu bewegen.

In den beim Umweltministerium des Landes Rheinland-Pfalz gebildeten Fachbeirat Chemie wurden neben den Umweltbehörden des Landes und Vertretern des Verbandes der Chemischen Industrie sowie der Gewerkschaft Chemie-Papier-Keramik auch Fachleute aus den Unternehmen und aus den Betriebsräten der Unternehmen berufen. Sie beraten das Umweltministerium bei der Bewertung von Umwelt- und Sicherheitsstandards, bei der Verbesserung der Arbeitsumwelt, in Fragen neuer Rechtsvorschriften und der Deregulierung alter überholter Vorschriften. Statt nach jedem Störfall immer weiter verschärfte Vorschriften, verstärkte Aufsicht, umfangreiche Sachverständigengutachten zu fordern, werden hier pragmatische Vorschläge aus der Praxis umgesetzt. Besonders die von der BASF entwickelte, neuartige Untersuchungsmethode der Schnittstelle Mensch/Technik hat im Fachbeirat große Beachtung gefunden und wird sicher auch in anderen Firmen zukünftig angewendet werden. Der Fachbeirat gibt zudem die Möglichkeit, unsere Meinung zu gesetzgeberischen Vorhaben bereits zu einem frühen Zeitpunkt darzulegen. Der kooperative Ansatz, der von der BASF seit langem verfolgt wird, hat hier in vorbildlicher Weise seine Bewährungsprobe bestanden.

6 Eindeutige Verantwortlichkeit

Diese Einbindung des Betriebsrats soll die gesetzliche Gesamtverantwortung des Betreibers nicht einschränken. Schließlich kann nur, wer für Art und Menge der hergestellten Produkte sowie für die dabei eingesetzten Produktionsverfahren verantwortlich ist, auch die Sicherheit am Arbeitsplatz gewährleisten und die Umweltbelastungen minimieren. Sehr oft stehen alle diese Aufgaben in innerem Zusammenhang. Folgerichtig liegt die Verantwortung ungeteilt beim jeweiligen operativen Unternehmensbereich der BASF.

Es ist eine Frage der Zweckmäßigkeit, in welchem Umfang die Umweltschutzaktivitäten vor Ort in den Forschungslabors, den Technika und Produktionsbetrieben Teilaufgabe der dort tätigen Mitarbeiter sind oder in zentralen Einrichtungen von Beschäftigten wahrgenommen werden, die allein für diese Aufgaben eingesetzt werden. Lärmbekämpfung und Luftreinhaltung müssen im wesentlichen an der Entstehungsstelle erfolgen, beim Gewässerschutz ergänzen sich häufig innerbetriebliche Maßnahmen und zentrale Kläranlage, während die Entsorgung der festen Abfälle eine typische zentrale Aufgabe ist. Gleiches gilt für die Überwachung der Emissionen und die Wahrnehmung der Behördenkontakte. Aus der Kostenerfassung ergibt sich, daß etwa die Hälfte der gesamten Betriebskosten für Umweltschutz bei zentralen Einrichtungen anfällt.

7 Bereich Umwelt, Arbeitssicherheit und Energie

Bei der BASF AG sind Umweltschutz und Arbeitssicherheit bereits seit 1973 in einem eigenen Bereich zusammengefaßt. Im Jahre 1992 wurde dem Bereich auch die Verantwortung für Energieversorgung und -verteilung zugeordnet. Dem Bereich gehören rund 2.100 Mitarbeiter an. Die Bedeutung dieses Bereichs wird durch die Einordnung in die zweite Ebene der Unternehmenshierarchie, d. h. unmittelbar unterhalb des Vorstandes der BASF-Gruppe, unterstrichen. Er steht auf der gleichen betrieblichen Ebene wie die für den Ertrag verantwortlichen Bereichsleiter der verschiedenen operativen Geschäftsbereiche, womit Bedeutung und Einfluß des Umweltschutzes sichtbar dokumentiert werden (Abb. III–3).

Abb. III–3: Umwelt, Arbeitssicherheit und Energie

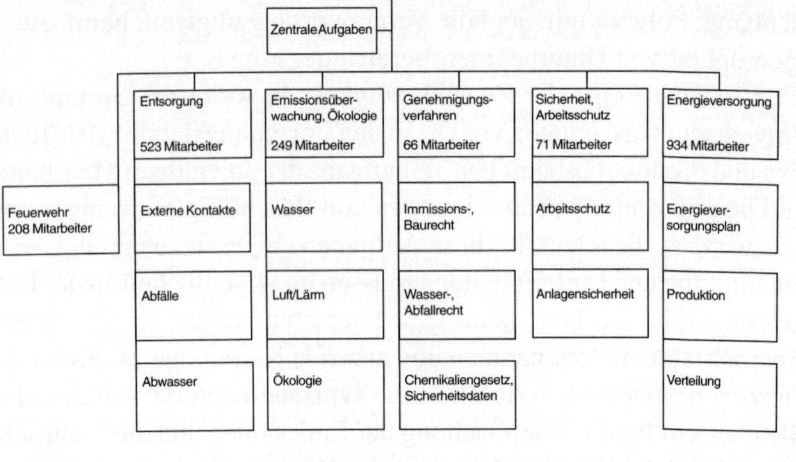

Die Werkfeuerwehr dient mehr und mehr als technisches Hilfswerk bei allen betrieblichen Problemen. Wann immer es gilt, Behälter leerzupumpen, Schächte abzudecken, ausgelaufene Flüssigkeiten aufzunehmen, Behelfsleitungen zu legen, oder wo sonst rasches, entschlossenes Handeln gut ausgebildeten und ausgerüsteten Personals erforderlich ist, ist die Werkfeuerwehr zur Stelle. So stehen 43 Brandeinsätze im Jahre 1993, die allermeisten Bagatellfälle, 2.017 Fällen technischer Hilfeleistungen gegenüber.

Die Abteilung Entsorgung leistet den operativen Umweltschutz, d. h., sie betreibt die zentralen Umwelteinrichtungen wie Kläranlage, Rückstandsverbrennung, Deponie. Erwartungsgemäß ist hier der größte Anteil der Mitarbeiter beschäftigt. Es handelt sich um Betriebe, die, wie die BASF-Produktionsbetriebe auch, nach den Gesichtspunkten optimale Betriebssicherheit, hohe Verfügbarkeit und strenge Kostenkontrolle ständig weiter optimiert werden.

In der Abteilung Emissionsüberwachung und Ökologie werden die vielen Analysen durchgeführt, beispielsweise jährlich allein rund 120.000 Einzeluntersuchungen an Wasser- und Abwasserproben. Bei dieser Abteilung liegt auch die Verantwortung für das rasche Erkennen und die wirkungsvolle Bekämpfung von umweltrelevanten Betriebsstörungen. Außerdem wurde hier eine Unterabteilung „Ökologie“ gebildet. In stark wachsendem Umfang werden durch diese Mitarbeiter ökologische Untersuchungen auf Abbaubarkeit, Giftigkeit gegen Tiere und Pflanzen durchgeführt und die Unternehmensbereiche bei der Entwicklung umweltfreundlicher Produkte beraten.

Die Abteilung Genehmigungsverfahren ist für die rechtzeitige und vollständige Antragstellung für alle erforderlichen Genehmigungen und alle damit im Zusammenhang stehenden externen und internen Aufgaben zuständig. Anträge und Unterlagen müssen eingereicht, begründet, erläutert werden. Anfragen, in immer größerem Umfang auch statistischer Art, müssen beantwortet werden. Auflagen müssen an die Betriebe weitergeleitet und ihre Einhaltung überprüft werden. Die BASF verfolgt dabei den Grundsatz, nur solche Anträge an die Behörden weiterzureichen, die nach sorgfältiger interner Durchsicht für genehmigungsfähig, d. h. für im Einklang mit allen Vorschriften gehalten werden. Bei dem Sachkontakt zu den zuständigen Behörden ist man bemüht, die natürlichen Interessengegensätze durch naturwissenschaftlich-technisch befriedigende Lösungen zu überwinden.

In Deutschland sehen wir uns in diesem Zusammenhang mit zwei Problemen konfrontiert, dem steigenden Umfang der für eine Genehmigung erforderlichen Unterlagen und der wachsenden Dauer der Genehmigungsverfahren. Die erforderlichen Unterlagen für eine Betriebsgenehmigung haben einen alarmierenden Umfang erreicht. Waren für eine durchschnittliche Genehmigung 1980 noch 40 Schreibmaschinenseiten ausreichend, so erforderte ein vergleichbarer Antrag 1993 schon über 300 Seiten. Jede dieser Seiten wird anschließend sorgfältig von Fachleuten geprüft, so daß heute die Dauer bis zur Erteilung einer Genehmigung auf durchschnittlich 18 Monate angewachsen ist. Diese Fehlentwicklung wird jetzt im Bund und in einigen Bundesländern, so auch in Rheinland-Pfalz, erkannt, und die Politik bemüht sich um eine Systemänderung, um Deregulierung.

Die Aufgaben der Abteilung Arbeitssicherheit stehen in engem Sachzusammenhang zum Umweltschutz. Schließlich sind die Sicherheit der Mitarbeiter und der Anlagen, in denen sie tätig sind, gewissermaßen das innerbetriebliche Vorfeld des Schutzes von Nachbarschaft und Natur, also des Umweltschutzes. So wurden während der letzten 10 Jahre weltweit über 1.000 Investitionsvorhaben der BASF sorgfältig auf ihre Anlagensicherheit geprüft, um bereits während der Planung Risiken zu erkennen und auszuräumen, bevor sie vom Vorstand genehmigt und schließlich gebaut wurden.

Die Abteilung Energieversorgung und die weltweite Planung der Energieversorgung sind diesem Unternehmensbereich ebenfalls zugeordnet, womit der Bedeutung des sparsamen Energieeinsatzes für den Umweltschutz Rechnung getragen wird.

8 Allgemeine Aufgaben Umweltschutz

Zu den speziellen Aufgaben der einzelnen Einheiten im Bereich Umweltschutz kommen allgemeine Aufgaben, die gemeinsam wahrgenommen werden müssen, nach innen wie nach außen. Dazu gehören weltweite Beratung und Unterstützung der Gruppengesellschaften im Erfahrungsaustausch hier in Ludwigshafen und vor Ort. Routinegespräche finden mit den Betriebsführern, den Abteilungsbeauftragten für Umweltschutz und schließlich mit den die Produktpolitik festlegenden Unternehmensbereichen statt. Schriftliche Informationen, Dias und Filme über Umweltschutz wurden erstellt, in den Werkzeitungen wird regelmäßig eingehend über verschiedene Aspekte des Umweltschutzes sowie über die aktuelle Situation und besondere Ereignisse berichtet.

In einem am wirtschaftlichen Erfolg orientierten Unternehmen gehört eine möglichst genaue Zuordnung der Umweltschutzkosten zu den einzelnen Verkaufsprodukten zu den wichtigen Aufgaben. Sie soll die Kostenentstehung transparent machen und umweltbewußte unternehmerische Entscheidungen ermöglichen.

Ein Großunternehmen wie die BASF ist von praktisch allen neuen Gesetzesvorhaben unmittelbar betroffen. Es ergibt sich somit die Notwendigkeit, alle neuen nationalen und supranationalen Vorschriften gewissenhaft zu verfolgen und rechtzeitig seine Erfahrung und seinen Sachverstand in die Diskussion einzubringen. Dazu dient eine eigene Arbeitsgruppe „Projektverfolgung Umweltschutzentwicklung“. Das Wissen und die Wünsche der BASF fließen in die Mitarbeit in Verbänden wie den Verband der Chemischen Industrie und zahlreiche andere Institutionen ein, in denen die Praxiserfahrungen der Industrie unerläßlich sind.

Schließlich haben die Beratung und Information Dritter einen erheblichen Umfang. Das fängt mit vielen inländischen und ausländischen Kunden an, die heute von den Fachleuten ihres Lieferanten auch sachkundige Hilfe bei der Lösung ihrer Umweltprobleme erwarten. Es sind Führungen und Informationsveranstaltungen für Kunden, Fachleute, Studenten, Schüler und Besucher durchzuführen und auch auf viele Anfragen von interessierten Bürgern einzugehen.

9 Motivation und Weiterbildung der Mitarbeiter

Die Haltung der Mitarbeiter ist entscheidend für die Verwirklichung des Umweltschutzes als Unternehmensziel. Die Mitarbeiter müssen dieses Ziel zu ihrem eigenen machen, sie müssen es im täglichen Handeln in eigener Verantwortung verwirklichen helfen. Andernfalls bleibt es bloße Willensäußerung der Unternehmensleitung. Ein solcher Prozeß verläuft nicht automatisch. Ihn in Bewegung zu setzen und in Bewegung zu halten, braucht es Anstöße, Verpflichtungen und Vereinbarungen, Qualifikation durch Wissenstransfer sowie Ausbildung und Förderung von Fähigkeiten. Soll der Mensch eigenverantwortlich handeln, so braucht er entsprechendes Wissen und Können, aber auch das Vertrauen seiner Vorgesetzten. Der Führungsstil des Unternehmens bestimmt das Handeln der Mitarbeiter. Verantwortung können sie nur dort übernehmen, wo man sie dazu ermutigt. Unsere Mitarbeiter müssen sich dort zu Wort melden können, wo das Unternehmen ihrem Eindruck nach dem selbstgestellten Anspruch nicht genügt.

BASF hat die in den Unternehmensleitlinien ausgesprochene Verpflichtung zum Umweltschutz durch Richtlinien zu Umweltschutz und Arbeitssicherheit konkretisiert. Diese Richtlinien sehen vor, allen Mitarbeitern durch Ausbildung und Weiterbildung die für ihre jeweilige Funktion erforderlichen Kenntnisse in Fragen des Umweltschutzes und der Arbeitssicherheit zu vermitteln. Dementsprechend gibt es ein übergreifendes Konzept für Aus- und Weiterbildung im Umweltschutz. Ziel aller Maßnahmen ist es, daß jeder Mitarbeiter seine persönliche Verantwortung für den Umweltschutz erkennt und imstande ist, dem Umweltschutzgedanken in seiner täglichen Arbeit gerecht zu werden.

In der Ausbildung ist Umweltschutz Lernziel für alle, sogar für unsere Kaufleute. Er ist fester Bestandteil der Ausbildungspläne und der Wirklichkeit unserer Ausbildung. Wir haben hierfür eigene didaktische Konzepte entwickelt, die auch außerhalb des Unternehmens Anerkennung gefunden haben. Im Unternehmen ist es uns dadurch gelungen, auf bereits bestehendem Interesse für Fragen des Umweltschutzes aufzubauen und dieses gezielt zu fördern. So veranstalten wir zu Beginn der Ausbildung einen Umwelttag: Die Auszubildenden lernen dort vor Ort unsere Entsorgungseinrichtungen kennen. Es gibt bei uns auch eine Umweltecke, das ist eine Art Lernkabine mit Videofilmen und Computerprogrammen. Wir nutzen Simulationsanlagen, beispielsweise eine Minikläranlage. Hier sehen, initiieren und steuern die Auszubildenden selbst verfahrenstechnische Zusammenhänge. Und schließlich haben wir eine Entsorgungszone in der Ausbildungswerkstatt eingerichtet. Dort ist alles über die Entsorgung anfallender Abfälle gesammelt. Besonders attraktiv: die Umweltralley. Was sonst nur im Labor geschieht, wird von den Auszubildenden mitten in der Natur nachvollzogen: Wasseranalysen aus Bächen, Schadstoffdiagnose an Bäumen, Nachweis von saurem Regen. Das Ziel erreichen alle: das Bewußtsein für Natur und Umwelt zu schärfen und das Bewußtsein zu wecken und zu fördern, daß jeder einzelne seinen Beitrag dazu leisten muß.

Insbesondere ist Umweltschutz Aufgabe aller Führungskräfte. Deshalb setzt unser Weiterbildungskonzept Umweltschutz vor allem bei den Führungskräften an, vom Vorarbeiter bis zum Vorstand. In diesem Konzept geht es einerseits um Information und Erfahrungsaustausch: Welche gesetzlichen Regelungen muß ein Betriebsleiter beachten, wie müssen Mitarbeiter im Umweltschutz aus- und fortgebildet werden? Wie kann ich Abfallstoffe vermeiden, und welche Möglichkeiten habe ich, meine Abfallstoffe im großen BASF-Verbund anderswo als Rohstoffe einzuspeisen? Wie kann ich die Belastung von Luft, Wasser und Boden auf ein Mindestmaß reduzieren? Hier wird ein Wissenstransfer von den Facheinheiten und erfahrenen Betriebspraktikern zu all denjenigen, die es in ihrer alltäglichen betrieblichen Praxis brauchen, angestrebt.

In einem weiteren wesentlichen Teil des Weiterbildungskonzepts im Umweltschutz geht es um die betriebliche Atmosphäre, die den Mitarbeitern Raum für eigenes Denken und Handeln läßt und sie dazu ermutigt. Wie gelingt es einem Betriebsleiter, daß sich seine

Mannschaft auf Umweltschutz verpflichtet? Welche Führungsinstrumente können hier sinnvoll eingesetzt werden, etwa Zielvereinbarung, Mitarbeiter- und Qualitätsgespräch. Wie gestalte ich die Arbeit im Team? Wie werde ich als Vorgesetzter meiner Vorbildfunktion gerecht?

Ein dritter Schwerpunkt ist die gesellschaftspolitische Diskussion zum Thema Umweltschutz. Umweltfragen werden in unserem Unternehmen quer durch die Mitarbeiterschaft nicht minder heftig diskutiert wie in der Öffentlichkeit. Wir wollen nicht, daß die Mitarbeiter ihr Umweltbewußtsein am Werktor gewissermaßen abgeben. Voraussetzung für eine vernünftige Diskussion innerhalb des Unternehmens wie auch mit der Öffentlichkeit ist fundierte Sachkenntnis, die Fähigkeit, komplizierte Sachverhalte verständlich darzustellen und die Bereitschaft, den Gesprächspartner ernst zu nehmen. Diese Eigenschaften versuchen wir, im Rahmen unseres gesellschaftspolitischen Weiterbildungsprogramms zu fördern.

Die Themen haben seit langem ihren festen Platz in der Ausbildung bei der BASF. Im Jahre 1993 standen über 3.000 Jugendliche in einem Ausbildungs- oder Eingliederungsverhältnis bei der BASF AG. Die Themen sind Schwerpunkt auch der unterschiedlichsten Fortbildungsveranstaltungen, vom Vortrag bis hin zum mehrtägigen Seminar (Abb. III–4).

Im Jahre 1993 erhielten allgemeine Informationen über Arbeitssicherheit und Umweltschutz in jeweils angepaßter Informationstiefe 4.379 neu eingetretene BASF-Mitarbeiter, 2.821 Vorarbeiter, Schichtführer und Meister sowie 1.143 Betriebsleiter, Chemiker und Ingenieure. In Sonderkursen wurden weiteren 2.432 Mitarbeitern, z. B. Sicherheitsbeauftragten, Lagerfacharbeitern, Ausbildern usw., spezielle Kenntnisse vermittelt. Insgesamt wurden so 10.775 Mitarbeiter in 56 unterschiedlichen Kursen in Umwelt- und Sicherheitsthemen weitergebildet, wofür sie 63.243 Arbeitsstunden aufwendeten.

Abb. III–4: Information und Weiterbildung 1993
Umweltschutz und Arbeitssicherheit BASF AG

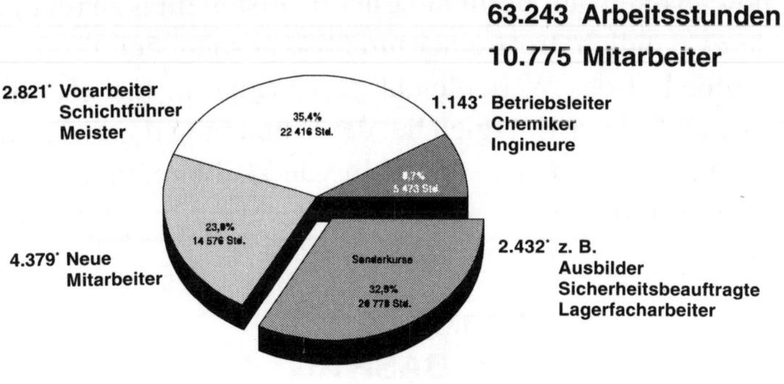

*Doppelzählungen bei Besuch mehrerer Veranstaltungen möglich

Allen Mitarbeitern mit Führungsaufgaben wurde eine kleine Schrift, „Verantwortliches Handeln“ übergeben, die die Umsetzung des Responsible-Care-Programms der Chemieverbände für die BASF im Unternehmen verstärken soll.

10 Reststoffarme Produktion

Kern- und Angelpunkt des Umweltschutzes ist die Schonung der Ressourcen. Anhand des Konzepts *Vermeiden, Vermindern, Verwerten* wird der Anfall von Reststoffen minimiert. Das gilt in besonderem Maße für alle neuen Projekte. Aber auch die bestehenden Verfahren und Produkte unterliegen regelmäßigen Überprüfungen mit dem Ziel, Möglichkeiten zur weiteren Verbesserung zu entwickeln. Besondere Programme wurden für die Verringerung der Abwassermenge, der Schmutzfracht im Abwasser und der Ammoniumfracht im Abwasser entwickelt.

Auch in der chemischen Industrie wird ein erheblicher Teil der Luftverunreinigung bei der Energieerzeugung verursacht. Dem sparsamen Umgang mit Energie kommt deshalb auch aus Umweltgesichtspunkten besondere Bedeutung zu. Die BASF hat schon 1973 mit einer Aktion begonnen, jeden der 350 Produktionsbetriebe am Standort Ludwigshafen auf optimale Energieausnutzung zu untersuchen. So war es möglich, trotz einer um 60% gestiegenen Produktion den Dampfbedarf des Werks leicht zu verringern. Insbesondere konnte der Anteil fossiler Energien bei der Erzeugung dieses Dampfes von 2/3 Kohle, Öl und Gas innerhalb von 20 Jahren auf 1/3 gesenkt werden (Abb. III–5).

Abb. III–5:
Energie, BASF AG

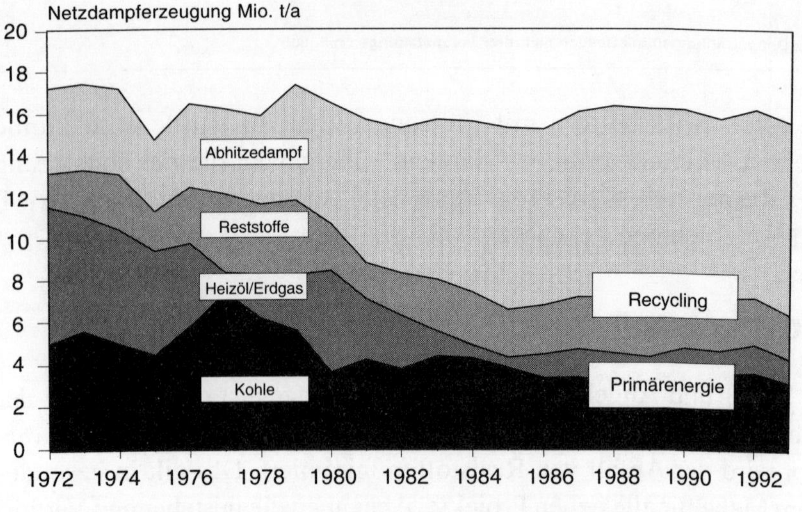

Der Rest wird aus Prozeßwärme in Wärmetauschern rückgewonnen oder durch die Verbrennung von Rückständen erzeugt. Im Lichte der weltweiten Bemühungen zur Reduzierung der CO_2-Emissionen heißt dies allerdings auch, daß bei der BASF in Ludwigshafen heute schon alle nennenswerten Energiesparpotentiale genutzt werden.

Betrachtet man die spezifische Umweltbelastung, so sind mit Hilfe solcher Initiativen in Ludwigshafen Produktion und Umweltbelastung entkoppelt. Stieg seit 1972 die Produktionsmenge um rund 30%, so sanken die Abwasserbelastung im gleichen Zeitraum um 94% und die Emissionen in die Luft um 78%. Die Menge fester Rückstände zur Deponie stieg mit der Inbetriebnahme der Kläranlage 1975 wegen des Anfalls von Klärschlamm zunächst stark an, ist dann aber auch um 75% gefallen (Abb. III–6).

Abb. III–6:
Produktion/Umweltbelastung, BASF AG

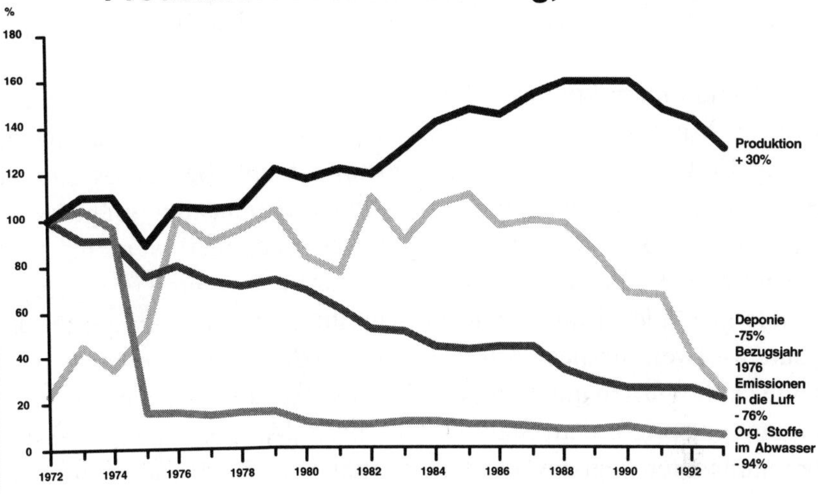

11 Entsorgung in eigener Verantwortung

An einem Chemiestandort wie Ludwigshafen mit 43.000 Mitarbeitern in rund 350 Produktionsbetrieben der BASF AG wird zwangsläufig früher als anderenorts offenkundig, daß auch der Schutz der Umwelt zu denjenigen Aufgaben der Unternehmensführung gehört, die langfristige Lösungen erfordern.

Bereits beim Wiederaufbau des Werkes in den fünfziger Jahren wurden die ersten Filter zur Abluftreinigung in die Anlagen eingebaut. Heute sorgen rund 2.500 der unterschiedlichsten Abluftreinigungsanlagen dafür, daß man auch im Ballungsraum Ludwigshafen durchatmen kann. Ein hervorragendes Beispiel ist das 300-MW-Kraftwerk der BASF, dessen Rauchgase in einer 200 Mio.-DM-Anlage entschwefelt und in einer 110 Mio.-DM-Anlage von Stickoxiden gereinigt werden.

Schon 1959 vergab die BASF das erste Gutachten zur Abwassersanierung des gesamten Werkskomplexes. Ein Terminplan wurde aufgestellt, der den Bau eines zweiten Abwasserkanalnetzes von 35 km Länge und einer Gemeinschaftskläranlage mit den umliegenden Städten und Kommunen vorsah. Unverschmutztes Kühlwasser und verschmutzte Produktionsabwässer wurden vollständig voneinander getrennt und einem kontinuierlichen Überwachungsprogramm unterworfen. Mit der Inbetriebnahme der größten Kläranlage am Rhein wurde Ende 1974 das Programm termingerecht abgeschlossen. Die Bemühungen zur Verringerung der Abwasserbelastung gingen weiter. Seit 1975 konnte sie nochmals um 2/3 verringert werden.

Im Jahre 1960 wurde der erste Ofen zur Verbrennung fester Rückstände gezündet. Eingehende Entwicklungsarbeiten führten zu der heute weltweit für diese Aufgabe eingesetzten Verbrennungstechnologie Drehrohrofen mit Nachbrennkammer. Eine vielstufige Abgasreinigung entspricht dem Stand der Technik. Mit insgesamt acht Verbrennungsöfen liegt die Gesamtkapazität bei 175.000 Tonnen pro Jahr.

Eine eigene BASF-Deponie auf der Rheininsel Flotzgrün wurde 1966 in Betrieb genommen. Der sorgfältig ausgewählte Standort macht den umweltfreundlichen Schiffstransport der Abfälle möglich. Eine gewissenhafte Vorsortierung und eine penible Deponietechnik verhindern das Entstehen von Altlasten. Heute wird jeder weitere Deponieabschnitt durch eine doppelte Folienabdichtung gegen den Untergrund gesichert. Sie ermöglicht das Sammeln und Reinigen eventuell anfallenden Sickerwassers genauso wie das Erkennen und Reparieren möglicher Undichtigkeiten.

Die BASF-Tochtergesellschaft Kali und Salz AG verfügt über eine Untertagedeponie in einem ausgebeuteten Salzstock in Herfa-Neurode. Diese Möglichkeit zur sicheren Verbringung von Sonderabfällen ist inzwischen unentbehrlich geworden, nicht für Deutschland allein, sondern für ganz Westeuropa. BASF selbst macht von der Untertagedeponie nur geringen Gebrauch; weniger als 1% der festen Produktionsrückstände von Ludwigshafen werden dorthin verbracht. Die Einlagerungsbedingungen dieser Untertagedeponie haben noch jeden Besucher beeindruckt. Man kann sie als ähnlich sauber und sorgfältig bezeichnen wie in einer Apotheke.

12 Minimierung von Störungen

Bei der Größe des Standortes Ludwigshafen hat der Einzelbetrieb eine besondere Verpflichtung zur Störungsprophylaxe, um den Summationseffekt zu verringern. Durch systematische Vorsorge bei der Neuplanung einerseits und konsequente Ursachenanalyse mit daraus abgeleiteten Gegenmaßnahmen andererseits konnte die Zahl der Betriebsstörungen drastisch verringert werden. Dies wird an einer Maßzahl, der Zahl der meldepflichtigen Arbeitsunfälle, deutlich (Abb.7).

Abb. III–7: Meldepflichtige Arbeitsunfälle, BASF Ludwigshafen

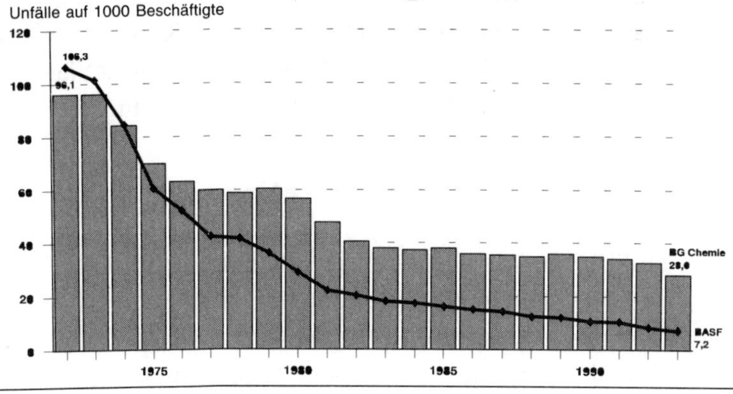

Waren es 1972 noch 106 Unfälle im Jahr auf jeweils 1.000 Beschäftigte, so sank diese Quote bis 1993 auf 7 Unfälle, das ist weniger als ein Drittel des Durchschnitts der Chemischen Industrie.

Zwischen externen und internen Sicherheitsuntersuchungen gibt es kein Spannungsfeld. Was die Sicherheit erhöht, wird gemacht. Das gilt für die Behörden, die im Rahmen ihrer Aufgaben ohnehin rund um die Uhr Zutritt zu den Anlagen haben. Das gilt für Institute wie den Technischen Überwachungsverein (TÜV), zu dessen Auftraggebern die BASF seit langem gehört. Das gilt insbesondere für die Technische Anlagenüberwachung der BASF selbst, die seit vielen Jahren eigenverantwortlich die Sicherheit der Anlagen überprüft und Mitglied im Verband der Technischen Überwachungsvereine ist.

Es ist das Ziel, auch gegen menschliches Fehlverhalten technische Maßnahmen zu entwickeln, die die rechtzeitige Gegensteuerung ermöglichen. So wurden besondere, außerordentlich kostenintensive Investitionsprogramme zur Sicherung des Kühlwasserablaufs vor Störungen, zum Schutz des Schmutzwassers vor Stoßbelastungen und zum Grundwasserschutz entwickelt. Als Folge dieser Maßnahmen hat sich die Zahl der störungsbedingten zusätzlichen Emissionen in den Rhein drastisch verringert. Waren es 1986 noch insgesamt 49 Meldungen an die Behörden, so hatte sich diese Zahl auf 10 geringfügige Fälle im Jahre 1993 verringert.

Die BASF hat diese Erfahrungen in den Verband der Chemischen Industrie (VCI) eingebracht und dort die Entwicklung von allgemeinen Konzepten der Chemischen Industrie zum Kühlwasserschutz, zum Schutz von Chemikalien- und Pflanzenschutzmittellägern und zur Rückhaltung von Löschwasser entscheidend beeinflußt.

13 Das Transportsicherheitskonzept

Viele Unfälle auf den Straßen geschehen, ohne daß Chemietransporte daran einen überproportionalen Anteil hätten. Aber jeder derartige Unfall weckt spezielle Ängste – ob zu Recht oder nicht –, nur weil Chemikalien beteiligt sind. Der Laie kennt nicht einmal die fremdartigen Namen der Stoffe; auch der normale Feuerwehrmann oder der Verkehrspolizist hat keine Erfahrung im Umgang mit diesen Stoffen.

Besondere Bedeutung hat für BASF der sichere Transport ihrer Produkte, insbesondere der Gefahrgüter. Der Vermeidung von Transportunfällen dient ein umfassendes Transportsicherheitskonzept, das die Einhaltung gesetzlicher und zusätzlicher unternehmensspezifischer Sicherheitsstandards, den Einsatz zuverlässiger und qualifizierter Spediteure, die laufende Überwachung der gesamten Transportkette sowie die Beseitigung von sicherheitsrelevanten Mängeln beinhaltet. Besondere Sorgfalt gilt der Auswahl der geeigneten Verpakkung, im Zweifelsfall wird die höhere Sicherheit gewählt.

Jeder Tanklastzug, der die BASF ansteuert, wird am Werkstor auf seinen ordnungsgemäßen Zustand kontrolliert. Beim Verlassen des Werks wird dann geprüft, daß das Fahrzeug nicht überladen ist und alle Leitungen sicher verschlossen sind.

Zur Hilfe bei Transportunfällen mit Chemikalien bedarf es besonderer Fachkenntnisse und spezieller Ausrüstung. Deshalb wurde unter maßgeblicher Beteiligung der BASF vom Verband der Chemischen Industrie (VCI) das Transport-Unfall-Informations- und Hilfeleistungs-System (TUIS) ins Leben gerufen. Das jeweils nächstgelegene Chemieunternehmen leistet danach rasch und unbürokratisch Hilfe, unabhängig davon, wer Absender, Empfänger oder Eigner der Ware ist. Heute liegt in jeder Polizeidienststelle, bei jeder Feuerwehr, bei der Eisenbahn und bei den Speditionsunternehmen die entsprechende Telefonnummer bereit, die rund um die Uhr besetzt ist. Es wird telefonisch beraten, auf Anforderung rückt auch ein Wagen der Feuerwehr zur praktischen Hilfeleistung an. Technisch hervorragende Ausrüstung und langjährige Erfahrung haben viel dazu beigetragen, den Schaden zu begrenzen, selbst wenn es sich um sehr schwerwiegende Einzelereignisse handelte. Im Jahr 1993 gab die Werkfeuerwehr der BASF im Rahmen von TUIS 234 Auskünfte zu Produkten, 155 telefonische Beratungen in Schadensfällen, in 34 Fällen war sie mit Rat und Tat am Schadensort.

Diese freiwillige Hilfeleistung bei Transportunfällen konnte im Jahr 1992 unter tatkräftiger Mitwirkung der BASF auf Westeuropa ausgedehnt werden (ICE-System: International Chemical Environment).

14 Erhöhung der Produktsicherheit

Umweltschutz ist nicht auf die Herstellung der Produkte selbst begrenzt. Der Hersteller muß die toxikologischen und ökologischen Eigenschaften seiner Produkte untersuchen, um diese eindeutig kennzeichnen zu können und ihre Eigenschaften möglichst umfassend im Sicherheitsdatenblatt zu beschreiben. Diese enthalten Anwendungshinweise, Warnungen und Entsorgungsempfehlungen. Nur reicht in vielen Fällen die Information über die toxikologischen und besonders die ökologischen Eigenschaften nicht aus. Mehr Information wäre wünschenswert.

Um die Kenntnis der Produkteigenschaften zu vertiefen, hat die BASF 1991 ein neues großes Laborgebäude für ökologische Untersuchungen in Betrieb genommen, die Investition betrug 60 Mio. DM. Rund hundert Mitarbeiter arbeiten dort daran, Wirkungsprofile, d. h. Ökotoxizität, Verhalten in der Umwelt, Mechanismen des Abbaus der von BASF hergestellten Stoffe, zu erarbeiten.

Die BASF war maßgeblich an der Ausarbeitung einer Eigeninitiative des VCI zur Untersuchung der Altstoffe beteiligt. Der jeweils größte Produzent eines Produktes fertigt einen Bericht mit den Stoffeigenschaften an, sogenannte Kerndatensätze. Für die Stoffe, von denen mehr als 1.000 Tonnen im Jahr in Deutschland gehandhabt werden, liegen inzwischen solche Kerndatensätze vor. Neben dieser an der Menge der Stoffe orientierten Erstellung von Kerndatensätzen laufen zwei weitere Initiativen, die die Stoffe auf Grund ihres möglichen Gefährdungspotentials untersuchen. Bei der Berufsgenossenschaft Chemie, der kollektiven Versicherung gegen Arbeitsunfälle, steht dabei die Toxizität im Mittelpunkt, bei der Gesellschaft Deutscher Chemiker (GDCh) die ökologische Wirkung. Beide Vorhaben erhielten von der BASF maßgebliche Impulse, an beiden arbeitet BASF intensiv mit.

Für den Gebrauch der Produkte ist sicherzustellen,

- daß bei der Handhabung keine gesundheitlichen oder umweltbezogenen Risiken auftreten,
- daß in den Verwendungshinweisen und Vorschriften eindeutige und auch praktikable Anweisungen zum sicheren Gebrauch gegeben werden.

Schließlich stellt sich die Frage nach dem Verbleib der Stoffe. Ein kleinerer Teil wird bei bestimmungsgemäßem Gebrauch fein verteilt in die Umwelt eingebracht (z. B. Tenside, Farbstoffe). Für diese muß sichergestellt werden, daß die Stoffe die Umwelt nicht gefährden können. Am besten ist, wenn sie rasch, z. B. durch biologischen Abbau, inertisiert werden. Der größere Teil der Produkte steht für eine gezielte Entsorgung an. Es muß sichergestellt werden, daß hierfür geeignete Entsorgungsmöglichkeiten in hinreichender Menge geschaffen werden, und diese Möglichkeiten müssen dem Verbraucher deutlich gemacht werden.

15 Ökologische Zielsetzung bei Forschung und Entwicklung

Umweltschutz ist eines der zentralen Themen in der modernen Industriegesellschaft. Zugleich ist der Schutz der Umwelt eine große Herausforderung für die Forschung. Denn viele der komplexen Zusammenhänge und Probleme sind nur schwierig zu durchschauen. Das Wissen muß deshalb dringend erweitert werden. Neues Wissen aber wird durch Forschung erworben. Die Chemie als Wissenschaft und Technologie von der Stoffumwandlung spielt eine Schlüsselrolle bei der Entwicklung immer zielgenauerer Problemlösungen.

Bei Forschungsprojekten werden Umweltaspekte von vornherein mit einbezogen: Die BASF betreibt „innovationsintegrierten Umweltschutz". Umweltschutz und Arbeitssicherheit stehen in der BASF gleichrangig neben wirtschaftlichen Belangen. Mit neuen Produkten und Verfahren aus den Forschungslabors trägt die BASF zum Schutz der Umwelt bei und hilft, auch Probleme anderer Wirtschaftszweige zu lösen.

Besondere Bedeutung hat die Entwicklung von umweltfreundlichen Produkten. So machen Wasserbasislacke und Pulverlacke die Verwendung von Lösungsmitteln im Anstrichbereich überflüssig. Für den Waschmittelsektor sind wenig toxische und rasch biologisch abbaubare Detergentien wichtig. Pflanzenschutzmittel auf der Basis natürlicher Insektenlockstoffe wurden entwickelt. Katalysatoren dienen der Reinigung der Rauchgase von Stickoxiden und sogar von den berühmten Dioxinspuren.

Als großer Hersteller von Kunststoffen beschäftigt sich die BASF intensiv mit dem Verbleib der Kunststoffe nach ihrer Verwendung. Die BASF hat 1990 zusammen mit anderen großen Kunststofferzeugern die Entwicklungsgesellschaft für die Wiederverwertung von Kunststoffen (EWVK) gegründet. Diese Gesellschaft entwickelt Projekte zum stofflichen Recycling. Die BASF selbst hat ein Aufarbeitungsverfahren für Polyamid-Altteile und -Produktionsrückstände entwickelt, das zu Werkstoffen mit guten Eigenschaften führt. So konnte das Polyamid-Sortiment um drei recyclathaltige Marken erweitert werden. Auch für Polypropylen betreiben wir ein Verfahren zur Herstellung von glasfaserverstärktem Material unter Verwendung von Recyclat. Das Styropor aus dem Verpackungssektor wird in Deutschland bereits zu 40% recycelt. BASF kauft regranuliertes Styropor und setzt es erneut ein. Zur Trennung nicht sortenreiner Kunststoffe wurde in der BASF-Gruppe ein elektrostatisches Trennverfahren (Esta-Verfahren) entwickelt.

Die BASF hat ein Verfahren zur rohstofflichen Wiederverwendung von Kunststoffen entwickelt und ist bereit, eine großtechnische Anlage mit einer Kapazität von 300.000 Tonnen pro Jahr zu bauen.

Ein anderes aktuelles Problem ist die Verringerung der CO_2-Emission. Bei der Herstellung der BASF-Produkte sind nur noch unbedeutende Energieeinsparungen möglich. Die BASF bietet aber hervorragende Isoliermaterialien an, die einen wesentlichen Beitrag zur Energieeinsparung liefern können. Basogel T ist ein lichtdurchlässiges, feinporiges Aerogel aus amorphem Siliciumdioxid in Perlform. Es eignet sich für hochwärmedämmende Doppelverglasungen mit diffuser Lichtdurchlässigkeit.

Auch auf dem Gebiet der nachwachsenden Rohstoffe führt die BASF eigene Forschungen durch.

Bei der BASF werden die Umweltaspekte der neuen Investitionsvorhaben an allen inländischen und ausländischen Standorten schon im frühen Planungsstadium mit den Experten für Luftreinhaltung, Lärmminderung, Abwasserbehandlung und Abfallbeseitigung zusammen untersucht. Planung und Ausführung werden dann bis zur Inbetriebnahme hin regelmäßig am Reißbrett und vor Ort begutachtet. Vor einer Investitionsentscheidung, ob es sich nun um die Wahl des Standorts für eine Produktionsanlage handelt oder um die Freigabe von Mitteln zur Planung oder Ausarbeitung eines neuen Projekts und erst recht zur endgültigen Durchführung, werden vom Vorstand der BASF Gutachten des Bereiches Umweltschutz und Arbeitssicherheit verlangt. Solange noch offene Sicherheits- oder Umweltfragen anstehen, werden Mittel nicht genehmigt. Dieses rigorose Verfahren stellt sicher, daß Zielkonflikte frühzeitig erkannt und ausgeräumt werden, ehe sie sich zu großen Ja/Nein-Entscheidungen aufbauen können.

16 Vermarktung der eigenen Erfahrungen

Wenn man wie die BASF viele technische Entwicklungen mit den eigenen Fachleuten vorantreibt, liegt es nahe, diese Erfahrungen an andere Unternehmen weiterzugeben. Dies geschieht in großem Umfang im Rahmen des Erfahrungsaustausches mit Fachkollegen, mit befreundeten Unternehmen, mit Kunden. Soweit es sich um schützenswürdige Entwicklungen der BASF handelt, werden diese sowohl auf dem Wege eigener Leistungen wie auch der Lizenzvergabe an einschlägige Fachfirmen vermarktet. Bisher allerdings haben alle Untersuchungen gezeigt: Die weltweite Nachfrage nach Umweltschutzmanagement bzw. -verfahren ist wegen der hohen BASF-Standards begrenzt.

17 Aktive Information der Öffentlichkeit

In unserer stark von den Medien beeinflußten Gesellschaft ist es das Ziel der BASF, die Öffentlichkeit auch über diesen Teil ihrer Tätigkeit schnell und vollständig zu informieren. Seit Jahren werden bei wichtigen Ereignissen die Mitarbeiter über das Schnellinformationsmedium „BASF aktuell" an den Toren informiert. Seit 1989 veröffentlicht die BASF für Mitarbeiter und die Öffentlichkeit einen jährlichen Umweltbericht. Wie der Geschäftsbericht über den Geschäftsverlauf des abgelaufenen Jahres informiert, so bilanziert der Umweltbericht die mit der Produktionstätigkeit verbundenen Emissionen. Er berichtet darüber hinaus über Betriebsstörungen und Beschwerden aus der Nachbarschaft wie über neue Projekte und vorhersehbare Entwicklungen auf dem Umweltgebiet. Auch diese Initiative hat andere Unternehmen zu ähnlichen Bilanzierungen veranlaßt. Der Umweltbericht ist nur ein Beispiel für viele weitere Informationsschriften über den Umweltschutz. Über Anzeigen lädt die BASF die Bevölkerung ein, sich vor Ort selber ein Bild von den Umweltbemühungen des Unternehmens zu machen. Dabei ist oberstes Prinzip der Dialog und nicht die einseitige Information.

Zur Information über die der Störfallverordnung unterliegenden Betriebe und die mit ihnen verbundenen Risiken hat die BASF gemeinsam mit der Stadt Ludwigshafen und anderen Industriebetrieben eine Broschüre für die Bevölkerung entwickelt. Pläne für die wechselseitigen Aufgaben bei Störungsfällen wurden gemeinsam entwickelt und in Übungen erprobt. Für die automatische Information aller betroffenen internen und externen Stellen bei jedem Einsatz der Werkfeuerwehr, des Umweltmeßwagens oder des Sanitätsdienstes wurde ein Ablaufplan aufgestellt (Abb.8). Dem System liegt ganz bewußt eine gewisse Überinformation zugrunde, denn häufig handelt es sich um Bagatellfälle oder gar Fehlalarme. Es setzt die eigenverantwortliche Bewertung der Information beim Empfänger voraus.

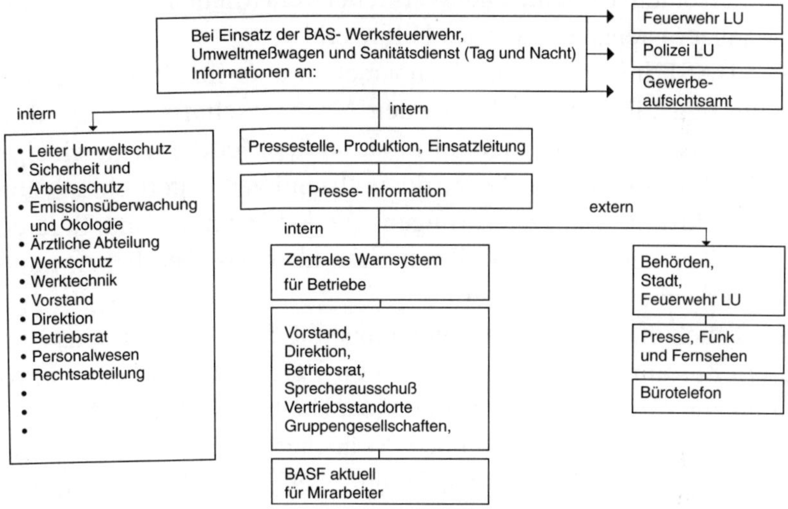

Abb. III–8:
Information bei Schadensfällen

18 Gute Nachbarschaft

Auf einem Gelände von 711 Hektar betreibt die BASF in Ludwigshafen mehr als 350 Produktionsbetriebe. Um dieses Werk herum hat sich nach und nach das Rhein-Neckar-Dreieck als Ballungsraum mit über 500.000 Einwohnern entwickelt. Bei einer derartigen engen Nachbarschaft ist die Rücksichtnahme unerläßlich.

Für den Kontakt mit der Nachbarschaft hat die BASF schon im Jahr 1970 ein Beschwerdetelefon eingerichtet, das rund um die Uhr besetzt ist. Es steht in der modernen Umweltüberwachungszentrale. Hierher werden alle Meßwerte und Informationen der rund um das Werk verteilten Luft- und Lärmmeßstationen wie der Abwasseruntersuchungsgeräte übertragen. Von hier aus werden die Emissionen mit Hilfe von Fernsehkameras optisch verfolgt. Jede Störungsmeldung wird in der ständig besetzten Umweltüberwachungszentrale registriert. Von hier aus werden die drei Luftmeßwagen und die Abwasseruntersuchungstrupps eingesetzt. Jede externe und interne Störungsmeldung wird untersucht, ein externer Beschwerdeführer bekommt hinterher einen Bericht. Die Werkfeuerwehr dient hier als umfassend ausgerüstetes technisches Hilfswerk.

Die BASF informiert die Nachbarschaft über ihre Tätigkeit in einer viermal jährlich erscheinenden Nachbarschaftsausgabe ihrer Werkszeitung. Die sofortige Information der Medien wie auch eigene Schnellinformationen dienen der vollständigen Unterrichtung über umweltrelevante Betriebsstörungen. Werksführungen und Tage der offenen Tür helfen mit, die Kenntnisse über das Geschehen hinter dem Werkszaun zu verbessern.

Und auch das optische Erscheinungsbild des Unternehmens ist in diesem Zusammenhang wichtig. Schon 1965 wurde mit einem Programm zur Werksbegrünung begonnen. Heute besteht rund ein Siebtel der Gesamtfläche aus Bäumen, Sträuchern, Wiesen, Blumen und Wasserfläche und legt optisch Zeugnis dafür ab, daß überall zwischen chemischen Fabriken Pflanzen gedeihen.

19 Kritische Erfolgskontrolle

Entsprechend den Unternehmensleitlinien für Umweltschutz und Arbeitssicherheit ist es das doppelte Ziel, einerseits alle behördlichen Auflagen und staatlichen Vorschriften zu befolgen und andererseits als notwendig Erkanntes aus eigenem Antrieb in Angriff zu nehmen. Dabei gilt es, die Wirtschaftlichkeit der Maßnahmen ständig kritisch zu prüfen, um zu kostengünstigen Lösungen zu kommen.

So ist Erfolgskontrolle in einem Wirtschaftsunternehmen immer auch Kontrolle des Ergebnisses an den Kosten, was nicht unbedingt jeweilige Kostenminimierung, sondern vielmehr mittelfristige Kostenoptimierung bedeuten soll. Die Öffentlichkeit in der Bundesrepublik hat sich in der Vergangenheit daran gewöhnt, von den Unternehmen jährlich über steigende Umweltschutzkosten informiert zu werden. Im Jahre 1993 wurden in Ludwigshafen 1.051 Mio. DM Betriebskosten für Umweltschutzanlagen aufgewendet, das sind rund 6% der im Geschäftsbericht ausgewiesenen Umsatzerlöse, d. h. der Einnahmen aus dem Verkauf von Waren in Höhe von 17,4 Mrd. DM. Ein Verhältnis von fast 17% zur Höhe der Wertschöpfung macht die Größe der Belastung deutlich.

Beim Umweltschutz herkömmlicher Art stößt man an Grenzen, nicht allein an wirtschaftliche Grenzen, auch an technische. Es macht keinen Sinn, immer weitere Filter zu bauen, um immer geringere Fortschritte zu erreichen. Neue Ansätze müssen gefunden, neue Ideen müssen eingebracht werden.

20 Innovation, Motor des Umweltschutzes

Ganz allgemein muß man sich bewußt machen, daß Innovation Fortschritt bedeutet. Das gilt auch für den Umweltschutz. Neue Verfahren haben weniger Abwasser, erzeugen weniger Reststoffe. Neue Produkte sind umweltfreundlicher. Dazu muß man zur Innovation stehen und sie fördern. Derzeit erschöpft man sich in Deutschland in defensiven Strategien, man erhöht die Sicherheitsauflagen, setzt die Grenzwerte herab. Gibt es nicht zu denken, daß sich heute schon 40% der Forschung mit der Absicherung des Erreichten beschäftigen, d. h., altbekannte Verfahren und Produkte immer penibler und kostspieliger auf bisher möglicherweise unentdeckte Schadwirkung zu untersuchen. Es macht keinen Sinn, einerseits über ein Forschungsministerium große Mittel zur Forschungsförderung zu streuen und die Forschung andererseits bürokratisch zu strangulieren. Die Einführung neuer Verfahren und Produkte muß erleichtert werden. Nicht so viele Untersuchungen, Prüfungen, Genehmigungen wie möglich, sondern nicht mehr als unbedingt erforderlich. Nicht die ganze Palette der vorsorglichen Hürden schon beim Technikumsversuch, bei der Probepartie. Alle Ansätze, allzu starre Regelungen, allzu zeitraubende Verfahrensschritte, allzu unrealistische Grenzwerte zu kippen, sind zu begrüßen. Unter dem Schlagwort „Deregulierung" ist dieser Denkansatz heute in die Umweltdiskussion eingebracht worden.

21 Umweltabgaben sind keine Lösung

Um die Innovation zu fördern, muß man den Unternehmen mehr Mittel belassen, damit sie zügig investieren können. Schon heute ist dafür in Deutschland der Staatsanteil am Sozialprodukt zu hoch. Zusätzliche Belastungen der Wirtschaft durch Umweltabgaben sind kontraproduktiv. Viele, die eilfertig nach Umweltabgaben rufen, möchten in Wahrheit den öffentlichen Anteil am Sozialprodukt erhöhen. Bisher bloße Theorie ist die kostenneutrale Umschichtung von Steuern zu Umweltabgaben; es fehlt der Nachweis erfolgreicher Durchführung. Gedacht wird ohnehin nur an eine volkswirtschaftliche Kostenneutralität. Der einzelne Steuerpflichtige kann so durchaus sehr viel höher belastet werden, was im Falle eines exportintensiven Wirtschaftszweiges wie der Chemischen Industrie zu schwerwiegenden Wettbewerbsnachteilen im internationalen Vergleich führen muß.

Es wäre unverantwortlich, in der derzeitigen Situation mit der deutschen Wirtschaft Großexperimente mit ungewissem Ausgang anstellen zu wollen, wie beispielsweise eine drastische Erhöhung der Energiepreise oder auch nur eine CO_2/Energie-Abgabe. Sind die tiefgreifenden Verwerfungen in Folge der Erdölkrise 1973 nicht in schlechter Erinnerung? Diese Art marktwirtschaftlicher Illusionen ist ein Spiel mit dem Feuer.

22 Mehr Kooperation!

Die jetzige Aufgabe muß vielmehr lauten, mit den vorhandenen Ressourcen auszukommen und trotzdem mehr zu erreichen. Ein Weg ist Kooperation. Bisher wurde geringer werdende Umweltbelastung immer penibler gemessen. Die Meßdichte wurde immer enger, die Meßhäufigkeit nahm von Jahr zu Jahr zu. Diese Entwicklung schreit förmlich nach Rationalisierung. Ist es wirklich notwendig, die gleichen Analysedaten des Rheins parallel von Wasserwerken und Behörden zu erfassen, müssen außerdem noch komfortable Meßschiffe auf dem Fluß kreuzen und Augenblicksproben nehmen? Müssen mehrere Stellen private und öffentliche analytische Luftüberwachung betreiben? Müssen Behörden und Industriebetrieb die gleichen Emissionen messen oder genügt eine behördliche Überwachung der Eigenkontrolle mit vernünftigen Vorkehrungen gegen Manipulation? Redundante Datenermittlung ist ein kostspieliger Luxus, der sich in Zeiten des Wohlstandes eingeschlichen hat.

Zwangsläufig belastet die Industrie bei ihrer Tätigkeit die Umwelt. Andererseits entwickelt die Industrie nahezu ebenso zwangsläufig auch die Methoden und Verfahren, um die Umwelt vor den Auswirkungen menschlichen Handelns und Konsums zu schützen. Dieses Wissen und Können sollte noch rascher und noch stärker in Kooperation genutzt werden.

So hat die BASF die Reinigung der Abwässer der Städte Ludwigshafen und Frankenthal sowie der Gemeinde Bobenheim-Roxheim in ihrer Kläranlage übernommen. Die Gemeinden nutzen so den hohen Stand der BASF-Reinigungstechnik und partizipieren an den Kostenvorteilen der Großanlage. Eine weitere technische Zusammenarbeit zwischen der BASF und der Stadt Ludwigshafen ist die Lieferung umweltfreundlicher Fernwärme aus der BASF-Kläranlage zur Versorgung des Stadtteils Pfingstweide. Eine weitere Zusammenarbeit bahnt sich mit dem Bundesland Rheinland-Pfalz an. Die BASF hat sich auf Anfrage der Landesregierung bereiterklärt, die Verbrennung des im Lande anfallenden Sondermülls bei gleichzeitiger Energienutzung durchzuführen und dafür die notwendigen Anlagen bereitzustellen.

Die Zukunft muß dem Kooperationsprinzip gehören (Abb. III–9).

Abb. III–9:

- **Kooperationsprinzip**
  - gemeinsame Zielsetzung
  - rasche Wirkung
  - praxisgerechte Maßnahmen
  - kostengünstige Umsetzung
  - unbürokratische Kontrolle

Alle Betroffenen bei den Behörden, in der Industrie, aus der Wissenschaft müssen gemeinsam Lösungen erarbeiten, die kostengünstig, praxisnah und rasch umzusetzen sind. Die Kontrolle muß von bürokratischem Ballast befreit werden. Mit gutem Willen und etwas Phantasie werden sich noch viele Möglichkeiten der Zusammenarbeit von Staat und Wirtschaft zum Wohle aller entdecken lassen!

Die wirtschaftliche Situation ist zur Zeit schwierig. Der Umweltschutz soll weiter vorankommen. Mit mehr Innovation, mit gegenseitigem Vertrauen und in offener Kooperation zwischen Wirtschaft, Bürgern und Behörden läßt sich das erreichen.

Kapitel IV

Das Umweltmanagement der Bosch-Siemens Hausgeräte GmbH

Herbert Mrotzek

1 Das Unternehmen

Die Bosch-Siemens Hausgeräte GmbH (BSHG) ist einer der führenden Hersteller elektrotechnischer Gebrauchsgüter in Europa. Die Bosch-Siemens Hausgeräte-Gruppe beschäftigt insgesamt ca. 22.500 Mitarbeiter und fertigt an 14 Standorten in Europa jährlich rund 7 Mio. Großgeräte, zu denen Kühl- und Gefriergeräte, Herde, Waschmaschinen, Wäschetrockner und Geschirrspüler zählen. Zum Produktspektrum gehören weiterhin Bodenpflegegeräte, Kleingeräte, Warmwassergeräte, Klima- und Kühlaggregate sowie Geräte der Unterhaltungselektronik.

Der Vertrieb der BSHG-Erzeugnisse erfolgt unter den Marken Bosch, Siemens, Constructa und Neff durch die Robert Bosch Hausgeräte GmbH, die Siemens-Elektrogeräte GmbH und die Constructa-Neff Vertriebs-GmbH; die Tochtergesellschaften Balay S.A., BS Electrodomesticos S.A. und Pitsos A.E. vertreiben ihre Erzeugnisse auch unter deren Marken.

2 Bedeutung des Umweltschutzes für die Hausgerätebranche

Die Hausgerätebranche zählt nicht zu den industriellen Hauptumweltbelastern; dennoch tragen Hausgeräte und deren Produktion wie andere industrielle Produkte zur Umweltbelastung bei. So entfallen ca. 37% des Stromverbrauchs und ca. 23% des Wasserverbrauchs in den privaten Haushalten auf die Hausgeräte.

In jedem Fall erwarten unsere Kunden mehr und mehr ein umweltverträgliches Produkt in der Nutzungsphase und im Herstellungsprozeß sowie dessen umweltgerechte Entsorgung am Ende des Produktlebens. Nach einer Studie der Nürnberger G+I Marktforschung ist z. B. der Anteil der umweltbewußten Verbraucher von 42% im Jahre 1985 auf 57% im Jahre 1993 angewachsen.

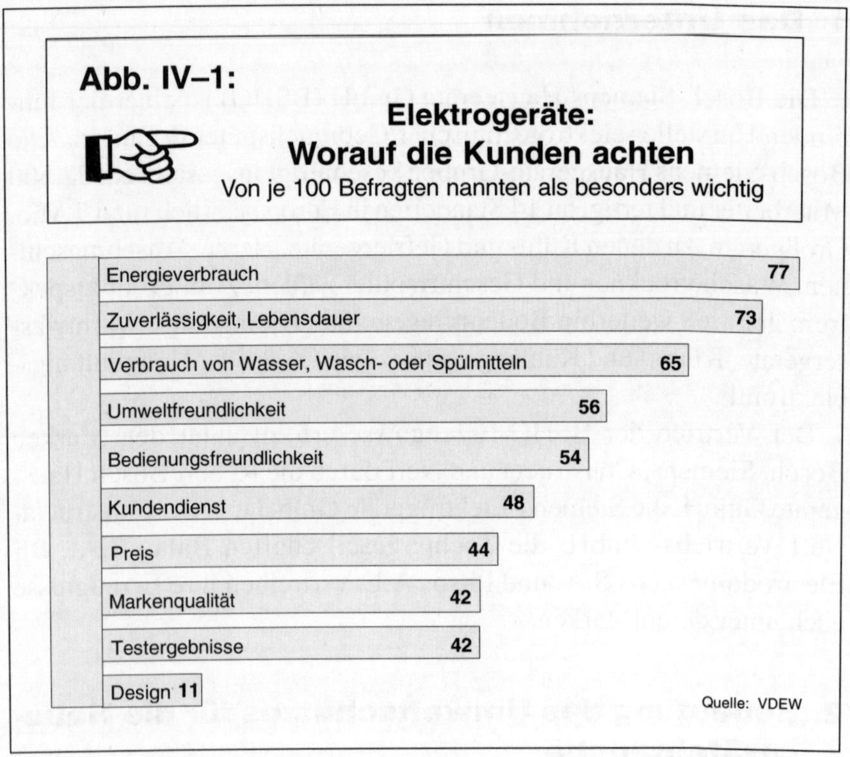

Laut Umfrage der Vereinigung Deutscher Elektrizitätswerke (VDEW) gehören der sparsame Verbrauch von Strom, Wasser und Reinigungsmitteln sowie die Umweltfreundlichkeit von Elektrogeräten zu den entscheidenden Kaufkriterien.

Um klare Aussagen zur Umweltfreundlichkeit (im folgenden wird der treffendere Begriff Umweltverträglichkeit verwendet) von Hausgeräten machen zu können, sind ganzheitliche Betrachtungen erforderlich. In einer Untersuchung der Technischen Universität München wurde z. B. der kumulierte Energieaufwand bei einer Waschmaschine über deren gesamten Lebenszyklus hinweg ermittelt [1]. Dabei konnte gezeigt werden, daß für die Herstellung des Geräts nur 13% der Energie verbraucht werden, während in der Nutzungsphase des Geräts 87%, davon allein 26% für die Herstellung des Waschmittels, aufgewendet werden müssen; auf die Entsorgung entfallen weniger als 1% .

Abb. IV–2: Kumulierter Energieaufwand einer Waschmaschine Baujahr 1993 bei einer Nutzungsdauer von 10 Jahren

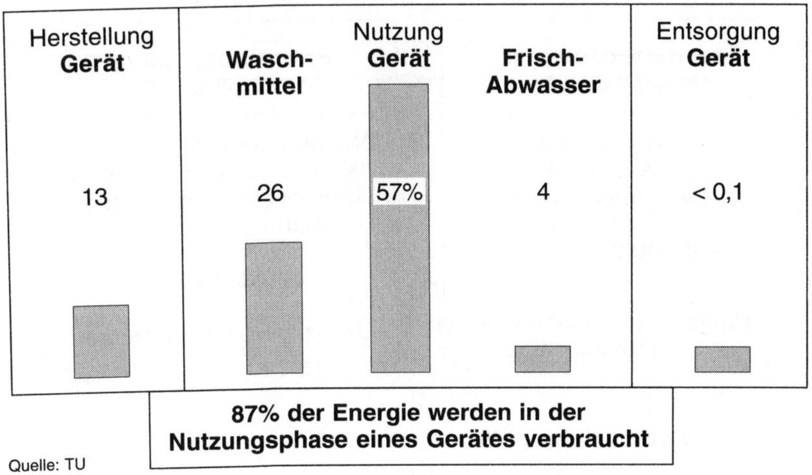

Ganzheitliche „Life-cycle"-Untersuchungen der PA-Consulting Group, Cambridge, an Waschmaschinen und Geschirrspülern bestätigen ebenfalls, daß der Hauptanteil der gesamten Umweltbelastung in der Nutzungsphase der Geräte liegt [2].

Für das Umweltschutzmanagement eines Hausgeräteherstellers bedeutet dies, daß nicht nur die klassischen Umweltschutzbereiche Immissionsschutz, Schutz der Böden und Gewässer sowie Abfallwirtschaft, die im wesentlichen die Fertigungsstandorte, Kundendienststellen, Lager und Bürobereiche eines Unternehmens betreffen („standortbezogener Umweltschutz"), sondern auch der „produktbezogene Umweltschutz" eine zunehmend wichtige Rolle spielen. Der „produktbezogene Umweltschutz" umfaßt für unsere Branche die umweltgerechte Gestaltung der Geräte, deren Verbrauchswerte, z. B. hinsichtlich Energie, Wasser und Reinigungsmittel, deren Verpackung, deren umweltgerechten Transport von der Fertigung zum Kunden sowie die Entsorgung der Produkte.

Abb. IV–3: Teilbereiche des Umweltschutzes und angrenzende Fachgebiete

So ist zum Beispiel im neuen Kreislaufwirtschaftsgesetz [3] die Verantwortung des Herstellers auch für die Entsorgung seiner verkauften Produkte festgelegt (Produktverantwortung). Folglich muß jeder Hersteller der stofflichen Zusammensetzung seiner Produkte größte Aufmerksamkeit schenken, einmal aus Produkthaftungsgründen, aber auch, um eine möglichst umweltverträgliche und kostengünstige Entsorgung der Produkte zu gewährleisten. Dieses Beispiel zeigt, wie neue umweltpolitische Entwicklungen das Management der betroffenen Unternehmen vor neue Herausforderungen stellen.

Ein gutes Umweltmanagement muß in der Lage sein, möglichst vorausschauend die unterschiedlichen umweltpolitischen Aspekte in ihrer Bedeutung für das Unternehmen zu erkennen und sie möglichst effektiv in die Unternehmensstrategie einzubinden. Umweltmanagement dient damit zunehmend der Zukunftssicherung des Unternehmens.

3 Leitlinien und Umweltpolitik

Die BSHG hat bereits 1989 im Rahmen eines generellen Unternehmensleitbilds Leitlinien zum Umweltschutz festgelegt (siehe Kasten unten), um grundlegend zu signalisieren, daß Umweltschutz neben Qualität und Innovation zu den zentralen Unternehmenszielen gehört.

Kernpunkt ist die umfassende Sicht der Umweltschutzaufgaben: Während traditionell der Umweltschutz im wesentlichen auf den Produktionsprozeß ausgerichtet war, arbeiten wir heute daran, über den gesamten Produktlebenszyklus hinweg die Umweltbelastung zu minimieren.

BOSCH-SIEMENS HAUSGERÄTE GMBH

München, im März 1994

Umweltschutz – Die Leitlinien unseres Handelns

„Wir fühlen uns in ganz besonderem Maße dem Schutz und der Bewahrung einer lebenswerten Umwelt verpflichtet. Deshalb suchen wir ständig nach Lösungen, die die Umwelt schonen."
„Wesentliche Grundlage bei Innovation und technischem Fortschritt ist die Umweltverträglichkeit unserer Produkte und Verfahren."

Aus dem Unternehmensleitbild der BSHG von 1989

Grundsätze unserer Umweltpolitik

1. Wir verfolgen das Ziel, die Umweltbelastung sowie den Energie- und Ressourcenverbrauch – verursacht durch unsere Unternehmenstätigkeiten, die Nutzung und die Entsorgung unserer Produkte – kontinuierlich zu verringern. Umweltauswirkungen werden auf möglichst früher Stufe der Produkt- und Verfahrensplanung beurteilt und berücksichtigt.

2. Wir ergreifen alle notwendigen Maßnahmen, um Unfälle, die zu Umweltschäden führen können, zu verhindern oder deren Auswirkungen so gering wie möglich zu halten.

3. Wir stellen durch ein geeignetes Umweltmanagement sicher, daß unsere Umweltpolitik wirkungsvoll umgesetzt wird. Die hierzu notwendigen technischen und organisatorischen Verfahren werden regelmäßig überwacht und stetig weiterentwickelt. Mit den zuständigen Behörden arbeiten wir kooperativ zusammen.

4. Wir bekennen uns zur Einhaltung aller Umweltschutzgesetze und -vorschriften. Unsere Umweltziele gehen in vielen Fällen darüber hinaus.

5. Umweltbewußtes Handeln gehört zu den Aufgaben eines jeden Mitarbeiters. Das Verantwortungsbewußtsein für den Umweltschutz auf allen Ebenen auszubauen und zu fördern ist eine ständige Führungsaufgabe.

6. Wir wirken im Rahmen unserer Möglichkeiten auf unsere Vertragspartner ein, nach den gleichen Umweltleitlinien zu verfahren wie wir selbst.

7. Wir informieren die interessierte Öffentlichkeit u. a. in einem jährlichen Umweltbericht über die vom Unternehmen ausgehenden Umweltauswirkungen und unsere umweltbezogenen Leistungen. Unseren Kunden geben wir darüber hinaus Hinweise zur umweltverträglichen Nutzung unserer Produkte.

Dr. Herbert Wörner

Vorsitzender der Geschäftsführung

Die Geschäftsführung hat die Leitlinien nach Maßgabe der sogenannten EG-Öko-Audit-Verordnung [4] durch detaillierte „Grundsätze zur Umweltpolitik“ ergänzt und für jeden Mitarbeiter verbindlich herausgegeben. Diese auf höchster Managementebene festgelegte Umweltpolitik des Unternehmens beinhaltet die übergeordneten Zielsetzungen, die bei allen betrieblichen Aktivitäten beachtet und verfolgt werden müssen.

4 Organisation des Umweltschutzes

4.1 Festlegung der Verantwortung

Die Verantwortung für den Umweltschutz in der BSHG liegt bei der Geschäftsführung. Innerhalb der Geschäftsführung nimmt deren Vorsitzender diese Verantwortung wahr und übernimmt damit die Pflichten, eine funktionsfähige Umweltschutzorganisation zu schaffen und diese zu beaufsichtigen. Diese Maßnahme deckt auch die Anforderungen des Bundes-Immissionschutzgesetzes (§ 52a) an die Umweltschutzorganisation ab. Das gleiche Organisationsprinzip wird auch von den verbundenen Unternehmen im In- und Ausland angewendet.

Die Geschäftsführung hat die Organisations- und Aufsichtspflichten für den standortbezogenen Umweltschutz auf die Betriebsleitungen der Fertigungs- und Bürostandorte sowie auf die Leiter der Bereiche Kundendienst und Logistik übertragen. Diese Verpflichtungen erfolgten jeweils mit einem persönlichen Schreiben. Die somit als verantwortlich Benannten berichten der Geschäftsführung regelmäßig in schriftlicher und mündlicher Form über die getroffenen Umweltschutzmaßnahmen. Für den produktbezogenen Umweltschutz sind die Leiter der jeweiligen Produktbereiche als verantwortlich benannt worden.

Die BSHG hat mit der klaren namentlichen Festlegung der Verantwortung top-down den Umweltschutz in seiner gesamten Breite lückenlos in die bestehende Unternehmensorganisation eingefügt und

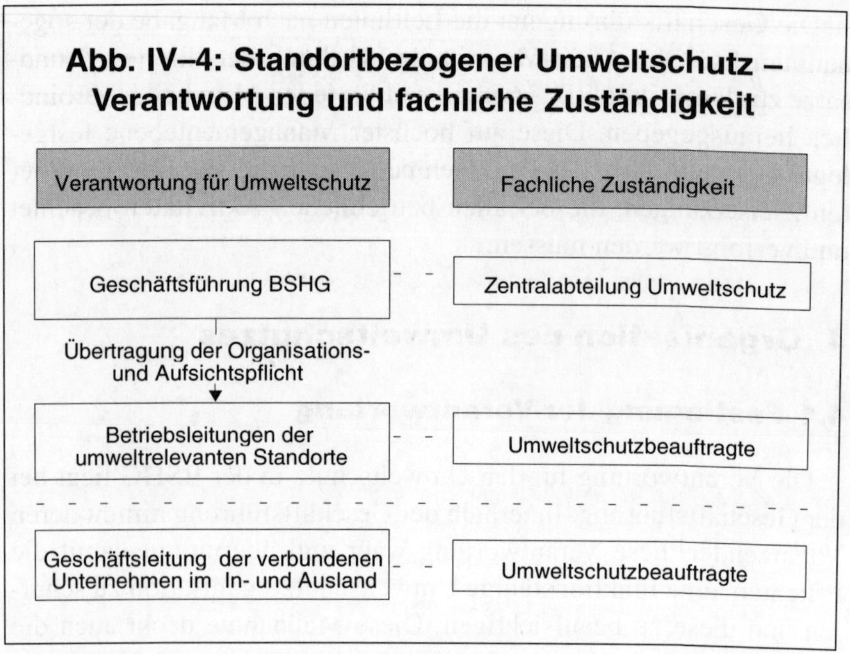

damit einen Grundstein des Umweltmanagements gelegt, der durch verschiedene unterstützende organisatorische Bausteine zu einem wirkungsvollen System ergänzt wurde.

4.2 Bausteine des Umweltmanagementsystems

Ein „Lenkungsausschuß Umweltschutz" erarbeitet die strategischen und grundsätzlichen Umweltziele und setzt die Schwerpunkte für Umweltschutzaktivitäten im Unternehmen. Der Lenkungsausschuß bereitet Entscheidungsvorlagen für die Geschäftsführung vor. Er ist mit Führungskräften aus den verschiedenen betroffenen Bereichen des Unternehmens und dem Leiter der Zentralabteilung Umweltschutz besetzt.

Eine direkt der Geschäftsführung berichtende Zentralabteilung Umweltschutz koordiniert die vielfältigen Umweltschutzaktivitäten, nimmt die übergreifenden Umweltschutzaufgaben wahr und unterstützt den Vorsitzenden der Geschäftsführung in der Wahrnehmung der Richtlinien- und Kontrollkompetenz. Sie führt stichprobenartig Kontrollen in Form von Standortbegehungen und interne Umweltaudits durch. Sie entspricht damit der Funktion des Managementvertreters, wie er in der EG-Öko-Audit-Verordnung [4] vorgesehen ist.

In allen Fertigungsstätten und umweltrelevanten Bereichen sind jeweils hauptamtliche Umweltschutzbeauftragte eingesetzt. Sie unterstützen die Verantwortlichen in den Fertigungsstandorten und den umweltrelevanten Bereichen und führen Umweltaudits durch.

Unter der generellen Zielsetzung „Umsetzung der Umweltpolitik" wurden Arbeitskreise mit Experten aus den Fertigungsstätten und Unternehmensbereichen eingerichtet. Sie erarbeiten in den Schwerpunktbereichen „Produkte", „Produktion", „Logistik" und „Kommunikation" Konzepte und Regelungen, z. B. zu folgenden aktuellen Themen:

- umweltgerechte Produktgestaltung,
- Umweltaudits,
- Verpackung,
- Transport und Geräterücknahme,
- Umweltschutzanforderungen an unsere Zulieferer und Dienstleister.

Die Arbeitskreise werden vom Lenkungsausschuß gesteuert und von der Zentralabteilung Umweltschutz koordiniert. Für die Themen „Umweltorientierter Einkauf", „Umweltschutz in den Verbänden" und „Vertriebliche Umweltfragen" wurden Ansprechpartner benannt. Diese Organisationsstruktur wird flexibel gehandhabt, jedes Jahr auf Prioritäten und Aktualität hin überprüft und den neuen Gegebenheiten angepaßt.

Abb. IV–5: BSHG Organisation zur Umsetzung der Umweltpolitik

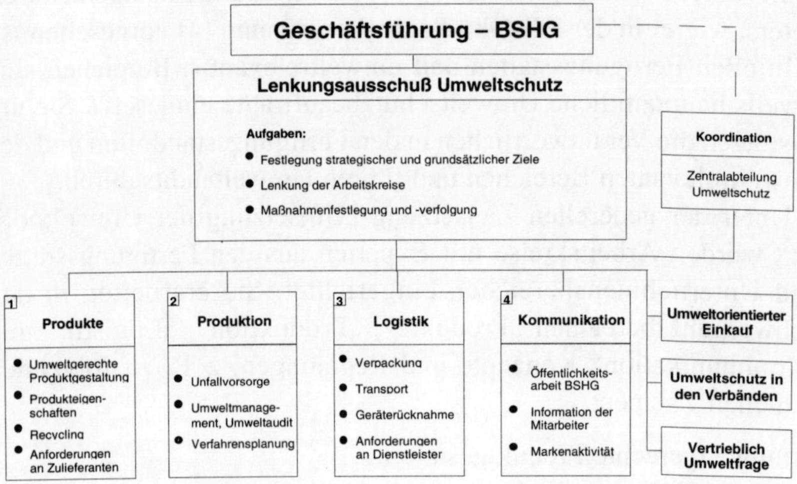

Mit dieser Organisationsstruktur erreichen wir praxisnahe Lösungen und eine hohe Akzeptanz. Die bisherigen Arbeiten führten zu vielen Regelungen zur Verbesserung des Umweltschutzes, die in Form von Richtlinien, Vereinbarungen und Anweisungen für das Gesamtunternehmen verbindlich eingeführt wurden. Die Organisationsstruktur erwies sich als geeignet, um den vielschichtigen Aspekten des Umweltschutzes gerecht zu werden.

Eine weitere wichtige Maßnahme war, den Umweltschutz in das Zielsystem des Unternehmens einzubinden. So werden auf den verschiedenen hierarchischen Ebenen strategische, taktische und operative Ziele festgelegt, die auf die Grundsätze der Umweltpolitik ausgerichtet sind.

Abb. IV–6: Umweltmanagementsystem

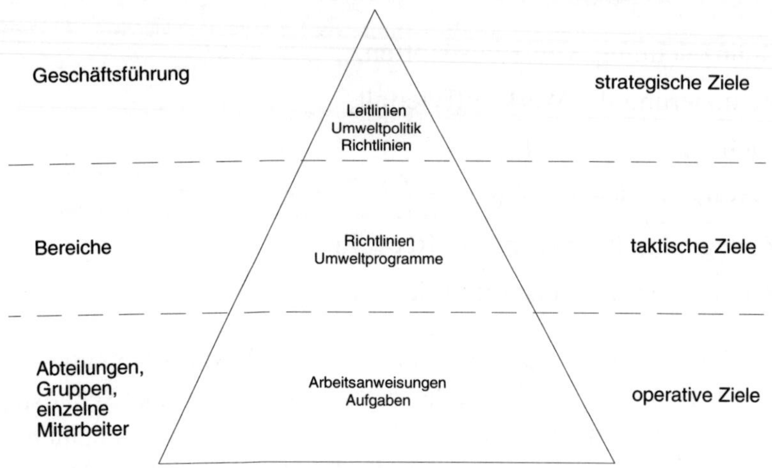

5 Umweltschutz in den betrieblichen Abläufen

5.1 Umweltverträgliche Produktgestaltung

Der Entwicklung neuer Geräte kommt eine Schlüsselstellung im Umweltschutz zu. Mit der Gerätekonzeption und der Produktgestaltung wird festgelegt, welche Umweltbelastung das Produkt bei seiner Herstellung, beim Transport, während der Nutzungsphase und bei seiner späteren Entsorgung bewirkt. Es gilt daher, bereits in der Produktentstehungsphase wirksame Vorkehrungen zu treffen, um die Umweltauswirkungen des Geräts über den gesamten Produktlebenszyklus hinweg zu minimieren.

Unsere Maßnahmen sind hierbei auf die Schwerpunkte „Umweltgerechte Produktgestaltung" und den „Verbrauch von Energie, Wasser und Reinigungsmitteln" ausgerichtet. Zur recyclinggerechten Produktgestaltung haben wir bereits 1993 für unsere Konstrukteure eine Richtlinie herausgegeben, in der z. B. Vorgaben zu folgenden Kriterien enthalten sind:

- Kennzeichnung von Kunststoffen,
- Reduzierung der Werkstoffvielfalt,
- leichte Zerlegbarkeit,
- Einsatz von Recyclaten,
- Zerlegeplan für das spätere Recycling,
- Kalkulation der Entsorgungskosten.

Im Zusammenhang damit haben wir ebenfalls die Vermeidung von Schadstoffen geregelt. So ist der Ausschluß bestimmter Schadstoffe vorgeschrieben und dies auch für die zugelieferten Komponenten und Rohstoffe vertraglich mit unseren Lieferanten vereinbart. Damit legen wir an unsere Zulieferanten die für uns geltenden Maßstäbe an.

Mit Hilfe einer Checkliste werden die Vorgaben zur umweltgerechten Produktgestaltung im Rahmen der Qualitätsbewertung bereits früh in der Planungsphase einer neuen Produktreihe kontrolliert und das Ergebnis dokumentiert.

Ein Beispiel für die Eliminierung umweltschädigender Stoffe aus unseren Produkten bietet der FCKW-Ausstieg bei unseren Kältegeräten, an dem wir mehrere Jahre mit großem Aufwand gearbeitet haben. Seit Jahresbeginn 1994 setzt die BSHG europaweit kein FCKW mehr bei der Fertigung von Kältegeräten ein. In der Isolierung wurden FCKW durch den Kohlenwasserstoff Pentan ersetzt, der kein Ozonzerstörungspotential hat und kaum zum Treibhauseffekt beiträgt. Im Kältekreislauf hat die BSHG bis Ende 1994 rund 80% ihres Sortiments auf den ebenso umweltverträglichen Kohlenwasserstoff Isobutan als Kältemittel umgestellt. Bei dem verbleibenden Rest ist aus Sicherheitsgründen der Einsatz von Kohlenwasserstoffen als Kältemittel noch nicht möglich. Hier wird der Fluorkohlenwasserstoff (FKW) R 134a verwendet (kein Ozonzerstörungspotential, aber Beitrag zum Treibhauseffekt von einem Sechstel des vorher eingesetzten FCKW R 12).

Abb. IV–7: FCKW/FKW-Ausstieg bei Kältegeräten der BSHG

1988	Halbierung der FCKW-Menge in der Isolierung
1990	Erste Geräte ohne FCKW in der Isolierung
1993	Vollständiger FCKW-Ausstieg in allen Werken der BSHG:
	Isolierung: Pentan
	Kältekreislauf: R 134 a Isobutan
Seit Jan. 1994	Alle Kältegeräte europaweit FCKW-frei
bis Ende 1994	ca. 80% aller Kältegeräte FKW-frei

Daß unser Umweltmanagement auch tatsächlich zu recyclinggerechten Hausgeräten führt, zeigen die beiden folgenden Beispiele von Produkten, die bereits im Handel erhältlich sind:

Unser schmaler, d. h. 45 cm breiter Geschirrspüler ist so konzipiert, daß eine vorteilhafte Lösung sowohl für die Produktherstellung als auch für die Wartung und das Recycling der Komponenten erreicht wurde. Basis des modularen Aufbaus bildet ein Montageboden, der wannenförmig aus recycliertem Polypropylen in schwarzer Farbe ausgeführt ist und in dem die Aggregate des Geschirrspülers untergebracht sind. Durch die geschickte Gestaltung der Innenwanne sind keinerlei zusätzliche Befestigungselemente wie Schrauben oder Nieten notwendig; die Teile werden lediglich gesteckt oder geklemmt. Montageboden und Geschirrspüler sind über Kippscharniere klappbar verbunden. Im Wartungsfall oder bei der Entsorgung können die

Aggregate leicht ohne Werkzeuge entnommen werden. Dieser Geschirrspüler ist als Musterbeispiel in der VDI-Richtlinie „Konstruieren recyclinggerechter technischer Produkte“ [5] aufgeführt.

Ein anderes Beispiel ist unsere recyclinggerechte Kaffeemaschine, bei der die Werkstoffvielfalt auf das unbedingt Notwendige reduziert und Verbundwerkstoffe gänzlich vermieden wurden. Bei diesem Gerät wurde im wesentlichen nur ein Kunststoff, Polypropylen, verwendet. Es wurde so gestaltet, daß eine Zerlegung mit wenigen Handgriffen möglich ist. Damit ist ein Recyclinggrad von 98% erreichbar.

5.2 Produkteigenschaften mit Umweltschutzcharakter

Bei der Entwicklung von neuen Hausgeräten gehört die Reduzierung des Verbrauchs von Energie, Wasser und Reinigungsmitteln zu den Zielen mit der höchsten Priorität. Sie sind seit vielen Jahren fester Bestandteil der Marketingstrategie und bedürfen keiner zusätzlichen ablauforganisatorischen Regelung.

Da der Ressourcenschonung in Zukunft eine noch bedeutendere Rolle zukommen wird, sind die Verbrauchswerte von Hausgeräten in der Nutzungsphase auch aus Umweltschutzgründen eine entscheidend wichtige Produkteigenschaft. Auf diesem Gebiet wurde seit den 70er Jahren bereits sehr viel getan und sehr viel erreicht, wie z. B. die Verringerung des Stromverbrauchs unserer großen Hausgeräte im Zeitraum von 1970 bis 1994 zeigt. So ist der Verbrauch an elektrischer Energie bei den Gefriertruhen und den Tischkühlschränken in der Spitze um über 75% gesunken.

Abb. IV–8:
Änderung des Stromverbrauchs in % (1994 zu 1970)

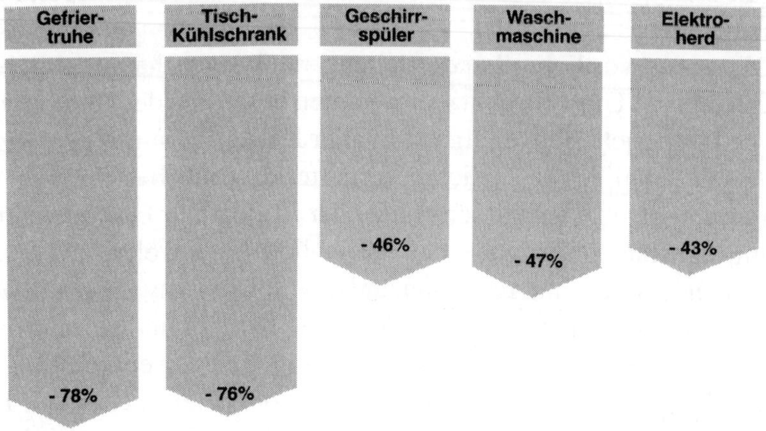

Neben den Verbrauchswerten sind die Lebensdauer und Reparaturfreundlichkeit unserer Geräte Produkteigenschaften, die im Zuge einer umfassenden Umweltschutzbetrachtung relevant sind. In diesen Punkten sind die Hausgeräte verglichen mit anderen Gebrauchsgütern und Konsumartikeln bereits recht leistungsfähig.

5.3 Umweltschutz in der Produktion

Der Umweltschutz in der Produktion umfaßt vor allem die klassischen Gebiete des betrieblichen Umweltschutzes: den Immissionsschutz, den Schutz der Böden und Gewässer und die Abfallwirtschaft. Es gehören ebenfalls der verantwortungsvolle Einsatz von Energie und Betriebsstoffen und insbesondere der Umgang mit Gefahrstoffen dazu (Ressourcen- und Gefahrstoffmanagement).

Diese Bereiche sind in hohem Maße gesetzlich reglementiert, und es werden viele Vorgänge behördlich überwacht. Schon zur Einhaltung der gesetzlichen und behördlichen Anforderungen muß der

Umweltschutz gut geregelt sein. In allen Fertigungsstandorten sind daher sämtliche umweltrelevanten Anlagen jeweils einem Verantwortlichen zugeordnet, der für den umweltverträglichen Betrieb und für die Befolgung aller gesetzlichen und firmeninternen Regelungen zuständig ist.

Die verantwortliche Standortleitung muß einen hauptamtlichen, unabhängigen Umweltschutzbeauftragten bestellen, der gesetzlich in dieser Form nicht notwendig ist. In aller Regel übernimmt er jedoch die Funktionen der gesetzlich geforderten Betriebsbeauftragten für Immissionsschutz, Gewässerschutz oder Abfall. Der Umweltschutzbeauftragte hat die Aufgabe, den betrieblichen Umweltschutz in seiner vollen Breite wahrzunehmen und die für den Umweltschutz Verantwortlichen fachlich zu unterstützen, zu beraten und zu informieren, z. B. über neue gesetzliche Regelungen. Desweiteren muß er Kontrollen durchführen und an die Standortleitung berichten. Der genaue Aufgabenumfang ist standortspezifisch festgelegt und Bestandteil seiner Bestellung.
Für die Umsetzung der erforderlichen Umweltschutzmaßnahmen ist nicht der Umweltschutzbeauftragte verantwortlich, sondern die jeweiligen Anlagenverantwortlichen.

Der zeitliche Aufwand für die Wahrnehmung der Aufgaben eines Umweltschutzbeauftragten muß sich an der Umweltrelevanz des Standorts orientieren. Sie ergibt sich aus dem festgelegten Aufgabenumfang, wobei die folgenden Randbedingungen zu berücksichtigen sind:

- Art und Anzahl der umweltrelevanten Anlagen,
- Art, Menge und Aufkommen der Abfälle,
- Art und Mengen der gelagerten und eingesetzten umweltrelevanten, insbesondere der wassergefährdenden Stoffe,
- Verbrauch an Frischwasser und zu behandelnde Abwassermengen,
- Art und Anzahl der durchzuführenden regelmäßigen Messungen und Kontrollen,
- Anzahl der zu informierenden und zu betreuenden Mitarbeiter.

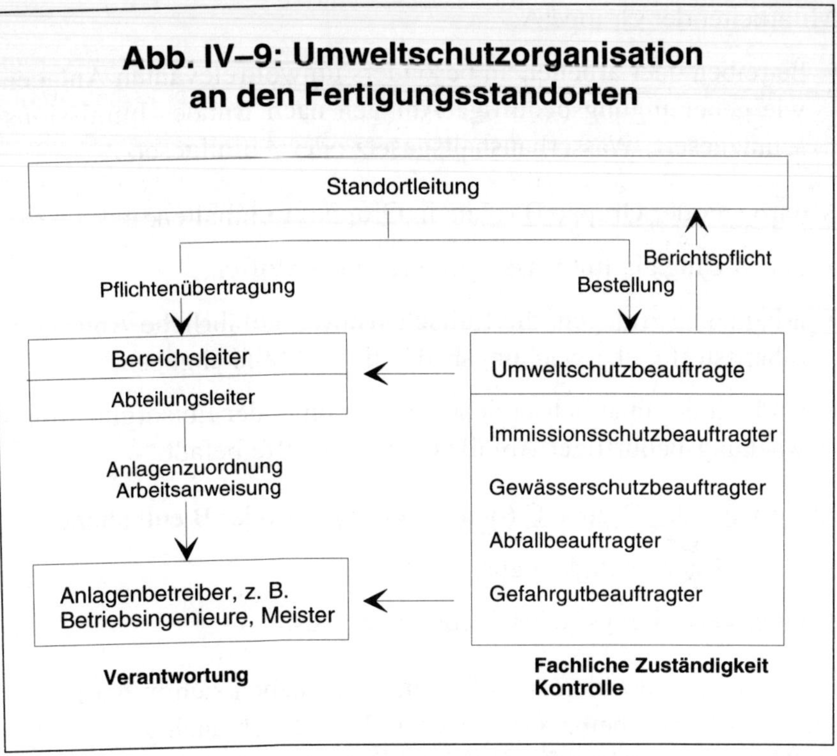

Da die Einsatzzeiten ein ständiger Diskussionspunkt in den Standorten waren, haben wir eine vereinfachte Berechnungsgrundlage – in Analogie zu der Ermittlung von Einsatzzeiten für Sicherheitsingenieure – zur Ermittlung eines Richtwerts festgelegt.

Berechnungsgrundlage:

Anzahl der Mitarbeiter (Gruppe A) x 3,0 +

Anzahl der Mitarbeiter (Gruppe B) x 2,1 +

Anzahl der Mitarbeiter (Gruppe C) x 0,2 = Richtwert für die Einsatzzeit in Std./Jahr.

Mitarbeiter der Gruppe A:

- betreiben oder arbeiten an besonders umweltrelevanten Anlagen, wie genehmigungsbedüftige Anlagen nach Bundes-Immissionsschutzgesetz, Wasserhaushaltsgesetz oder Abfallgesetz.

Mitarbeiter der Gruppe B (ohne in Gruppe A enthaltene):

- haben Umgang mit wassergefährdenden Stoffen,
- arbeiten an Anlagen, die Luftschadstoffe, gefährliche Abwasserinhaltsstoffe, überwachungsbedürftige Abfälle abgeben,
- sind mit der innerbetrieblichen Sammlung oder Entsorgung überwachungsbedürftiger Abfälle oder Reststoffe befaßt.

Mitarbeiter der Gruppe C (ohne in Gruppe A oder B enthaltene):

- üben Montagetätigkeit aus,
- üben Verwaltungs- oder Bürotätigkeit aus.

Die daraus resultierenden Einsatzzeiten haben sich in der Praxis meist als richtig bemessen erwiesen. Es hat sich auch gezeigt, daß ein Umweltschutzbeauftragter eine Mindesteinsatzzeit von ca. einem Drittel Mitarbeiterjahr haben muß, um seine Aufgaben zu erledigen und seine Fachkenntnisse, z. B. über neue gesetzliche Regelungen, auf dem neuesten Stand zu halten.

Alle Fertigungsstandorte haben einen regelmäßig tagenden Umweltschutzausschuß eingerichtet, in dem die Standortleitung, der Umweltschutzbeauftragte und weitere Führungskräfte vertreten sind. Der Ausschuß entscheidet, welche konkreten Umweltschutzmaßnahmen zu treffen sind, und legt Termine sowie für die Erledigung zuständige Personen fest. Der Ausschuß überwacht den Stand der noch offenen Maßnahmen.

Zu allen umweltrelevanten Investitionen muß der Umweltschutzbeauftragte eine Stellungnahme abgeben. In der Praxis wird dies organisatorisch sichergestellt, indem anhand einer Checkliste, die obligatorisch zu jedem Investitionsantrag gehört, geprüft werden muß, ob eine geplante Investition umweltrelevant ist. Diese Vorausbewertung durch das Planungsteam verhindert, daß der Umweltschutzbeauftragte mit zu vielen Anträgen überhäuft wird. Dem Planer wird durch diese einfache Maßnahme bewußt, daß er den Umweltschutzbeauftragten bereits frühzeitig in die Planung von neuen Anlagen einbeziehen muß.

Die Fertigungsstandorte erstellen einen Umweltschutz-Jahresbericht nach standardisiertem BSHG-Muster. Er enthält die durchgeführten und geplanten Maßnahmen sowie eine Statistik über die Auswirkungen auf die Umwelt, z. B. Emissionsdaten, Abwasser- und Abfallmengen. Die Daten bilden ebenfalls die Basis für eine Input-Output-Bilanz der umweltrelevanten Stoffströme (siehe Pkt. 5.7).

Die Einzelberichte der Standorte werden von der Zentralabteilung Umweltschutz zusammengefaßt und der Geschäftsführung zur Kenntnis gegeben. Über den schriftlichen Jahresbericht hinaus läßt sich die Geschäftsführung speziell zu wesentlichen Umweltthemen von den Standortleitern direkt berichten. Der zusammengefaßte Umweltschutz-Jahresbericht liefert auch die Daten- und Faktenbasis für den BSHG-Umweltbericht an die Öffentlichkeit (siehe Pkt. 6).

5.4 Umweltschutz im Bereich Verpackung und Transport

Unsere Produkte müssen so sorgfältig und stabil verpackt werden, daß sie Handling und Transport unbeschadet überstehen und in einem einwandfreien Zustand den Kunden erreichen. Darüber hinaus werden an unsere Verpackungen zunehmend auch Anforderungen hinsichtlich Umweltschutz gestellt. Ein Team, bestehend aus Verpackungsingenieuren, Logistikern und Konstrukteuren, arbeitet an der Aufgabe, die Umweltverträglichkeit der Verpackung ständig zu verbessern. Wesentliche Ziele sind:

- Reduzierung der eingesetzten Verpackungsmaterialien und der Materialvielfalt,

- Einsatz von recyclingfähigen Materialien mit einem möglichst hohen Anteil an Recyclaten,
- Einsatz alternativer Verpackungssysteme, z. B. Mehrwegverpackungen.

Das Team legte verbindlich fest, welche Anforderungen an Einwegverpackungen eingehalten werden müssen; z. B. darf nur noch umweltverträgliches und recyclingfähiges Verpackungsmaterial eingesetzt werden.

Abb. IV–10: Transportverpackungen (Deutschland ca. 60% vom Gesamtumsatz)

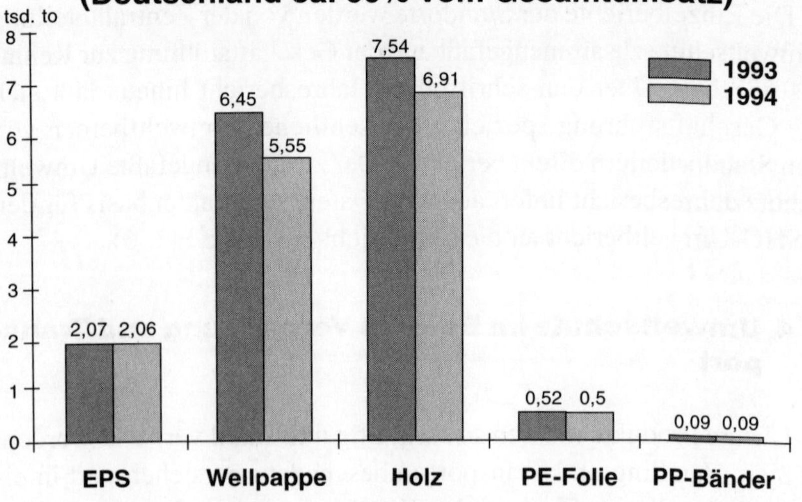

Wir beliefern bereits heute Großkunden mit Kühlschränken in Mehrwegverpackungen, die wir selbst entwickelt haben. Hierdurch konnten 1993 ca. 23 Tonnen Karton und 4 Tonnen expandiertes Polystyrol eingespart werden.

Ressourcenschonung und Reduzierung der Schadstoffemissionen sind Zielsetzungen, die auch für den Transport unserer Produkte vom Herstellungsort zum Kunden gelten. Unser Bereich Logistik gehört damit zu den umweltrelevanten Bereichen und ist in die Umweltschutzorganisation eingebunden. Wie ein Fertigungsstandort hat der Bereich Logistik einen Umweltschutzbeauftragten bestellt. Ein eigener Arbeitskreis Logistik (siehe Pkt. 4.2) beschäftigt sich u. a. damit, die Umweltbelastung durch den Transport zu verringern. Es werden im wesentlichen drei Zielrichtungen verfolgt:

- Reduzierung der Transporthäufigkeit,
- Verlagerung auf umweltentlastende Verkehrsträger,
- Entwicklung von Rückladungskonzepten.

So wurden z. B. durch den verstärkten Einsatz von großvolumigen Verkehrsmitteln, wie „Jumbo-Lkws", die Zahl unserer Transporte vom Lager Traunreut in den letzten 2 Jahren um 25% reduziert und der Verbrauch an Dieselkraftstoff von 320.000 auf 230.000 Liter gesenkt.

5.5 Produktentsorgung

Das neue Kreislaufwirtschaftsgesetz [3] überträgt den Herstellern von Produkten die Verantwortung für die spätere Entsorgung der Produkte nach dem Ende der Nutzungsphase. Das Gesetz ermächtigt den Gesetzgeber, z. B. Rücknahmeverpflichtungen für besondere Produktgruppen zu erlassen. Damit ist die gesetzliche Grundlage für die sogenannte „Elektronikschrott-Verordnung" gegeben. Die Elektroindustrie, einschließlich der Hausgerätebranche, hat sich sehr intensiv mit der Problematik der Geräterücknahme und -verwertung beschäftigt. Das Ergebnis der vielschichtigen Diskussionen und Untersuchungen ist in einem Memorandum des Zentralverbands der Elektro- und Elektronikindustrie (ZVEI) ausführlich dargelegt [6].

Die BSHG hat als erste in ihrer Branche ein Rücknahmeangebot für alte Geräte an ihre Händler gerichtet. Ab Juli 1994 nimmt die BSHG Altgeräte aller Marken kostenpflichtig von ihren Händlern zur Verwertung bzw. Entsorgung zurück. Die Entsorgung von Altgeräten ist somit Teil des operativen Geschäfts geworden, das über eine getrennte Kundendienstgesellschaft abgewickelt wird.

Das Rücknahmekonzept ist so ausgelegt, daß nach Möglichkeit bei der Anlieferung von neuen Geräten die alten zurückgenommen werden, um damit auch die Transporte und die damit verbundenen Umweltbelastungen zu minimieren. Die Altgeräte werden ausgewählten Recyclingbetrieben übergeben, die umweltverträglich arbeiten und dies durch ein TÜV-Zertifikat nachweisen können. Damit ist ebenfalls die Einhaltung der gesetzlichen Anforderungen sichergestellt. Die BSHG überprüft weiterhin mit einem besonderen Anforderungskatalog regelmäßig die Qualität der Entsorgung.

Abb. IV–11: Produktrücknahme und Recyclingsystem der BSHG

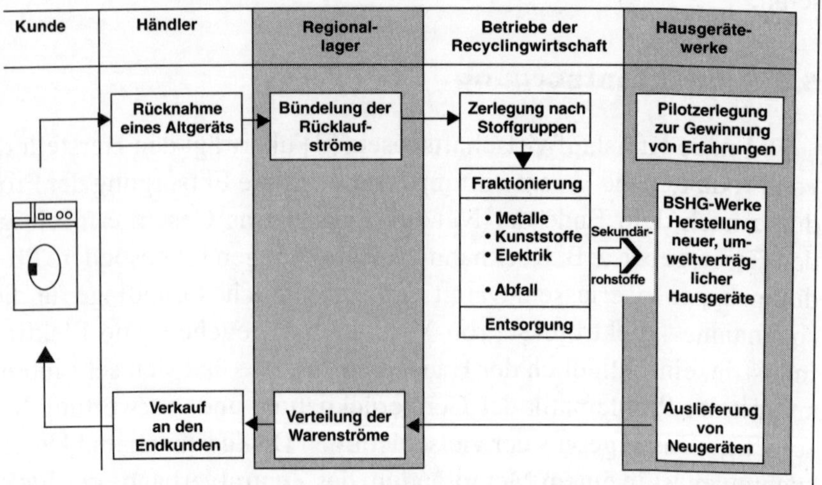

Über diese Initiative hinaus hat die BSHG 1994 ein Pilot-Recyclingzentrum zur Zerlegung von alten Hausgeräten eingerichtet. Ziel dieses Projekts ist es, Erfahrungen in der Zerlegung von alten Geräten zu sammeln, Kenntnisse über die Vermarktung der bei der Zerlegung gewonnenen Materialien zu erlangen und nicht zuletzt Hinweise für die recyclinggerechte Konstruktion der neuen Geräte zu erhalten.

5.6 Erfassung des Umweltschutzaufwands

Bei dem Versuch, den Umweltschutzaufwand zu erfassen, sind wir sehr schnell auf das Problem gestoßen, genau abzugrenzen, was darunter zu verstehen ist. Da es keine allgemeingültige Definition gibt, haben wir festgelegt: Umweltschutzaufwand sind alle Beschaffungen und Tätigkeiten, die der Vermeidung oder Reduzierung von Umweltbelastungen dienen. Aber selbst diese Definition läßt noch einen gewissen Ermessensspielraum. So ist z. B. jede Energiesparmaßnahme, die ohne gesetzliche oder behördliche Vorgaben aus Vernunftgründen durchgeführt wird, immer auch eine Umweltschutzmaßnahme. In diesen Fällen muß entschieden werden, ob die Maßnahme hauptsächlich aus Umweltschutzgründen oder aus anderen Gründen durchgeführt wird. Im Zweifelsfall wird nur ein Anteil der Gesamtkosten dem Umweltschutz zugerechnet.

Der Umweltschutzaufwand wird getrennt erfaßt als:

- Investitionen für den Umweltschutz und
- Umweltschutzkosten.

Erfaßt werden Maßnahmen, die folgenden Umweltschutzaspekten dienen:

- Luftreinhaltung,
- Lärmbekämpfung,
- Boden und Gewässerschutz,
- Abfall und Reststoffentsorgung (auch Entsorgung der Produktverpackungen und der Produkte selbst),

Maßnahmen im vorbeugenden Brandschutz, die dem Schutz der Gewässer dienen (z. B. Löschwasser-Rückhalteanlagen), werden beim

Boden- und Gewässerschutz berücksichtigt. Aufwendungen zur Reduzierung des Energieverbrauchs werden der Luftreinhaltung zugerechnet, wenn sie hauptsächlich aus Umweltschutzgründen getätigt werden. Mit erfaßt werden auch Entwicklungskosten für Produktteile oder -funktionen, die eindeutig der Verminderung der vom Produkt ausgehenden Umweltbelastung dienen, wie z. B. die Entwicklung einer Monostoffverpackung, eines FCKW-freien Kühlschranks oder eines Geräteteils aus Recyclingmaterial.

Da die Abgrenzung insbesondere bei integrierten Umweltschutzmaßnahmen nicht immer eindeutig ist, soll im Zweifelsfall der zuständige Umweltschutzbeauftragte bei der Zuordnung und bei der Festlegung des Umweltschutzanteils hinzugezogen werden.

Die Erfassung des Umweltschutzaufwands der BSHG-Gruppe im Inland ergab Umweltschutzkosten von ca. DM 40 Mio. und Umweltschutzinvestitionen von rund DM 10 Mio. für das Jahr 1994.

Abb. IV–12: Umweltschutzinvestitionen der BSHG

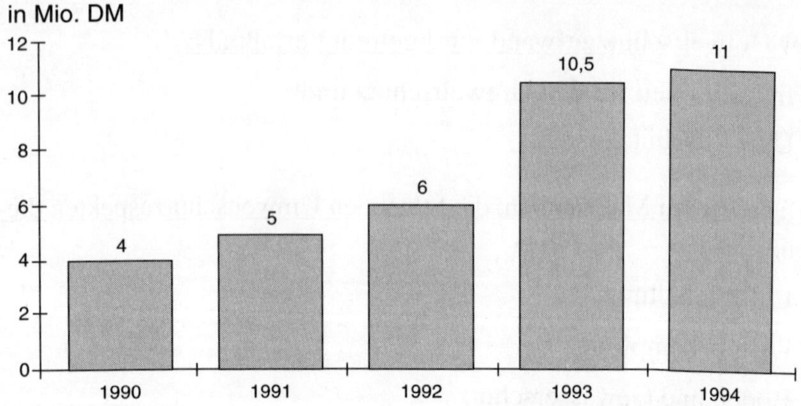

Die Umweltschutzkosten beziehen wir nur auf die Veredelungsleistung im eigenen Unternehmen und nicht auf die der Vorlieferanten. Um zu vergleichbaren Zahlen zu kommen, haben wir die Erfassung des Umweltschutzaufwands in einer Richtlinie detailliert vorgegeben. Sie wird auf der Ebene der Kostenstellen unternehmensweit einmal im Jahr vorgenommen und vom Rechnungswesen als zusammengefaßte Darstellung herausgegeben.

Diese Datenermittlung soll dem neuen Umweltstatistikgesetz [7] angepaßt werden. Zumindest für Deutschland kann das Umweltstatistikgesetz eine Basis bieten, um auch firmenübergreifend zu vergleichbaren Daten zu gelangen.

5.7 Input-Output-Bilanz und Umweltkennzahlen

Die Basis für jedes Umweltmanagementsystem sind Zahlen, die eine vergleichende Beurteilung der Umweltleistungen über mehrere Jahre hinweg ermöglichen. Als Instrument haben wir die Input-Output-Bilanz gewählt, in der die für die Leistungserstellung umweltrelevanten Anlage- und Umlaufgüter den erzeugten Produkten, Emissionen, Abwässern und Reststoffen gegenübergestellt werden. Grundlage der BSHG-Gesamtbilanz, die wir auch in unseren Umweltberichten veröffentlicht haben, sind die Input-Output-Bilanzen der einzelnen Fertigungsstandorte in Deutschland. Die Bilanzen der ausländischen Standorte haben wir zunächst gesondert erfaßt.

Abb. IV-13: Input-Bilanz

INPUT-Ströme			1993	1994	Einheiten
A		**Anlagegüter**			
I.		**Boden**	**1.474.717**	**1.477.033**	**m²**
	1.	überbaute Fläche	515424	516649	m²
	2.	unbebaute Fläche	959293	960384	m²
II.		**Umweltrelevante Anlagen**	**496**	**524**	**Stück**
	1.	davon Anl. nach Immissionsschutz	15	13	Stück
	1.1	genehmigungsbed. Anl. (4.BImSchV)	12	11	Stück
	1.2	CKW-Anlagen (2.BImSchV)	3	2	Stück
	2.	davon Anlagen nach Wasserrecht	152	163	Stück
	3.	davon Anlagen nach Abfallrecht	1	1	Stück
	4.	davon Anlagen nach UmweltHG	6	5	Stück
B		**Umlaufgüter**			
I.		**Zukaufteile**			
II.		**Rohstoffe**	-	**163.857**	t
	1.	Metalle	-	146.155	t
	2.	Kunststoffe	-	17.702	t
III.		**Hilfsstoffe**			
	1.	Farben, Lacke	-	990	t
	2.	Pulverlacke	-	701	t
	3.	Email	-	1.550	t
	4.	FKW (R 134 a)	58	92	t
	5.	KW (Pentan, Isobutan)	153	385	t
IV.		**Betriebsstoffe**			
	1.	Säuren, Laugen, Lösemittel	-	1.140	t
	2.	Öle, Fette, Schmierstoffe	-	439	t
	3.	HKW	51	42	t
	4.	sonst. Chemikalien	38	282	t
V.		**Energie**	**362.403**	**345.753**	**MWh**
VI.		**Wasser**	**958.548**	**889.153**	**m³**

Abb. IV-14: Output-Bilanz

OUTPUT-Ströme			1993	1994	Einheiten
A		**Produkte**			
I.		**Summe Geräte**	**5.760**	**6.237**	Tsd.Stck
II.		**Verpackungen**	**32.409**	**29.383**	t
B		**Abfälle**	**40.659**	**40.081**	t
I.		**Abfälle zur Beseitigung**	**4.749**	**4.191**	t
II.		**Abfälle zur Verwertung**	**35.910**	**35.889**	t
C		**Abwasser**	**1.042.556**	**941.909**	m³
II.		Schadstofffracht (CSB)	-	22.083	kg
D		**Emissionen**			
I.		**staubförmige Emissionen**	-	**3,2**	t
II.		**dampf-/gasförmige Stoffe**	**134.569**	**134.712**	t
	1.	Organische Stoffe	106	96	t
	1.1	VOC	101	92	t
	1.1.1	aus Produktion	74	65	t
	1.1.2	aus Verkehr	27	27	t
	1.2	HKW	5	4	t
	2.	anorganische Stoffe	134.463	134.616	t
	2.1	SO2	16	11	t
	2.1.1	aus Produktion	7	2	t
	2.1.2	aus Verkehr	*9*	*9*	t
	2.2	NOx	121	104	t
	2.2.1	aus Produktion	50	35	t
	2.2.2	aus Verkehr	71	69	t
	2.3	CO (aus Verkehr)	71	84	t
	2.4	CO2 (gesamt incl. Strom)	134.255	134.417	t
	2.4.1	aus Produktion	125.403	125.184	t
	2.4.1.1	aus eigener Energieerzeugung	38.701	34.934	t
	2.4.1.2	aus Strom	86.702	90.250	t
	2.4.2	aus Verkehr	8.852	9.233	t

Bei der jährlich wiederkehrenden Erfassung beschränken wir uns auf die wesentlichen umweltrelevanten Stoff- und Energieströme. Die auf ihre umweltrelevanten Daten nicht quantifizierbaren Umlaufgüter, Zukaufteile und Rohstoffe sind als Merkposten aufgenommen. Wir arbeiten derzeit daran, die offenen Positionen bei den Hilfs- und Betriebsstoffen sowie bei einigen Output-Größen zu ergänzen.

Abb. IV–14: Abgrenzung der Input-Output-Bilanz

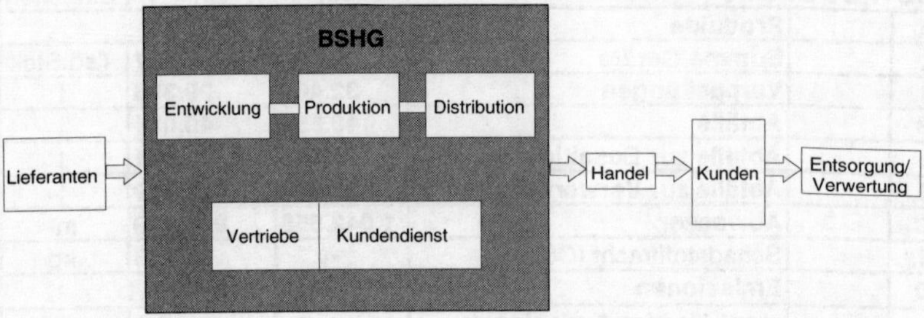

Für die Aufstellung einer Öko-Bilanz ist es wichtig, die Grenzen festzulegen, in denen die Datenerfassung stattfinden soll. Die von uns durchgeführte Input-Output-Bilanz beginnt am „Werkstor" und endet mit der Ablieferung der Fertigungsprodukte an unseren lokalen Umschlagpunkten.

Die Betrachtung der absoluten Umweltdaten allein reicht oft nicht aus, um die tatsächliche Umweltleistung zu erkennen. So kann z. B. eine Verringerung des Abfallaufkommens in absoluter Menge bedeuten, daß diese durch die getrennte Erfassung bestimmter Abfallfraktionen als Wertstoffe abgegeben werden kann. Die Menge an Reststoffen ist damit gleich geblieben. Die getroffene Maßnahme ist aus Umweltgründen zwar lobenswert, aber eine Reststoffvermeidung hat nicht stattgefunden. Eine absolute Verringerung von Input- und Output-Größen kann auch nur dadurch begründet sein, daß das Fertigungsvolumen auf Grund des veränderten Marktes zurückgegangen ist, also keine echte Umweltleistung damit verbunden ist. Auch Verlagerung von Prozeßschritten auf externe Firmen (Stichwort: „Outsourcing") kann eine Verbesserung der Umweltsituation vortäuschen. In diesem Fall ist eine Analyse des Zulieferbetriebs zur Beurteilung erforderlich.

Umweltkennzahlen können ein geeignetes Instrument sein, die quantitativen Umweltziele zu verfolgen. Wichtig ist, die Kennzahlen so auszuwählen, daß sie auch die tatsächliche Umweltleistung zum Ausdruck bringen. Wir haben auf der Grundlage der systematischen Erfassung der Umweltdaten insbesondere auf der Ebene der Fertigungsstandorte bestimmte Umweltkennzahlen herausgezogen. Dies sind im wesentlichen Umweltdaten, die auf das Einzelprodukt bezogen sind, z. B. Wasserverbrauch, Abfallmengen und Energieverbrauch pro Produkt. Erste Kennzahlen sind in dem BSHG-Umweltbericht 1994/95 veröffentlicht.

6 Umweltschutz und Kommunikation

Ein betriebliches Umweltmanagementsystem steht und fällt mit seiner Akzeptanz im Unternehmen. Es ist daher zunächst sehr wichtig, daß die Geschäftsführung und das obere Management für alle Mitarbeiter ersichtlich die Bedeutung des Umweltschutzes herausstellen. In mehreren Pressekonferenzen hat z. B. der Vorsitzende der Geschäftsführung ein klares Bekenntnis zum Umweltschutz abgegeben. Dieses wurde in der Mitarbeiterzeitschrift des Unternehmens veröffentlicht, in der auch sonst regelmäßig über die Umweltleistungen der BSHG berichtet wird.

Auf der Unternehmenstagung der BSHG 1992 für die oberen Führungskräfte wurde „Umweltorientierte Unternehmensführung" als eines der Hauptthemen behandelt. Umweltschutz ist auch Bestandteil des betrieblichen Weiterbildungsprogramms. Die Umweltschutzbeauftragten der Standorte führen zusammen mit den verantwortlichen Vorgesetzten regelmäßig Informationsveranstaltungen für die Mitarbeiter durch. In einigen Standorten wurden 1994 Sonderaktionen zum Umweltschutz im Rahmen des betrieblichen Verbesserungsvorschlagswesens durchgeführt.

Dies sind nur einige Beispiele für die vielfältigen Aktionen zur Information und Motivation der Mitarbeiter. Ergänzend dazu haben wir die Kommunikation außerhalb unseres Unternehmens verstärkt.

Ein Schwerpunkt in der Kommunikation unseres Umweltengagements ist unser jährlicher Umweltbericht, in dem wir anhand von konkreten Daten und Fakten über unsere Leistungen im Umweltschutz berichten und unsere Umweltzielsetzungen darlegen. Dabei ist unserem umfassenden Umweltschutzkonzept, das den gesamten Produktlebenszyklus betrachtet, Rechnung getragen. Der Bericht enthält auch eine detaillierte Input-Output-Bilanz der umweltrelevanten Stoff- und Energieströme. Der Bericht versteht sich als eine sachliche Unternehmensinformation für die interessierte Öffentlichkeit, für unsere Kunden und Zulieferanten und gleichermaßen für die eigenen Mitarbeiter. Bei einer Bewertung der Qualität von 32 Umweltberichten, die 1994 durch das IÖW (Institut für ökologische Wirtschaftsforschung GmbH, Berlin) durchgeführt wurde, erreichte der Umweltbericht 1993/94 der BSHG insgesamt einen guten achten Platz; er war bester der Elektrobranche.

Die BSHG gibt regelmäßig Pressemitteilungen zum Umweltschutz heraus und ist mit Umweltthemen auf Fachtagungen und in Fachzeitschriften vertreten. Für die Ausarbeitung von geeigneten Kommunikationskonzepten für Umweltschutzthemen haben wir einen eigenen Arbeitskreis eingerichtet (siehe Pkt. 4.2).

7 Ausrichtung auf die EG-Öko-Audit-Verordnung

Die sogenannte „EG-Öko-Audit-Verordnung“ vom 29. Juni 1993 [4] sieht eine „freiwillige Beteiligung gewerblicher Unternehmen an einem Gemeinschaftssystem für das Umweltmanagement und die Umweltbetriebsprüfung“ vor. Die teilnehmenden Unternehmen müssen eine Umweltpolitik, Umweltziele und Umweltprogramme festlegen und umsetzen. Sie verpflichten sich, den betrieblichen Umweltschutz kontinuierlich zu verbessern. Die Verordnung legt verbindliche Kriterien für ein Umweltmanagementsystem fest und verlangt eine einmalige Umweltprüfung der Standorte und regelmäßige Umweltbetriebsprüfungen (umfassende Umweltaudits). Für jeden Standort muß eine Umwelterklärung an die Öffentlichkeit gegeben werden, die von einem unabhängigen Umweltgutachter zu validieren

(d. h. auf Wahrheitsgehalt zu überprüfen) ist. Nach erfolgreicher Validierung wird der Standort in eine Liste der EU eingetragen.

Die für die BSHG beschriebene Aufbauorganisation und dargestellten Abläufe entsprechen schon weitgehend den Anforderungen der Verordnung. So sind bereits folgende Elemente des geforderten Umweltmanagementsystems vorhanden:

- eine formulierte Umweltpolitik,
- Umweltziele und -programme auf verschiedenen Unternehmensebenen,
- Umweltmanagementsystem und dessen Dokumentation,
- Umweltaudits,
- Input-Output-Bilanz,
- Information, Schulung und Motivation der Mitarbeiter,
- Umweltbericht an die Öffentlichkeit.

Das Umweltmanagement sorgt dafür, daß die Grundsätze der Umweltpolitik im gesamten Unternehmen beachtet und systematisch verfolgt werden.

Alle organisatorischen Regelungen und Verfahrensanweisungen auf der Ebene der Geschäftsführung werden in einem Umweltmanagementhandbuch für die BSHG-Gruppe dokumentiert. Die Standorte erstellen darauf aufbauend Umweltverfahrenshandbücher, in denen alle Regelungen, die den Umweltschutz am Standort betreffen, zusammengefaßt sind. Das Umweltverfahrenshandbuch ist analog zum Qualitätsverfahrenshandbuch gemäß ISO 9001 ff. aufgebaut und mit diesem verzahnt, so daß sich beide Handbücher ergänzen. Qualität und Umweltschutz sind damit nach gleichen Kriterien geregelt.

Als erster Fertigungsstandort hat unser Werk für Geschirrspüler in Dillingen eine Umweltprüfung gemäß der EG-Öko-Audit-Verordnung mit einem unabhängigen Team als Pilotprojekt durchgeführt erklärung wurde ebenfalls nach den Vorgaben der EG-Verordnung erstellt. Sie enthält die Ergebnisse der Umweltprüfung in zusammengefaßter Form sowie ein Umweltprogramm mit konkreten Zielen und Maßnahmen. Die anderen Fertigungsstandorte werden nach dem im Pilotprojekt erarbeiteten Muster folgen.

Durch die Ausrichtung auf die EG-Öko-Audit-Verordnung setzt die BSHG auf die kontinuierliche Verbesserung des Umweltschutzes zum Nutzen des Unternehmens aber vor allem zum Erhalt einer lebenswerten Umwelt.

Kapitel V

Das Umweltaudit als Instrument eines Strategischen Umweltmanagements

Ernst-Georg Zeschmann

Die herkömmlichen Systeme zur Kontrolle des betrieblichen Umweltschutzes waren üblicherweise auf die Einhaltung der umweltrechtlichen Vorschriften fixiert. Erst die Altlastenproblematik und die Einführung der Umwelthaftung haben bewirkt, daß außer der Nichteinhaltung von Vorschriften zunehmend auch andere Umweltrisiken erkannt werden. Im Gegensatz zu den Umweltrisiken aus Rechtsvorschriften, die der staatlichen Aufsicht unterliegen, liegt die Begrenzung der nichtrechtlichen Umweltrisiken ausschließlich im Interesse des Unternehmens. Um auch diese Risiken kontrollieren zu können, wurde im angloamerikanischen Wirtschaftsraum das Umweltaudit als Managementinstrument entwickelt. Es analysiert den Ist-Zustand des Umweltschutzes im Betrieb und ermittelt Vollzugsdefizite im Vergleich zu den vorgegebenen Umweltschutzzielen des Unternehmens. Üblicherweise hängt aber das Prüfergebnis nicht nur von der Prüfung, sondern auch von der Vorbereitung zur Prüfung ab. Ebenso bewirkt auch die Einführung des Umweltaudits von sich aus schon eine Leistungssteigerung. Sie beeinflußt das Vorgehen zur Zielerfüllung und eignet sich damit als strategisches Managementinstrument. Wie weit das strategische Potential des Umweltaudits genutzt wird, entscheidet aber das Management jedes Unternehmens für sich.

Der folgende Beitrag will diese Zusammenhänge näher erläutern, Arbeitsabläufe des Umweltaudits mit strategischem Bezug kommentieren und insbesondere die gegenseitige Beeinflussung zwischen dem strategischen Potential des Umweltaudits und der Umweltstrategie des Unternehmens aufzeigen.

1 Risikobezug als Verfahrensvorgabe

Die mit industriellen Tätigkeiten verbundenen Umweltbelastungen sind unvermeidbare Risiken, sowohl für die Umwelt wie für den Betrieb selbst. Sie müssen deshalb durch den betrieblichen Umweltschutz auf ein zulässiges Mindestmaß verringert werden. Ob der gewählte betriebliche Umweltschutz ausreichend wirksam und angemessen ist, muß kontrolliert werden. Die Kontrolle beginnt mit der Prüfung, ob die umfangreichen umweltrechtlichen Anforderungen eingehalten werden. Das ist in Deutschland Aufgabe der staatlichen Überwachung, z. B. durch das Gewerbeaufsichtsamt. In besonderen Fällen, insbesondere in Großbetrieben, sind zusätzlich Eigenkontrollen und die Selbstüberwachung üblich.

Mit der Einhaltung umweltrechtlicher Anforderungen werden jedoch nur die Umweltrisiken aus Rechtsvorschriften begrenzt. Neben der Einhaltung von Grenzwerten und der Erfüllung umwelttechnischer Auflagen zählen hierzu seit der Einführung des § 52a BImSchG auch Vorschriften zur Betriebsorganisation, z. B. die Darlegung der Umweltschutzorganisation. Traditionell findet daher vorrangig die Begrenzung der verwaltungsrechtlichen Risiken Beachtung, daneben wird das strafrechtliche Risiko bei Umweltdelikten beachtet.

Hier endet das gemeinsame Interesse von Staat und Betrieb; denn der Staat ist schon an der Begrenzung der zivilrechtlichen Umweltrisiken, die typischerweise durch Schadensersatzansprüche aus dem Haftungsrecht erwachsen, nur über die Satzung des Rechtsrahmens beteiligt (Umwelthaftungsgesetz).

Neben den rechtlichen sind aber auch nichtrechtliche Risiken für den Betrieb zu begrenzen. Hierzu zählen umweltschutzbedingte

- Kostenrisiken,
- operationelle Risiken (Betriebseinschränkungen),
- Standortrisiken (lokale Akzeptanz) und Existenzrisiken (generelle Akzeptanz/Image).

Die Begrenzung dieser Risikengruppe liegt ausschließlich im Interesse des Betriebs/Unternehmens; das Instrument der staatlichen Kontrollen steht hierfür nicht zur Verfügung.

Um auch die umweltschutzbedingten nichtrechtlichen Risiken kontrollieren zu können, wird innerbetrieblich zunehmend das im angloamerikanischen Wirtschaftsraum entwickelte Audit als Managementinstrument eingesetzt.

2 Was ist ein Umweltaudit, und was kann es leisten?

Das Umweltaudit ist nach der Definition der EG Verordnung Nr. 1836/93 „ein Managementinstrument, das eine systematische, dokumentierte, regelmäßige und objektive Bewertung der Leistung der Organisation, des Managements und der Abläufe zum Schutz der Umwelt umfaßt".

Es ist zunächst ein hervorragendes internes Managementinstrument zur Kontrolle der Durchsetzung des Umweltschutzes im Unternehmen; denn es legt den Status offen und veranlaßt Verbesserungen. Gleichzeitig ist es eine Umweltrisikoprüfung; denn es dient als Schwachstellenanalyse, mit der das Ausmaß bestehender und potentieller Umweltrisiken und -chancen gegenüber den Vorgaben aufgespürt werden kann.

Das Ergebnis des Umweltaudits kann folglich als eine Basis für die strategische Unternehmensplanung herangezogen werden. Ob die Unternehmensplanung allerdings nur für die Beseitigung von Defiziten oder auch zur Entwicklung von Geschäftsfeldern eingesetzt wird, hängt von der Zielsetzung und damit vom Management ab. Für eine umweltorientierte Unternehmensführung ist das Umweltaudit ein willkommenes strategisches Managementinstrument.

Dieses Managementinstrument kann wesentlich beitragen zur:

- Einsparung von Ressourcen und Umweltschutzaufwendungen,
- Steigerung der Mitarbeitermotivation,
- besseren (innerbetrieblichen) Kommunikation,
- Erhöhung der Glaubwürdigkeit bei Behörden und
- Verbesserung des (Umwelt-)Images in der Öffentlichkeit.

3 Woran ist umweltorientierte Unternehmensführung zu erkennen?

Umweltorientierung kann entstehen durch:

- besondere Abhängigkeit der Unternehmenstätigkeit von der Umwelt (Reaktion) und/oder
- besonders umweltbewußtes Handeln bei der Ausübung der Unternehmenstätigkeit (Aktion).

Aktive Umweltorientierung ist durch 3 Merkmale gekennzeichnet:

- Anerkennung der Umwelt als langfristige Geschäftsgrundlage,
- Erweiterung der Unternehmerverantwortung um die Umweltverantwortung und
- Ausdehnung der Produktverantwortung auf den gesamten Produktlebenszyklus.

Diese zeitliche und qualitative Erweiterung der Unternehmerverantwortung hat auch Rückwirkungen auf die Unternehmensführung, also das Management.

4 Welche Anforderungen stellt ein Umweltmanagement?

Management ist die Fähigkeit, eine Idee systematisch in die Tat umzusetzen. Die Grundfunktionen jedes Managements sind:

- Ideenvorgabe,
- Planung,
- Durchführung und
- Kontrolle.

Zur Wahrnehmung dieser Grundfunktionen steht eine Vielzahl von Instrumenten zur Auswahl, so daß schon deren Auswahl über die Qualität des Managements mitbestimmt.

Für das Management des betrieblichen Umweltschutzes hat die Britische Norm BS 7750, inzwischen abgelöst durch den Entwurf der Norm ISO 14001 zum Umweltmanagement, diejenigen Instrumente festgelegt, die in einem Umweltschutz-Managementsystem mindestens vorhanden sein sollen. Und die Meßlatte für die Qualität dieser Instrumente wird in den „Good Management Practices" (GMP) gleich mitgeliefert.

Das Umweltschutz-Managementsystem des ISO Normentwurfs hat den Managementfunktionen folgende Instrumente zugeordnet:

▶ <u>Ideenvorgabe:</u>	Umweltpolitik;
▶ <u>Planung:</u>	Umweltschutzaspekte (Bestandsaufnahme), rechtliche und andere Anforderungen (Vorschriftenverzeichnis), Zielsetzungen und Ziele, Umweltmanagementprogramme;
▶ <u>Durchführung:</u>	Organisationsstruktur und Verantwortung, Umweltbewußtsein, -kompetenz und -schulung des Personals, Kommunikation (intern und extern), Umweltschutzdokumentation (Umweltschutzhandbuch), Handhabung der Dokumente, Lenkungsverfahren für den ordnungsgemäßen Betrieb (Ablaufkontrolle), Notfallregelung;
▶ <u>Kontrolle:</u>	Überwachung und Messung, Aufzeichnungen und Protokolle, Umweltmanagementsystem-Audit und Überprüfung durch die oberste Leitung.

Das Management ist als wiederkehrender Prozeß anzusehen. Darin ist die Systemrevision das Bindeglied zum nächsten Zyklus in der Spirale der fortlaufenden Verbesserung.

In diesem Managementprozeß ist dem Umweltaudit eine Doppelfunktion zugewiesen; es dient

- dem Soll-Ist-Vergleich zwischen dem umweltbezogenen Betriebsablauf der Managementelemente und den Vorgaben aus gestzlichen Vorschriften und dem Managementprogramm (Leistungaudit) sowie
- der Schwachstellen- und Potentialanalyse des Managementsystems gegenüber den Zielvorgaben und den Grundsätzen der Umweltpolitik (Systemaudit).

Im Gegensatz zum Audit überwachen „Betriebskontrollen" die Einhaltung der für den ordnungsgemäßen Betrieb erforderlichen Kennwerte, also die Regelung der Verfahrensabläufe.

5 Welche Managementinstrumente haben strategische Bedeutung?

Strategie ist der Weg, ein Ziel zu erreichen. Als strategische Instrumente gelten traditionell die Planung und die Kontrolle (der Zielabweichung). Zur Planung gehören im Umweltmanagementsystem die Instrumente:

- Umweltschutzaspekte (Bestandsaufnahme),
- Vorschriftenverzeichnis („Pflichtenheft"),
- Zielsetzungen und Ziele,
- Umweltmanagementrogramme und
- Organisationsstruktur und Verantwortung.

Die Bestandsaufnahme ist eine Analyse des Ist-Zustandes der betriebsbedingten Umweltbelastung, und das Vorschriftenverzeichnis ist fremdbestimmt. Diese Instrumente liefern die Basis und den Rahmen für strategische Überlegungen und sind der Ausgangspunkt für die Festlegung der Umweltschutzzielsetzung des Unternehmens.

Im Umweltmanagementprogramm werden die Maßnahmen zur Erreichung der Ziele vereinbart. Mit der Organisationsstruktur und der Zuordnung der Verantwortungen und fachlichen Zuständigkeiten wird die Aufbauorganisation zur Durchführung der Umweltschutzmaßnahmen geschaffen.

Die langfristige Zielsetzung, die Festlegung der (operationellen) Ziele, das Managementprogramm und die Aufbauorganisation sind die Planungskomponenten der Strategie. Sie werden ergänzt durch das Umweltaudit und die Überprüfung durch die oberste Leitung (Management-Review) als Kontrollkomponenten.

Die strategische Kraft des Umweltaudits liegt in seiner Fähigkeit, das Korrektiv der Planung zu sein. Es schafft die Voraussetzungen für das Management-Review, das als Regelglied aus dem Managementsystem ein lernfähiges und damit (über-)lebensfähiges System macht.

6 Strategische Gesichtspunkte bei der Durchführung von Umweltaudits

Im Ablauf folgt das Umweltschutzaudit dem von der Internationalen Handelskammer (ICC) 1989 veröffentlichten Ablaufschema. Darin wird unterschieden nach Tätigkeiten vor der Prüfung, am Ort und nach der Prüfung. Für die strategische Bedeutung des Audits sind die Tätigkeiten vor der Prüfung, einschließlich der Organisation des Auditablaufs, maßgebend.

6.1 Tätigkeiten vor der Prüfung

Die Tätigkeiten vor der Prüfung beginnen mit der Auswahl der zu prüfenden Anlagen und der Festlegung der Priorität. Dabei sollten die Größe und die Wahrscheinlichkeit des Risikos maßgeblich sein.

Beginnt ein Unternehmen erst mit dem Umweltschutzaudit, könnte zunächst für jeden Risikotyp ein repräsentativer Betrieb dem Audit unterzogen werden. Die Auswahl der Mitglieder des Prüfungsteams muß vorrangig dem Gesichtspunkt des „Vier-Augen-Prinzips" Rechnung tragen, d. h., daß die zu überprüfende Einheit sich nicht selbst prüfen darf.

Zweitwichtigste Voraussetzung ist, daß die Teammitglieder in der Hierarchie der Unternehmensorganisation hoch genug angesiedelt sind, um die „Rechtfertigungsdiskussion" am Ende des Audits durchstehen zu können. Der Teamleiter sollte über Erfahrungen in der Durchführung von Umweltschutzaudits verfügen und Fachkenntnisse im betrieblichen Umweltschutz besitzen. Vorteilhaft ist die Beteiligung eines Fachmannes hinsichtlich der Anlagen und Abläufe im zu prüfenden Betrieb. Dafür eignet sich ein Produktionsleiter aus einem Parallelbetrieb im Unternehmen oder Konzern; auf jeden Fall ist hier ein Linienvorgesetzter nötig.

Über das dritte Teammitglied müssen detaillierte Kenntnisse der Umweltschutzanforderungen eingebracht werden, falls der Teamleiter nicht schon darüber verfügt. Wegen der eng bemessenen Zeit ist es erforderlich, daß der Teamleiter die Aufgaben der Prüfung möglichst gleichmäßig auf die Teammitglieder verteilt. Nur in besonders wichtigen Fällen ist eine Doppelbesetzung vertretbar.

Die Kontaktaufnahme zum Betrieb und die Prüfungsplanung durch den Teamleiter beginnt schon mit der Genehmigung des Auditplans durch die Geschäftsleitung. Dadurch läßt sich rechtzeitig vor Jahresbeginn festlegen, welche Betriebe wann überprüft werden sollen und welche Prüfungen koordiniert werden können. Die Festlegung des Umfangs (scope) der Prüfung erfordert zunächst eine Abstimmung mit der Geschäftsleitung z. B. darüber, ob ein Systemaudit oder ein Leistungsaudit erfolgen soll.

Zusätzlich sollte dem Betrieb über die Geschäftsleitung der Prüfungsinhalt bekanntgegeben werden, etwa entsprechend der nachfolgenden Aufstellung. Der Betrieb kann dann empfehlen, bestimmte Prüfziele auszulassen, etwa wenn eine Reorganisation bevorsteht, oder schwerpunktmäßig zu untersuchen, z. B. wenn in der Entsorgung ein besonderes Risiko gesehen wird.

Risikotyp	Auswahlkriterium	Suchfelder
Rechtliches Risiko	Einhaltung gesetzlicher Vorschriften	Genehmigungen Auflagen/Erlaubnisse Jahresberichte d. UB
Kostenrisiko	Kenntnis/Zuordnung der UWS-Kosten/Altlasten	Invest.-/Kostenpläne Rückstellungen
Standortrisiko	Störfallsicherheit u. Nachbarschaftsakzeptanz	Beschwerden, Störungs- u. Unfallmeldungen
Operationelles Risiko	Gleichrangigkeit des Umweltschutzes im Unternehmen	Zielsetzung/Strategie/ Aktionspläne/ Verfahrensanweisungen
Strategisches Risiko	Vorsorge/Durchführung des Krisenmanagements, Produktverantwortung	Risikoanalysen f. (Schiffs-)Transporte/tox. Produkteigenschaften

Wesentliches Element der Prüfungsplanung ist die Einholung von Hintergrundinformationen. Hierfür entwickelte die Deutsche Shell AG einen speziellen Anforderungskatalog „Informationssammlung“.

An dieser Stelle ist ein weitverbreitetes Mißverständnis auszuräumen. Die Betriebe sind häufig der Ansicht, daß sie hinsichtlich des angekündigten Audits nichts zu verbergen haben und deshalb keine Vorbereitung erfolgen sollte. Dies ist richtig, wenn man darunter versteht, daß kein besonderer Aufwand für ein möglichst günstiges Erscheinungsbild getrieben werden soll. Es behindert aber den Auditablauf, wenn die notwendigsten Informationen erst nach Eintreffen des Auditteams zusammengesucht werden. Eine Vorbereitung des Auditteams ist unter diesen Umständen nicht möglich, und das Audit sollte dann auf einen Zeitpunkt verschoben werden, zu dem die erforderlichen Informationen vorliegen. Die Verschiebung ist vom Teamleiter dem Auftraggeber mitzuteilen.

Neben den Anforderungen aus Genehmigungen, Auflagen und anderen Verwaltungsakten sollte sich das Auditteam auch über die Vorgaben aus der Unternehmenspolitik informieren. Hat das Unternehmen Leitlinien oder Grundsätze zum Umweltschutz festgelegt, sind diese als Maßstab heranzuziehen. Fehlen unternehmenseigene Vorgaben zur Umweltschutzpolitik, sollte auf die umweltpolitischen Programme des Konzerns, des Industrieverbandes, der Internationalen Handelskammer oder auch die „Tutzinger Erklärung" als Maßstab für die „Systemkonformität" zurückgegriffen werden.

Bei ausreichender Vorbereitungszeit wird empfohlen, die Prüfungs- und Untersuchungsstrategie anhand der Vorausinformationen festzulegen. Sie besteht im wesentlichen in der Auswahl der Untersuchungsmittel und der Planung ihres Einsatzes. Als Mittel kommen die Sichtung von Unterlagen, die Durchführung von Befragungen und die Beobachtung von Tätigkeiten, Bedingungen und Zuständen in Frage. In jedem Fall wird die Prüfung auf Vollständigkeit aus Zeitgründen zugunsten der Stichprobe entfallen.

Zur Prüfungsstrategie gehört zunächst die Auswahl der Unterlagen und Gesprächspartner, soweit diese nicht vom Betrieb bestimmt wurden. Auch die Reihenfolge der Befragungen und deren Verteilung auf die Teammitglieder kann für die Prüfung strategische Bedeutung haben. Mit der Geschäftsleitung spricht möglichst das hochrangigste Teammitglied.

Der Erfolg der Befragungen hängt sehr wesentlich davon ab, ob und wie die Checklisten zu jedem Prüfziel vorbereitet sind, die dem Teammitglied bei der Befragung als „roter Faden" dienen, nicht aber als strikte Vorgabe gelten sollten.

6.2 Tätigkeiten während der Prüfung

Für die strategische Verwendung des Auditergebnisses sind schon bei der Aufbereitung und Bewertung der Befunde Vorkehrungen zu treffen. Die negativen Befunde sind in Form von Memoranden zusammenzufassen und mit Empfehlungen zur Behebung der Fehler zu versehen, um damit die Basis für den Maßnahmenplan zur Behebung der Fehler vorzugeben.

Der Risikobezug des Audits verlangt außerdem nach einer Gewichtung der Memoranden entsprechend dem damit verbundenen Risiko. Hierfür eignet sich eine einfache Matrix, in der die y-Achse in niedriges und hohes Risiko und die x-Achse in starke und schwache Kontrolle aufgeteilt wird. Nun wird jedes Memorandum danach abgefragt, ob infolge des festgestellten Fehlers ein hohes oder niedriges Risiko besteht und ob für den fehlerhaften Zustand starke oder schwache Kontrollen bestehen.

Memoranden, die in das Feld geringes Risiko und starke Kontrollen fallen, können unbeachtet bleiben. Solche mit hohem Risiko und schwacher Kontrolle sind im Aktionsplan mit hoher Priorität zu versehen. Zweite Priorität verdient die Kombination aus hohem Risiko mit starker Kontrolle. Memoranden mit geringem Risiko und schwacher Kontrolle sind „Langfristkandidaten" im Maßnahmenplan oder können als Prüfpunkte des Folgeaudits zurückgestellt werden.

6.3 Tätigkeiten nach der Prüfung

Die strategische Verwendung des Auditergebnisses erfordert eine schnelle und möglichst unangreifbare Dokumentation in Form des Auditberichts. Die Unangreifbarkeit wird gefördert, wenn dem auditierten Betrieb zunächst ein Berichtsentwurf vorgelegt wird, in dem unter jedem Memorandum Platz für die erwartete Stellungnahme des Betriebs vorgesehen ist, die vom Betrieb auch zu jedem Punkte erfolgen sollte. Zustimmung allein genügt nicht; in diesem Falle ist vom Betrieb anzugeben, mit welcher Maßnahme er den Fehler innerhalb welcher Frist beheben will.

Nach Vorlage des vom Betrieb kommentierten und mit Maßnahmen und Fristen versehenen Berichtsentwurfs fertigt der Teamleiter den abgestimmten endgültigen Bericht für den Auftraggeber an. Sofern der Auftraggeber nicht mit der Geschäftsleitung des Betriebs identisch ist, erhält der Betrieb auf jeden Fall eine Kopie des Berichts.

7 Wie werden die Folgemaßnahmen des Audits kontrolliert?

Die Ausarbeitung und Durchführung des Maßnahmenplans (= Aktionsplans) zur Beseitigung der festgestellten Fehler ist bei Shell nicht Aufgabe des Auditteams. Dies liegt allein in der Verantwortung der Geschäftsleitung des auditierten Betriebs. Das Auditteam kennt die Umstände und Möglichkeiten des Betriebs nie in gleichem Umfang wie der Betrieb selbst; ein Aktionsplan des Auditteams würde als „Hineinreden" bewertet werden, widerspräche aber in jedem Fall der Verantwortungszuordnung. Unverzichtbar ist jedoch, daß die Umsetzung des Maßnahmenplans kontrolliert wird.

Die Erfüllung des Maßnahmenplans kann, abgestuft nach der Bedeutung der Maßnahme, durch den Betrieb, die Revisionsabteilung des Gesamtunternehmens oder den Teamleiter des Audits kontrolliert werden. Dabei ist auf bestehende Strukturen Rücksicht zu nehmen. Soweit der Betrieb die Vollzugskontrolle eigenverantwortlich übernimmt, muß im Folgeaudit die Erfüllung der Aktionspunkte des vorangegangenen Audits mit Priorität überprüft werden. Für Maßnahmen von besonderer Dringlichkeit oder Bedeutung sollte eine Vollzugsmeldung des Betriebs gegenüber dem Teamleiter vereinbart werden.

8 Auditergebnisse sind strategieorientiert

<u>Ein Audit hat grundsätzlich zwei Funktionen:</u>

- Mit der Funktion „Mängelfeststellung" wird die Voraussetzung geschaffen, zum Standard aufzuschließen.
- Um einen Vorsprung zu gewinnen, muß die Funktion „Potentialanalyse" in Anspruch genommen werden.

Ob und in welchem Umfang diese Funktionen beim Umweltaudit genutzt werden, hängt von den Einstellungen und Erwartungen des den Auftrag zum Audit erteilenden Managements ab. Wer das Audit nur als Überwachungsinstrument begreift, verzichtet auf seine innovative Kraft.

Auch wenn man sich auf die Funktion „Mängelfeststellung" beschränkt, liefert das Instrument Umweltaudit genügend strategisch verwertbare Ergebnisse. Für die festgestellten Mängel sind nämlich der Handlungsbedarf und die Zweckmäßigkeit von Handlungsalternativen zu ermitteln, und dies sind für das Unternehmen wesentliche strategische Entscheidungen. In der Abbildung „Wann besteht Handlungsbedarf?" sind verschiedene Handlungsalternativen in Abhängigkeit vom Risiko- und Aufmerksamkeitsgrad dargestellt.

Jedes Ergebnis eines Audits wird vorbestimmt von der Innovationsfähigkeit und der Strategie des auditierten Unternehmens. Ein Unternehmen oder ein Betrieb, dessen Umweltstrategie sich in der Einhaltung der gesetzlichen Anforderungen erschöpft, kann kein Auditergebnis erwarten, das über die Prüfung hinausgeht, ob der Betrieb die gesetzlichen Anforderungen erfüllt. Das Audit liefert nicht einmal die Gewißheit, daß diese Anforderungen überall im Betrieb und jederzeit eingehalten werden, denn es wird immer eine Stichprobenkontrolle bleiben. Im Gegensatz dazu wird das Audit in einem innovativen Unternehmen, dessen Umweltstrategie es ist, mit Umweltschutz Wettbewerbsvorteile zu entwickeln oder Entwicklungspotentiale zu erkennen, einen wertvollen Beitrag zur Potentialanalyse liefern.

Die Unternehmensberatung Arthur D. Little hat schon vor mehreren Jahren darauf hingewiesen, daß der Innovationsgrad und die Strategie eines Unternehmens das Umweltschutz-Aktionsfeld bilden, in dem das Unternehmen nur mit bestimmten Umweltschutzmaßnahmen die einzelnen Felder besetzen kann (siehe Abbildung: Umweltschutz-Aktionsfeld). So setzt z. B. die Umweltschutzmaßnahme „Kostenmanagement" ein aktives Innovationsverhalten und die Strategie „Umweltschutzkosten senken" voraus. Die Einführung des Instruments „Ökobilanz" wäre demnach so lange zum Scheitern verurteilt, bis das Unternehmensmanagement sich zum innovativen Verhalten und der Strategie „Entwicklungspotential erkennen" bekannt hat.

Im Umweltschutz-Aktionsfeld nimmt das Umweltschutzaudit eine Mittlerposition ein; sie soll den Übergang vom aktiven zum innovativen Verhalten erleichtern und den Schritt von den absichernden zu den Entwicklungsstrategien ermöglichen.

Das Instrument Umweltaudit bietet Möglichkeiten für ein strategisches Umweltschutzmanagement; ob sie genutzt werden sollen, muß jedes Unternehmen für sich entscheiden.

Abb. V–1: Umweltschutzaudit – Umweltschutz-Aktionsfeld

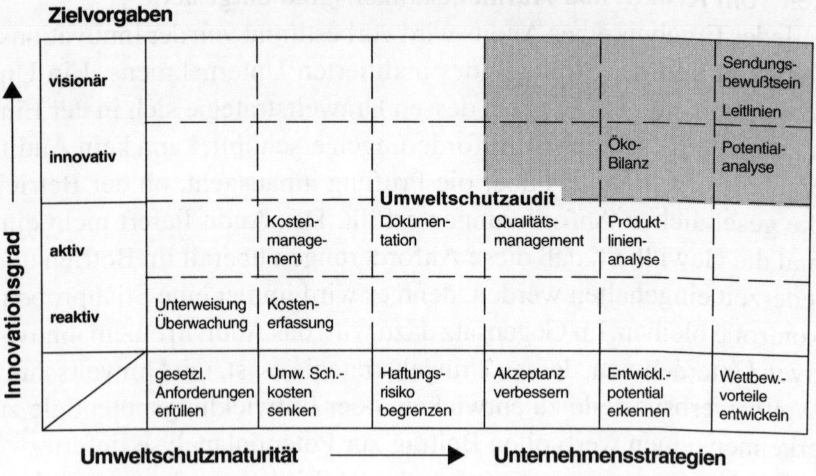

Nach Arthur D. Little

Deutsche Shell AG Hamburg, Sept. 94

Abb. V–2: Umweltschutzmanagement – Wann besteht Handlungsbedarf?

Risikograd

Risikograd (Maßstab für objektives Handeln)						
akute Gefahr f. Mensch o. Umwelt	Investition	Investition	Krisen-management	Ausstieg	Gefahr für Unternehmen	
Umwelt-belastung	Chance nutzen	Chance nutzen	Chance nutzen	Krisen-management	Ausstieg	
keine umweltr. Probleme	Abwarten	Abgrenzen	Chance nutzen	Kommuni-kation	Investition	
	Objektivieren	*Sensibi-lisieren*	*Differenzieren*	*Positionieren*		*Ziele*
	wissensch. Diskussion	engagierte Rand-gruppen	öffentl. Diskussion, interess. Öffentlichk.	öffentl. Diskussion, breite Offentlichk.	gesetzl. Druck	**Aufmerk-samkeits-grad**

(Maßstab für subjektives Handeln)

Nach Arthur D. Little

Deutsche Shell AG Hamburg, Sept. 94

Kapitel VI

Recycling in der DV-Industrie am Beispiel ICL

Hans-Joachim Schwarz

1 Kluge Designer denken mit

Kaum ein Büro und kaum eine Werkstatt, kaum eine Behörde und kaum noch ein Kinderzimmer, in dem er heute nicht zu finden ist: der Personal Computer, kurz PC. Seit seiner Einführung zu Beginn der achtziger Jahre hat der PC einen Siegeszug angetreten, den seinerzeit kaum jemand prognostizieren konnte oder wollte. Der „persönliche Computer" revolutionierte die gesamte EDV-Welt, krempelte aber auch den normalen Arbeitsplatz völlig um.

Im Vergleich zu Mainframes oder Midrange-Systemen war der Arbeitsplatzrechner vergleichsweise preiswert und öffnete damit vor allem kleineren Betrieben und privaten Nutzern die Welt der elektronischen Datenverarbeitung.

Mit dem Preisverfall bei PC-Komponenten rutschten die Preise für Desktops rapide in den Keller und eröffneten immer neue Märkte. Längst hat sich der PC nicht nur als feste Größe im professionellen Umfeld etabliert, sondern zieht auch als liebstes Elektronikmöbel in deutsche Wohnstuben und Kinderzimmer ein.

Nach Erhebungen von Dataquest, einem der führenden Marktforschungsunternehmen, wurden in Deutschland bis Ende 1994 rund 2,4 Millionen professionelle und Homecomputer verkauft. Dabei steht der eigentliche Boom im Homecomputermarkt, der diese Zahlen in der Bundesrepublik weiter hochtreiben wird, erst noch bevor.

Der Wandel des PC vom reinen Arbeitsmittel zur Kommunikationszentrale mit zahlreichen Schnittstellen zu öffentlichen Kommunikationsdiensten läßt ein weiteres Wachstum erahnen. Dazu kommt das Bestreben vieler Unternehmen, den Arbeitsplatz des einzelnen Mitarbeiters individueller zu gestalten und neue Wege der Zusammenarbeit zu finden.

Telearbeitsplätze sind in einigen Industriebereichen keine Zukunftsmusik mehr, sondern Realität des Arbeitsalltags. Die Vorteile liegen sowohl für den Arbeitnehmer als auch für den Arbeitgeber auf der Hand:

- Der Arbeitnehmer kann von zu Hause aus arbeiten und dabei seine kreativen Phasen individuell nutzen. Dadurch arbeitet er mit viel mehr Freude, was seine Produktivität erhöht.
- Im Unternehmen selbst können sich mehrere Mitarbeiter einen Arbeitsplatz teilen, da sich die Anwesenheit des einzelnen auf wenige Tage beschränkt. Dadurch können kleinere Räumlichkeiten angemietet werden, was die Kosten für Energie, Mieten und Büromöbelausstattung senkt.

Diese neue Form des Arbeitens verlangt von allen Beteiligten lediglich ein gehöriges Maß an Kooperationsbereitschaft und Organisation.

Ein ganz wichtiges Argument für den Ausbau von Telearbeitsplätzen ist der Umweltschutz. Weniger Menschen auf den Straßen bedeuteten eine geringere Schadstoffbelastung der Luft. In den USA werden aus diesem Grund von einigen Bundesstaaten Telearbeitsplatz-Projekte bereits gesetzlich gefordert und finanziell unterstützt. Untersuchungen haben ergeben, daß sich die Schadstoffbelastung der Luft in den stark bevölkerten Staaten an der Ostküste um rund 40% reduzieren ließe, wenn jeder Arbeitnehmer nur an zwei Tagen in der Woche zu Hause arbeiten würde und das Auto in der Garage bliebe.

2 Der Berg von Altcomputern wächst

Das wachsende Umweltbewußtsein bringt im DV-Bereich aber auch eine Problematik mit sich, über die in der Frühzeit der Computer nur gelächelt wurde: Wohin mit dem elektronischen Arbeitstier, wenn es sein Leben ausgehaucht hat?

Noch vor wenigen Jahren landeten die ausgedienten Elektronengehirne auf der Müllkippe. Weder der Nutzer, der sich auf diese Weise von seinem elektronischen Helfer trennte, noch der Arbeiter auf der Deponie machten sich hierbei Gedanken darüber, welche teilweise hochgiftigen Stoffe in einem solchen Gerät enthalten sind.

PCB-haltige Kondensatoren, Nickel-Cadmium-Batterien sowie die

Beschichtung der Bildschirmröhre, bariumhaltiges oder bleihaltiges Bildschirmglas und alle anderen Stoffe, darunter Schwer- und Edelmetalle, die in der Regel das Innenleben von elektronischen Geräten darstellen, gehören auf keinen Fall auf die Mülldeponie, denn die darin enthaltenen Schadstoffe vergiften die Böden und das Grundwasser.

Außerdem darf nicht übersehen werden, daß alle Maschinen wichtige Rohstoffe enthalten, die durch eine Aufbereitung wieder problemlos in den Wirtschaftskreislauf zurückfließen können.

Die modernen Müllverbrennungsanlagen vor den Toren unserer Großstädte sind nur für die Entsorgung von Hausmüll konzipiert. Trotzdem werden immer wieder elektrische und elektronische Geräte in diesen Anlagen entsorgt. Bei der Verbrennung dieser Technikteile können hochgiftige Emissionen in Form von Dioxin, dem Seveso-Gift, oder Furanen entstehen.

Eine sorgfältige, umweltgerechte Entsorgung von Altcomputern tut not, denn die Menge der zu beseitigenden Geräte steigt kontinuierlich. Allein in der Bundesrepublik Deutschland fallen zur Zeit jährlich rund 1,5 Millionen Tonnen Elektro- und Elektronikschrott an.

Die ICL Technology GmbH (vormals Nokia Data) wurde 1989 erstmals mit dem Entsorgungsproblem konfrontiert. Es winkte ein Vertrag mit einem Großkunden über Tausende neuer Bildschirme, an den allerdings die Bedingung geknüpft war, die auszutauschenden Altgeräte fachgerecht zu entsorgen. Ergonomie gehörte seit langem zu den Unternehmenszielen, die man sich auf die Firmenfahne geschrieben hatte. Jahrelang übernahm die frühere Nokia in diesem Bereich eine Vorreiterrolle und baute ihre Geräte nach den strengen skandinavischen Normen für Ergonomie.

Darum war es für die Geschäftsleitung keine Frage, daß man sich bei ICL, nach der Fusion mit Nokia, nicht nur weiterhin der Ergonomie annehmen würde, sondern sich auch der drängenden Frage der sachgerechten Entsorgung stellen wollte, denn ein vernünftiges Konzept war überfällig, betrachtet man allein die Zahlen der in Deutschland vertriebenen Bildschirme für PCs und Terminals.

Deren Zahl beziffern Marktauguren mit rund 1,7 Millionen für 1990 und schon mehr als 2,5 Millionen 1992. Berechnet man dann noch das Volumen an Steuereinheiten, Tastaturen sowie Peripheriegeräten und Telefonanlagen, ganz abgesehen von der Flut der alten Fernseher, hat man in etwa ein Bild von der gigantischen Elektronikschrottlawine, die unaufhörlich wächst und letztendlich entsorgt werden muß.

Bei ICL in Düsseldorf wurde ein Arbeitskreis gebildet, dessen Aufgabe es war, in der Bundesrepublik Deutschland einige führende Entsorger zu besuchen und deren Konzepte darauf abzuklopfen, ob sie dem hohen Anspruch der ICL an eine sachgerechte Entsorgung entsprachen. Die meisten der begutachteten Unternehmen waren allerdings nur an den Edelmetallen auf den Leiterplatten interessiert – der Rest der Geräte landete auf der Müllkippe oder wurde verbrannt.

Das richtige Konzept fand der ICL-Arbeitskreis schließlich in Pulheim bei Köln, wo bei der Firma Reichart Recycling Computer, Bildschirme, Steuereinheiten, Drucker und auch Telefone sorgfältig per Hand zerlegt werden. Auf diese Weise sortieren die Pulheimer bereits bei der Demontage der Altgeräte sämtliche Materialien sorten- und artenrein und führen sie wieder dem Rohstoffkreislauf zu.

Zusammen mit dem Pulheimer Entsorgungsspezialisten entwikkelte die Recyclingarbeitsgruppe der ICL ein genaues Konzept für die manuelle Zerlegung von Computerschrott, das unter der Bezeichnung „Sieben-Fraktionen- System“ auf der CeBIT 1990 erstmals der öffentlichkeit vorgestellt wurde und inzwischen zum wichtigen Pfeiler der Firmenphilosophie wurde.

Das „Sieben-Fraktionen-System“ heißt nichts anderes, als daß alle Geräte in unterschiedliche Fraktionen zerlegt werden, denn nur so ist eine umweltgerechte Rückführung der Materialien möglich. Die sieben Fraktionen sind:

- Eisen- und Metallschrott,
- Technische Kunststoffe,
- Leiterplatten,

- Stecker und Steckerverbindungen,
- Kabel,
- Batterien, Kondensatoren, quecksilberhaltige Bauteile,
- Glas.

Durch stoffliche und thermische Verwertungstechniken wird mittlerweile eine Rückgewinnungsquote von 96% bei Metallen und 70% aller Kunststoffe erreicht und ein entscheidender Beitrag zur Schonung von Umweltressourcen und zur Senkung des Rohstoffverbrauchs geleistet.

Der TÜV Rheinland hat die Zerlegearbeit von Reichart Recycling unter die Lupe genommen und die Bemühungen des Entsorgungsunternehmens am 30.11.1992 mit einem besonderen Zertifikat honoriert. Als erstem Elektronikschrottentsorger in der Bundesrepublik wurde den Pulheimern eine Plakette zugeteilt, die das Unternehmen als TÜV-geprüften Entsorger für die Zerlegung und Sortierung von Elektronikschrott ausweist.

Was 1989 als Kundenwunsch an die ICL herangetragen wurde, gehört inzwischen zum Unternehmenskonzept vieler Computerhersteller, denn ein ausgefeiltes Verwertungskonzept schafft Pluspunkte bei den Entscheidern in der Wirtschaft. Bei Behörden und großen Unternehmen zählt nicht mehr nur das Preis-Leistungs-Verhältnis für die Anschaffung von DV-Komponenten. Wichtig sind auch das Rücknahmekonzept des Herstellers und die Kosten für die Entsorgung, denn die Lebens- und Abschreibungszyklen für elektronische Arbeitsmittel werden immer kürzer, während gleichzeitig das Umweltverständnis überproportional wächst.

3 Die ökologische Zeitbombe tickt

Das Problem des wachsenden Volumens beim Elektronikschrott ist an der Politik nicht vorbeigegangen, denn längst sind die kommunalen Deponien und Verbrennungsanlagen schon mit dem Hausmüll überfordert.

Die Abfallwirtschaft hat sich mittlerweile auch für private Unternehmen zu einem lukrativen Wirtschaftszweig entwickelt.

Wen wundert´s daher, daß sich klammheimlich weltweit ein grauer bis tiefschwarzer Markt entwickelt hat, auf dem der teils hochgiftige Elektronikmüll hin- und hergeschoben wird. Während viele Deponien im industrialisierten Westen ihre Pforten für den Computerabfall längst geschlossen haben, wachsen in den Entwicklungsländern und vor allem in den neuen Staaten des ehemaligen Ostblocks neue Elektronikschrottberge.

Hier tickt für alle Europäer eine ökologische Zeitbombe, denn der verschobene Computermüll wird keinesfalls sachgerecht entsorgt, sondern schlichtweg nur gelagert. Sämtliche Gift- und Schadstoffe sowie Schwermetalle können so ungehindert versickern und verseuchen die Böden und das Grundwasser. Um diesem Umweltverbrechen einen Riegel vorzuschieben, ist der Gesetzgeber gefordert, denn nur eine allgemein verbindliche Verordnung wird die Abfallbeseitigung von Elektronikschrott in geordnete, ökologisch sinnvolle Bahnen leiten können.

Das Bundesministerium für Umwelt, dem diese Aufgabe zugefallen ist, tut sich aber noch schwer, eine solche Elektronikschrottverordnung zu verabschieden, denn zu viele Industriebereiche sehen lukrative Pfründe bedroht, wenn strenge Regeln vorgeschrieben werden. Diese sind aber notwendig, soll die Schrottlawine wirklich in sinnvolle Bahnen gelenkt werden. Im Prinzip will der Bundesumweltminister in der Verordnung festschreiben, daß jeder Hersteller, der nach der Verabschiedung der Verordnung ein elektronisches oder elektrisches Gerät verkauft, sich dazu verpflichtet, dies am Ende des Lebenszyklus zurückzunehmen.

Hier prallen aber die Interessen zweier unterschiedlicher Vertriebsstrukturen zusammen, die durch den VDMA (Verein Deutscher Maschinen- und Anlagenbauer) und den ZVEI (Zentralverband Elektrotechnik und Elektronikindustrie) vertreten werden.

Unter dem Dach des VDMA sind eher solche Unternehmen zusammengeschlossen, die größtenteils im Direktvertrieb arbeiten. Sie wissen meist, wo ihre Geräte stehen, so daß eine Rücknahme relativ problemlos erfolgen kann. Im Interesse seiner Mitglieder treibt der VDMA die Elektronikschrottverordnung daher voran.

Im ZVEI dagegen sind eher die Produzenten vertreten, die ihre Waren über den Handel vertreiben. In diesem Umfeld wird die Rücknahme von Altgeräten zum Problem, denn kaum jemand weiß im Endeffekt, an welchen Kunden der Fernseher, die Waschmaschine oder der Kühlschrank geliefert wurde. Außerdem befürchtet der Handel, daß seine heute schon knappen Lagerräume sich bei dem vorgesehenen Rücknahmemodus viel zu schnell mit Altgeräten füllen, denn natürlich kann aus ökonomischen und ökologischen Gründen nicht jedes Gerät einzeln zum Elektroentsorger befördert werden. Der ZVEI fordert daher im Interesse seiner Mitglieder eine differenzierte Rücknahmeverordnung, die sich auch an den Ressourcen des Handels orientiert.

Da in diesem Interessenkonflikt vorläufig kein Ende abzusehen ist, wird die lang überfällige Elektronikschrottverordnung wohl noch eine Weile auf sich warten lassen.

4 Recycling wird zum Marketinginstrument

In ihrem Meilensteinbericht mit dem Titel „Unsere gemeinsame Zukunft" hat die Weltkommission Umwelt und Entwicklung (World Commission on Environment and Development) schon 1987 eindringlich darauf hingewiesen, welch hoher Stellenwert dem Umweltschutz im Zusammenhang mit erhaltenden Entwicklungen zukommt. Erhaltende Entwicklung heißt, den Anforderungen unserer Zeit unter Berücksichtigung der Bedürfnisse der kommenden Generationen gerecht zu werden.

Während der Gesetzgeber sich zu keiner endgültigen Verordnung durchringen kann, hat sich die Industrie zum großen Teil bereits selbst in die Pflicht genommen. Bei ICL gehört das Rücknahmekonzept für alte Computer inzwischen zum festen Bestandteil der Geschäftspolitik. Weltweit haben der Umweltschutz und die Bewahrung von natürlichen Ressourcen eine hohe Priorität im Unternehmen.

So schult man Mitarbeiter in Umweltfragen und macht sie mit allen Anforderungen des Umweltschutzes vertraut. Eigeninitiative wird von den Vorstandsmitgliedern gefordert und gefördert. Alle Mitarbeiter sind dazu aufgerufen und berechtigt, individuelle Schritte zu unternehmen, um die Beeinflussung der Umwelt durch das Unternehmen zu reduzieren, dabei spielt deren Position in der Firmenhierarchie keine Rolle.

Ein wichtiges Bestreben ist dabei, daß bereits im Vorfeld die Auswirkungen bedacht werden, die Aktivitäten und Produkte auf die Umwelt haben können, um die daraus resultierenden Belastungen so niedrig wie möglich zu halten. Die permanente Verbesserung bei der Entwicklung und Fertigung von Computern hat bei diesen Bestrebungen einen hohen Anteil. Daneben hat man aber bereits bei der Fertigung der Geräte deren Entsorgung nach dem Ablauf des Einsatzes im Auge. Standards und gesetzliche Bestimmungen, die weltweit enorm auseinanderdriften, sind den Verantwortlichen im Vorstand dabei oberstes Gebot. An vorderster Stelle stehen die Auswirkungen der Produkte auf die Nutzer, darum bleibt ICL bei seiner Maxime, die üblichen ergonomischen Standards zu überschreiten.

Spezielle Programme für das Recycling von Produkten und Abfällen haben in der Geschäftspolitik von ICL bereits seit Jahren einen festen Platz. Daneben steht vor allem die Reduzierung des Stromverbrauchs auf der Prioritätenliste weit oben, denn die elektronischen Arbeitsmittel verbrauchen weltweit ein hohes Energiepotential. Energie steht aber nicht mehr unbegrenzt zur Verfügung, darum ist es inzwischen bei vielen Herstellern höchste Maxime, den Stromverbrauch ihrer Geräte drastisch zu reduzieren. In vielen Ländern lassen sich Großaufträge zudem nur noch gewinnen, wenn Geräte hohen ergonomischen Standards entsprechen und über ein intelligentes Strommanagement verfügen, mit dem sich der Energieverbrauch dezidiert regulieren läßt.

Zwei internationale Gremien versuchen zur Zeit, Spezifikationen und Standards zur intelligenten und energiesparenden Stromversorgung von Computeranlagen weltweit durchzusetzen. Das ist einmal die Environmental Protection Agency (EPA) in den USA, die Computerherstellern den „Energy Star“ verleiht, wenn deren Produkte die hohen Anforderungen an die von der US-Behörde geforderten Energieeinsparungen erfüllen. In Europa setzt sich die schwedische NUTEK (National Board for Industrial and Technical Development) für die Energiesparnormen ein.

Für die ICL-Produkte wurde das intelligente Power-Management entwickelt, das integraler Bestandteil aller neuen Gerätefamilien sein wird. Der Schutz der Umwelt und der sorgsame Umgang mit natürlichen Ressourcen ist aber nicht nur im internen Kreislauf der ICL Verpflichtung, sondern wird auch von Zulieferern und Partnern verlangt, die unmittelbaren Einfluß auf die Fertigung, den Transport und den Vertrieb der Produktlinien haben. In Zusammenarbeit mit Kunden werden Möglichkeiten ausgelotet, wie das Umweltbewußtsein geweckt und die Durchführung von Schutzmaßnahmen gefördert werden kann.

Seit 1990 ist bei der deutschen ICL das Recyclingsystem wichtiges Segment des Produktportfolios, das auch von den Kunden überdurchschnittlich gut angenommen wird. Hier trägt die Aufklärungsarbeit von Naturschützern und engagierten Vertretern der Industrie erste Früchte, denn das Bewußtsein der Öffentlichkeit für die Wichtigkeit der sachgerechten Entsorgung von Computerschrott ist geschärft worden.

ICL trat auf der CeBIT 1990 erstmals mit seinem Recyclingkonzept an die Öffentlichkeit und stieß bei den Anwendern auf reges Interesse. Der Benutzer akzeptiert mittlerweile auch, daß sachgerechte Entsorgung bei dem heute anfallenden Computerschrottvolumen nicht mehr kostenlos durchgeführt werden kann.

Bei ICL ist die Rücknahme der Altgeräte bereits Teil des Angebots und wird bei erfolgreichem Abschluß auch Inhalt des Liefervertrages. Am liebsten ist dabei natürlich die Rücknahme von eigenen Geräten, denn deren Inhaltsstoffe und Zusammensetzung sind bekannt, deren Entsorgung somit kein Problem. Fremdware wird aber, nach einer sorgfältigen Prüfung, ebenfalls angenommen und sachgerecht entsorgt.

Um die Umweltbelastung beim Transport möglichst gering zu halten, versucht man, den Abholtermin für Altgeräte möglichst mit der Anlieferung der Neugeräte zu kombinieren, damit der Lieferwagen keine unnötigen Touren fahren muß. Vom Kunden geht der Transport direkt zum Recycler, was sich positiv auf die Kostenstruktur auswirkt, da keine Zwischenlagerung notwendig ist.

Personal Computer, Bildschirme, Tastaturen, Arbeitsplatzdrucker, sowie Terminals werden zu festgelegten Stückpreisen verwertet. DV-Großgeräte werden je nach Größe und Beschaffenheit zum Kilopreis berechnet.

5 Entsorgen will gelernt sein

Das Recycling von elektronischen und elektrischen Systemen ist, wie bereits mehrfach erwähnt, ein äußerst komplexer Arbeitsablauf. In der Regel wurde bislang bei der Konzeption von Maschinen in erster Linie darauf geachtet, daß eine weitestgehend automatisierte Fertigung möglich und eine langfristige Nutzung garantiert war. Dem Lebensende der elektronischen Helfer, deren Zerlegung und der möglichen Wiederverwertung von Bestandteilen wurde lange Zeit keinerlei Aufmerksamkeit geschenkt, was sich jetzt ändert.

Im Rahmen der „Zukunftsinitiative Rheinland Pfalz“ (ZIRP) wurde ein Projekt aus der Taufe gehoben, das von der deutschen ICL angeregt und mitgetragen wird. An der Universität Kaiserslautern ist ein Lehrstuhl für „Entfertigung“ eingerichtet worden, der sich mit allen Aspekten der Zerlegung und des Recyclings von Industriegütern auseinandersetzt. Die daraus gewonnenen Erkenntnisse sollen es einer neuen Generation von Designern und Konstrukteuren ermöglichen, die Problematik der Entsorgung und Verwertung von Altgeräten zu erfassen. Nur wer weiß, welche Arbeitsschritte notwendig sind, um einen Bildschirm oder eine Tastatur zu zerlegen, kann bereits in der Entstehungsphase eines Computers solche Materialien und Verbindungsteile einsetzen, die am Ende des Lebenszyklus eine schnelle, sachgerechte Zerlegung ermöglichen. Die Verwendung von möglichst wenig unterschiedlichen Materialien garantiert dafür, daß der höchstmögliche Anteil von Reststoffen in den Wirtschaftskreislauf zurückgeführt werden kann. Einfache Schnappmechanismen für die Zusammensetzung der Einzelteile erlauben eine manuelle Zerlegung mit nur wenigen Werkzeugen oder machen deren Einsatz völlig überflüssig.

Mit Beginn des Sommersemesters 1995 wird der Lehrstuhl für Entfertigung seine Tätigkeit aufnehmen. Unter der Schirmherrschaft von ZIRP, die das Projekt finanziell mitträgt, werden Studenten mit modernen Design- und Fertigungstechniken vertraut gemacht. Materialkunde und die vielfältigen Möglichkeiten der Wiederverwertung von Stoffen spielen bei der Ausbildung der Designer und Konstrukteure eine wichtige Rolle.

Für die seriösen und professionellen Recycler bedeutet die Zielsetzung des Lehrstuhls eine erhebliche Erleichterung ihrer heutigen Arbeit, denn zukünftige Gerätegenerationen werden sehr viel umweltfreundlicher gebaut sein, was die Zerlegung vereinfacht.

Die schwarzen Schafe der Elektronikschrottbranche gehen allerdings schweren Zeiten entgegen, denn das Geschäft mit dem Computerschrott, der heute noch schwarz über diverse Grenzen verschoben wird, gehört schon in wenigen Jahren der Vergangenheit an. Sämtliche Bestandteile von elektronischen Geräten, die von zukünftigen Designergenerationen entwickelt werden, sind wiederverwertbar und werden nicht mehr auf obskuren Mülldeponien verrotten müssen, sondern im Wirtschaftskreislauf zu neuem Leben erwachen.

6 Recyclingerfahrungen werden in Produkte umgesetzt

Entscheidungen, die von Designern bei der Entwicklung eines Produktes getroffen werden, haben einen wichtigen Einfluß auf die lebenslangen Umweltfolgen von Produkten. Die Umweltverantwortung beginnt daher am Zeichenbrett, denn bereits hier werden die Weichen für ein rationelles und umweltgerechtes Recycling gestellt. Es ist ein wichtiger Teil des Produktkreislaufes und muß daher von Anfang an in alle Planungen mit einbezogen werden.

Gleichzeitig dürfen die Umweltfolgen eines Produktes während seiner gesamten Lebensdauer nicht aus dem Auge verloren werden. Das beginnt bei der Gewinnung der Rohstoffe und endet mit der Abfallbeseitigung und dem Recycling.

Die Konzeption eines Produktes gilt heute als gelungen, wenn es verschiedene Kriterien erfüllt. Dazu gehört seine effiziente Herstellung, die Verwendung geeigneter Materialien, eine einfache Handhabung, hohe Sicherheit sowie ein gutes Preis-Leistungs-Verhältnis und ein ansprechendes Design. Die Umweltverträglichkeit eines Produktes ist ein neuer Faktor, der inzwischen fester Bestandteil der Kriterienliste geworden ist, denn es genügt nicht mehr, innovative, hochtechnologische und preisgünstige Produkte herzustellen.

Umweltverträglich ist ein Produkt, wenn die Umweltschäden bei seiner Herstellung, Verwendung oder seiner Beseitigung so gering wie möglich gehalten werden. Die Herstellung, Verwendung und Beseitigung der Produkte darf keinen unproportional hohen Energie- und Rohstoffverbrauch mit sich bringen. Im Hinblick auf den Abfall sollten die Lebenszyklen von umweltfreundlichen Produkten möglichst lang sein und die Verpackung sich auf das absolut nötige Minimum beschränken.

Bei ICL wurden die Anforderung der Weltkommission für Umweltschutz und Entwicklung mit den Erfahrungen aus dem Recycling zusammengeführt und in einer neuen Produktfamilie umgesetzt, dem Öko-Pc ErgoPro. Er feierte auf der CeBIT ´93 eine vielbeachtete Premiere. Schon bei der Konstruktion des ErgoPro wurde Wert darauf gelegt, daß die spätere Zerlegung mit wenigen Handgriffen, ohne aufwendige Hilfsmittel erfolgen kann.

Hohe Qualität durch den Einsatz modernster Techniken und eine niedrige Umweltbelastung standen und stehen bei der Produktion der ErgoPro-Linie im Vordergrund. Oberstes Gebot ist es dabei, nur wenige, dabei unschädliche und umweltfreundliche Materialien einzusetzen. So wird völlig auf bromierte Flammschutzhemmer verzichtet, die bei der Verbrennung Furane bilden. Seit 1990 wird nicht nur bei der Öko-Linie, sondern bei sämtlichen Rechnern, die bei ICL das Band verlassen, auf solche bromierte Flammschutzhemmer verzichtet. Beim ErgoPro ging man noch einen Schritt weiter, denn der Öko-Pc enthält keinerlei Flammschutzhemmer mehr. Konstruktive Änderungen, wie eine veränderte Anordnung der integrierten Komponenten und der Einsatz eines EMS (electro magnetic shield), lassen dies heute zu. Auch Kondensatoren mit PCB oder Cadmium wurden durch umweltverträgliche Komponenten ersetzt.

Ein weiterer wichtiger Aspekt, der einen Öko-Pc ausmacht, ist die Minimierung der eingesetzten Materialien. Vor allem die Anzahl der eingesetzten Kunststoffe sollte so niedrig wie möglich gehalten werden. Zwar lassen sich Kunststoffe grundsätzlich wiederverwerten, aber schon ihre Bestimmung ist kein Kinderspiel. Außerdem vertragen sich verschiedene Kunststoffarten bei der Verarbeitung nicht mit anderen, können also auch nicht gemeinsam verwertet werden. Beim ErgoPro kommen mit ABS oder Polycarbonat nur zwei hochwertige Thermokunststoffe zum Einsatz, die sich darüber hinaus auch noch problemlos recyceln lassen.

Die Kompatibilität der eingesetzten Kunststoffe spielt während des gesamten Lebenszyklus eines Gerätes eine entscheidende Rolle. Das beginnt bereits bei der Herstellung der Geräte, da sich miteinander harmonisierende Grundstoffe wesentlich einfacher verarbeiten lassen. Dadurch wird der Produktionsablauf verkürzt und vereinfacht, was die Umweltressourcen unmittelbar schont, denn kurze Produktionszyklen beanspruchen weniger Energie, weil die Fabrikationsbänder und elektronischen Werkzeuge wesentlich effizienter eingesetzt werden können.

Beim Einsatz von wiederverwertbaren Kunststoffen steigt nach dem Ablauf des Computerlebens zudem die Menge der verfügbaren, hochwertigen Recyclate, die dann für neue Produkte verwendet werden können. Die erhöhte Verfügbarkeit solcher Reststoffe drückt die Preise und erhöht damit die Bereitschaft der Hersteller, solche Recyclate verstärkt bei neuen Produktionslinien einzusetzen. Auch bei der Herstellung von Computern ist vorgesehen, recycelte Kunststoffe für die Gehäuse einzusetzen.

Bei den skandinavischen Produktionsstätten der ICL, die maßgeblich für die Produktion der Öko-Pcs verantwortlich sind, laufen dazu bereits Testreihen. Als Handicap erwies sich dabei lediglich die Tatsache, daß Recyclate in Skandinavien nicht in ausreichender Menge verfügbar waren, als mit den Tests begonnen werden sollte. Dieses Problem ist mittlerweile behoben, und so ist zu erwarten, daß die nächsten Modelle des ErgoPro bereits mit Gehäusen auf den Markt kommen, die aus neuwertigen und recycelten Kunststoffen bestehen.

Neue Befestigungsmethoden stecken bei der Computerproduktion noch in den Kinderschuhen. Nach wie vor werden die Komponenten und das Gehäuse durch eine Fülle von Schrauben, teils unterschiedlicher Größe, zusammengehalten. ICL setzt bei der Montage des Öko-Pc ErgoPro voll auf die moderne Snap-on-Technik, die nicht nur die Herstellung, sondern auch die Demontage eines Rechners erheblich vereinfacht. Während beispielsweise die letzte PC-Generation noch mit circa 27 Schrauben zusammengehalten wurde, konnte diese Zahl beim Öko-Pc auf wenige reduziert werden. Auch die Hauptplatine der ErgoPro-Modelle ist nach der Snap-on-Technik montiert, was das Herausnehmen der Platine aus dem PC erheblich vereinfacht.

Wichtigste Bedingung für das sinnvolle, ökonomische und ökologische Recyceln von Kunststoffen ist eine detaillierte Kennzeichnung aller eingesetzten Kunststoffteile. Ohne diese Charakterisierung wird es in Zukunft keinen zweckmäßigen Rohstoffkreislauf für Kunststoffe geben. ICL greift bei der Kennzeichnung für die ErgoPro-Komponenten, die aus Kunststoffen bestehen, auf das amerikanische SPI-System zurück, das sich weltweit inzwischen zum Standard gemausert hat. Es erlaubt eine genaue Identifizierung der Kunststoffe und erleichtert dadurch die Zerlegung der Geräte.

Ein weiterer Aspekt für die Herstellung eines recyclinggerechten

Computers ist die Vermeidung der gemeinsamen Nutzung von Metallhülsen und Kunststoffen. Durch die Verschmelzung beider Materialien entstehen Verbundstoffe, die sich nicht recyceln lassen. Folglich ist keine Rückführung in den Verwertungskreislauf möglich, und für diese Verbundmaterialien bleibt als Endstation nur die Mülldeponie. Auch hier schafft die Snap-on-Technik Abhilfe, denn Computer, die so zusammengesetzt werden, benötigen keine Metallhülsen mehr.

Der modulare Aufbau eines Rechners mit neuesten Montagetechnologien wirkt sich auch unmittelbar auf die Reparaturarbeiten und deren Kosten aus, denn der Zeitaufwand, den ein Servicetechniker bei der Wartung für die Demontage und Montage benötigt, sinkt drastisch.

Auch für den Anwender eröffnet die unkonventionelle Architektur des ErgoPro neue Perspektiven, denn die Aufrüstung und Erweiterung des Rechners wird erheblich vereinfacht. Durch die Snap-on-Technik ist jeder Anwender in der Lage, seinen ErgoPro mit wenigen Handgriffen zu öffnen, ohne daß er dabei kostspieliges Spezialwerkzeug einsetzen muß.

7 Mit kostbaren Energiequellen sorgfältig umgehen

Ganz oben auf der Liste der Bewertungskriterien für einen umweltfreundlichen PC steht dessen Stromverbrauch. Ein hoher Energieverbrauch schlägt sich nicht nur unmittelbar auf die Kosten nieder, sondern beeinflußt auch die Lebensdauer eines Elektrogerätes negativ, denn der Verschleiß der Rechnerkomponenten wird dadurch beschleunigt.

So kann sich bei Dauerbetrieb der Bildschirminhalt quasi in die Phosporbeschichtung auf der Innenseite des Monitors einbrennen, wodurch dieser unbrauchbar wird. Beim Nonstopbetrieb eines Gerätes bauen sich zudem um den Monitor elektromagnetische Felder auf, die sich gesundheitsschädigend auswirken können. Das unerwünschte Aufheizen der Maschine führt außerdem nicht selten zu einer Überbeanspruchung der integrierten Lüftersysteme, was sich negativ auf den Geräuschpegel und die Temperatur des Arbeitsraums auswirkt, in dem das Gerät steht.

Um dieser unnötigen Verschwendung von kostbarer Energie einen Riegel vorzuschieben, hat ICL ein intelligentes Power-Management entwickelt, das in Zukunft integraler Bestandteil aller PC-Familien sein wird, die eine ICL-Produktionsstätte verlassen. Das intelligente Stromversorgungsmanagement PowerMaster entspricht den NUTEK-Spezifikationen 803299/92-93 zur energiesparenden Stromversorgung und wird direkt auf dem Öko-Pc installiert. Zu den Leistungsmerkmalen des Produktes gehört ein Stromsparmodus für die Festplatte. Er wird über die ICL-eigene BIOS-Plattform aktiviert und reduziert den Stromverbrauch und gleichzeitig den Geräuschpegel der Festplatte.

PowerMaster koordiniert auch die Arbeitsleistung des integrierten Lüfters, wobei sich dessen Geschwindigkeit automatisch der benötigten Kühlleistung anpaßt. Dabei ist er extrem leise.

Angesprochen wird das Power-Management über eine grafische Benutzerschnittstelle, wobei bereits bei der Inbetriebnahme des Gerätes der Zeitraum bestimmt werden kann, nach welchem das Gerät in den Stromsparmodus verfallen soll. In dieser Phase lassen sich weder Maus noch Tastatur benutzen. Nach einer weiteren frei konfigurierbaren Periode verfällt das Gerät in den „Stand-by-Modus“, bei dem der Elektronenstrahl und alle Stromkreise abgeschaltet werden, die CRT-Kathode aber aktiv bleibt, was eine schnelle Reaktivierung ermöglicht. Nach weiteren 27 Minuten fällt der Rechner dann softwaregesteuert in eine Art „Tiefschlaf“, der auch die CRT-Kathode deaktiviert und nur noch die Weckkomponenten mit Strom versorgt. Die Reaktivierung aus dieser Phase dauert rund zehn Sekunden – dann ist der Öko-Pc wieder betriebsbereit. Die Weckfunktion wird aus jedem Modus heraus per Mausklick oder durch das Betätigen der Tastatur aktiviert.

Während der Stromverbrauch im Normalbetrieb bei bis zu 160 Watt liegt, reduziert er sich in der ersten Sparstufe bereits auf unter 30 Watt und sinkt in der 2. Stufe, der „Tiefschlafphase“ auf unter 8 Watt.

PowerMaster erlaubt ein ergonomisches Arbeiten mit der neuen Computergeneration. Gleichzeitig minimiert er den Stromverbrauch und die Wärmeabgabe des Gerätes. Interne Lüfter, ruhiggestellte Festplatten und Floppy-Laufwerke reduzieren den Geräuschpegel in der Büroumgebung. Die gedrosselte Stromzufuhr und die geringere Hitzebelastung erhöhen gleichzeitig den Lebenszyklus der einzelnen Rechnerkomponenten.

8 Öko-Preise für PCs

Mit dem ErgoPro Öko-Pc hat ICL den Schritt hin zu einer neuen Computergeneration gewagt, die den heutigen Anforderungen an umweltgerechte Produkte entspricht. Daß dieser Weg richtig war, beweisen nicht nur die Öko-Pcs anderer Hersteller, sondern vor allem die Aufmerksamkeit von wichtigen nationalen und internationalen Gremien und Umweltorganisationen, die mittlerweile die DV-Welt ins Visier genommen haben.

Zahlreiche Computertests und Computeranalysen von Umweltvereinigungen sind inzwischen publiziert worden und sollen der Verbraucheraufklärung dienen. Nur wenige Umweltorganisationen haben aber wirklich die technischen Möglichkeiten, sich intensiv mit der Materie „Öko-PC“ auseinanderzusetzen und die Herstellerangaben auf Herz und Nieren zu prüfen.

In der Schweiz hat sich unter dem Dach des „Information Center Managers Forum“, kurz ICMF, eine Arbeitsgruppe formiert, die gemeinsam Kriterien für umweltgerechte Produkte am Arbeitsplatz erarbeitet hat, die als Grundlage für eine objektive Bewertung dienen sollen. Jährlich werden die von den Mitgliedern ausgewählten Produkte (Bildschirm, PC und Drucker) mit einem Öko-Preis ausgezeichnet. Zusätzlich wird ein Preis für das beste Umweltgesamtkonzept eines Herstellers verliehen.

Die Kriterien für die Vergabe des Preises sind der Einbezug eines möglichst breiten Spektrums von Ökologieüberlegungen, wie:

- Herstellung (Material, Produktion, Recycelbarkeit),
- Anlieferung (Verpackung, Transport),
- Betrieb (Energieverbrauch, Lebensdauer, Emissionen),
- Störungsfall (Umfang, Reparaturfähigkeit, Entsorgung),
- Außerbetriebnahme (Recycling, Entsorgung).

Daneben wird die ökologische Grundhaltung der Anbieter berücksichtigt und Umweltauszeichnungen internationaler Gremien, wie der Energy Star der EPA in den USA oder die Energie-Vignette, die von der schwedischen Vereinigung professioneller IT-Anwender vergeben wird. Ein wichtiger Punkt für die Beurteilung ist auch die Wirtschaftlichkeit eines Produktes, das sich um den Schweizer Öko-Preis bewirbt. Zur Konkurrenz sind nur solche Produkte zugelassen, die tatsächlich auf dem Markt verfügbar sind. Absichtserklärungen der Hersteller oder Produktutopien haben bei den Schweizer Juroren keine Chance.

Alle Hersteller der DV-Industrie, die ein umweltgerechtes elektronisches Arbeitsgerät im Produktportfolio haben, können sich um den Schweizer Öko-Preis bewerben, der 1993 erstmals vergeben wurde. In der Kategorie PC wählte die Jury den ErgoPro D4 xgi von ICL, bei den Monitoren trug der ErgoPro VE15C den Öko-Preis nach Hause, und das unternehmensweite Umweltkonzept von ICL wurde ebenfalls mit dem Siegespreis ausgezeichnet. Damit sieht ICL sein Engagement zum Umweltschutz durch die Schweizer Juroren eindrucksvoll bestätigt.

Derzeit zählt das ICMF etwa 100 Mitgliedsfirmen aus allen Wirtschaftsbereichen der Schweiz. Die Manager, die von ihren Unternehmen in das für die Preisverleihung zuständige Forum der Juroren entsandt werden, sind samt und sonders verantwortlich für die Beschaffung, Installation und Betreuung der Informatikgeräte, die an den Arbeitsplätzen eingesetzt werden. Ihr Einkaufsvolumen entspricht rund 60 bis 80 Prozent des schweizerischen Marktes für professionelle PC-Systeme.

In der Projektgruppe „Öko-Preis“ arbeiten daneben auch Vertreter der Entsorgungs- und Abfallwirtschaft sowie Mitglieder der Forschungsgruppe Energieanalysen an der Eidgenössischen Technischen Hochschule in Zürich (ETH).

9 Umweltengel für Computer

In Deutschland hat sich der „Blaue Engel“ als Zeichen für umweltgerechte Produkte seit 1977 einen festen Platz erobert. Die Umweltminister des Bundes und der Länder autorisierten das RAL Deutsches Institut für Gütesicherung und Kennzeichnung e.V. in Sankt Augustin mit der Zuteilung des Zeichens.

Für die Vergabe des Umweltzeichens an Computerhersteller gibt es einen umfangreichen Kriterienkatalog. So muß die Antragstellung für den „Blauen Engel“ von der Produktionsstätte aus erfolgen. Im Falle ICL sind dies die Fabrikationsstätten in England und Finnland, da hier die Rechnerlinien des Hauses produziert werden.

Pro Gerätetyp muß ein Antrag gestellt werden, der zur Zeit mit jeweils 300 Mark zu Buche schlägt. Für die Prüfung der technischen Daten und Spezifikationen benötigt RAL rund drei Monate. Die Nutzung des begehrten Umweltzeichens wird umsatzabhängig noch einmal mit einer Gebühr zwischen 350 Mark und 3980 Mark jährlich belegt. Dazu kommt pro Jahr ein Werbekostenzuschuß von 20% des Jahresbeitrages. Der „Blaue Engel“ wird nur für Arbeitsplatzcomputer vergeben, die aus einer Steuereinheit, einer Tastatur und dem Monitor bestehen. Notebooks und Laptops sind von der Vergabe des Umweltzeichens noch ausgeschlossen.

Als Grundlage für die Auszeichnung von Computern mit dem „Blauen Engel“ dienen Kriterien wie die Langlebigkeit des Systems und seiner Komponenten, die recyclinggerechte Konstruktion, die Möglichkeit der Wiederverwendung und die Verwertung gebrauchter Produkte und Produktkomponenten. Der Bewertung der einzelnen Computersegmente liegen verschiedene Prüfsteine zugrunde. Dazu gehört bei der Steuereinheit der modulare Aufbau, der dem

Benutzer den Austausch von Modulen ermöglicht, ohne daß er dafür Spezialwerkzeuge benötigt. Auch der Wechsel von integrierten Speichermedien sollte leicht möglich sein, wenn eine Kapazitätssteigerung nötig wird. Sämtliche Schritte zur Modifizierung des Computers müssen in der Bedienungsanleitung dokumentiert sein.

Strengen Vorgaben haben die zur Auszeichnung vorgesehenen Monitore zu entsprechen. Dazu gehört eine cadmiumfreie Bildröhre und die Erfüllung der Röntgenverordnung. Genaue Richtlinien gibt es auch für das eingesetzte Material und den Stromverbrauch der Komponenten. Zu den Prüfkriterien gehört zusätzlich das Konzept, das ein Unternehmen für die Verpackung und den Transport sowie das Recycling und die Wiederverwertung von Produkten hat.

Auch die schriftliche Dokumentation, die dem RAL vorgelegt wird, muß die Aspekte des Umweltschutzes erfüllen. Sie darf nur auf chlorfrei gebleichtem Papier gedruckt sein, denn sonst rückt der begehrte Engel in unerreichbare Ferne.

10 Umweltengagement wird manifestiert

ICL will im Bereich Umweltschutz seiner Vorreiterrolle auch in Zukunft gerecht werden. Das Unternehmen deckt technologische Standards, wie „Offene Systeme", und Organisationsstandards, wie etwa die ISO 9000 Norm, bereits ab. Diese Richtlinien werden weltweit auf die gesamte Organisation und die Verbesserung von Umweltbelangen ausgeweitet. Dazu gehört beispielsweise ein Programm, das eine interne, umweltgemäße Überprüfung von Standorten in Großbritannien und Resteuropa vorsieht. Zu diesem Zweck sollen auch externen Prüfungsgremien die Firmentore geöffnet werden.

Den strengen Umweltanforderungen, die man sich intern auferlegt, müssen in Zukunft auch die Zulieferer entsprechen. Dazu wird ICL seine akkreditierten Lieferanten bei der Registrierung für die BS 5759-Norm, den Standard für das Total Quality Management, unterstützen.

Zielsetzung des Unternehmens ist es, so schnell wie möglich alle Anforderungen der Energy Efficiency Office´s Declaration of Commitment zu erfüllen, bei dessen Unterzeichnung ICL sich verpflichtet hat, ein verantwortungsbewußtes Energiemanagement zu betreiben und im Interesse künftiger Generationen die vorhandenen Ressourcen der Natur schonend zu behandeln.

Kapitel VII

Das VAW-Umweltschutzsystem – integrierter Baustein der Unternehmensstrategie –

Franz-Rudolf Brenk

1 Der VAW-Konzern – Ein Überblick

Die VAW aluminium AG, ein Unternehmen der VIAG-Gruppe, ist mit einem Umsatz von knapp 5 Mrd. DM und rund 14.000 Mitarbeitern eine der führenden Aluminiumgesellschaften Europas und Marktführer in Deutschland. Das Unternehmen liefert seine Produkte, vornehmlich Walz- und Preßerzeugnisse sowie Formgußteile, vor allem in die Zielmärkte Verpackung, Verkehr und Bau. Der Schwerpunkt der Aktivitäten liegt auf spezialisiertem Halbzeug, zum Teil reicht die Fertigungstiefe bis zu Endprodukten. Zur Versorgung der Verarbeitungsbetriebe greift VAW auf eigene Metallressourcen (Primär- und Sekundäraluminium) zurück.

Unterstützt werden Produktion und Vertrieb durch die zentrale Forschung und Entwicklung in Bonn.

2 Der Weg zum VAW-Umweltschutzsystem

2.1 Die Ausgangslage allgemein

Seit den 70er Jahren wird dem Umweltschutz sowohl politisch als auch in der Öffentlichkeit immer größere Bedeutung beigemessen. Dies hat insbesondere Auswirkungen auf die Industrie, die ebenfalls in den 70er Jahren mit ersten konkreten Umweltschutzgesetzen konfrontiert wurde.

Überwog am Anfang der Schutzgedanke bei der Gesetzgebung, so trat im Laufe der Jahre der Vorsorgegrundsatz in den Vordergrund. Das geänderte Umweltbewußtsein in der Bevölkerung führt zunehmend mehr zu einem Handlungsdruck bei politischen Entscheidungsträgern, die ihrerseits mit einer immer komplexeren Umweltgesetzgebung reagieren.

Aufwendige Maßnahmen zur Minimierung der Emissionen waren die Folge. Für VAW bedeutete dies z. B. umfangreiche Nachrüstungen an allen Anlagen zur Herstellung und Verarbeitung von Aluminium.

Allein für die Modernisierung von Aluminiumhütten wurden Investitionen in Höhe von 200 Mio. DM erforderlich.

1993 investierte VAW 154 Mio. DM in Umweltschutzmaßnahmen. Dabei handelte es sich sowohl um Investitionsprojekte zur Vermeidung und Verringerung von Umweltbelastungen aus der Produktion als auch um laufende Kosten des Betriebes der Umweltschutzeinrichtungen.

Mittlerweile können jedoch technische Maßnahmen zur Emissionsverminderung als weitestgehend abgeschlossen betrachtet werden, so daß organisatorische Maßnahmen mehr und mehr an Bedeutung gewinnen. Dies kommt auch in der Umweltschutzgesetzgebung zum Ausdruck.

So ist beispielsweise in der jüngsten Novellierung des Bundes-Immissionsschutzgesetzes ein neuer Paragraph 52a (siehe Kasten „§52a Mitteilungspflichten zur Betriebsorganisation") eingeführt worden, nach dem den zuständigen Behörden anzuzeigen ist, welches Mitglied des vertretungsberechtigten Organs die Pflichten des Betreibers von genehmigungsbedürftigen Anlagen wahrzunehmen hat.

Weitere Beispiele für diese Entwicklung sind das Umwelthaftungsgesetz, das wie bei der Produkthaftung auf dem Wege der Verschuldensvermutung dem in Frage kommenden Verursacher eine Haftung für vermutete Umweltschäden zuordnet, und die EG-Auditverordnung über die freiwillige Beteiligung gewerblicher Unternehmen an einem Gemeinschaftssystem für das Umweltmanagement und die Umweltbetriebsprüfung.

§ 52a Mitteilungspflichten zur Betriebsorganisation

(1) Besteht bei Kapitalgesellschaften das vertretungsberechtigte Organ aus mehreren Mitgliedern oder sind bei Personengesellschaften mehrere vertretungsberechtigte Gesellschafter vorhanden, so ist der zuständigen Behörde anzuzeigen, wer von ihnen nach den Bestimmungen über die Geschäftsführungsbefugnis für die Gesellschaft die Pflichten des Betreibers der genehmigungsbedürftigen Anlage wahrnimmt, die ihm nach diesem Gesetz und nach den auf Grund dieses Gesetzes erlassenen Rechtsverordnungen und allgemeinen Verwaltungsvorschriften obliegen. Die Gesamtverantwortung aller Organmitglieder oder Gesellschafter bleibt hiervon unberührt.

(2) Der Betreiber der genehmigungsbedürftigen Anlage oder im Rahmen ihrer Geschäftsführungsbefugnis die nach Absatz 1 Satz 1 anzuzeigende Person hat der zuständigen Behörde mitzuteilen, auf welche Weise sichergestellt ist, daß die dem Schutz vor schädlichen Umwelteinwirkungen und vor sonstigen Gefahren, erheblichen Nachteilen und erheblichen Belästigungen dienenden Vorschriften und Anordnungen beim Betrieb beachtet werden.

War Umweltschutz in der Vergangenheit für die Mehrzahl der Unternehmen eher ein lästiges Muß, so setzt sich in jüngster Zeit zunehmend die Einsicht durch, daß umweltgerechtes Produzieren und umweltverträgliche Produkte Voraussetzung für eine langfristige Existenzsicherung sind. Vor allem dort, wo Umweltschutz einhergeht mit offensichtlicher Wirtschaftlichkeit, wie dies in der Regel beim Abfall- und Reststoffmanagement der Fall ist, sind die größten Fortschritte zu verzeichnen.

Vor diesem Hintergrund entstand bei VAW die Idee, ein Umweltschutzsystem zu schaffen, mit dem die Führungskräfte in die Lage versetzt werden sollen, Umweltschutzanforderungen umfassend und rechtskonform bei Planungs-, Durchführungs- und Überwachungsarbeiten zu berücksichtigen. Diesem Anspruch konnte das bisherige Umweltschutzinstrumentarium, das sich vorwiegend dem anlagen-

und produktbezogenen Umweltschutz widmete, nicht gerecht werden.

2.2 Der Weg zum System

Der lange Weg zum VAW-Umweltschutzsystem von ersten Visionen bis zum konkreten Ziel läßt sich grob in fünf Schritte gliedern (Abb.1). Der jeweilige Zeitrahmen für die einzelnen Schritte ist der Abbildung zu entnehmen.

Abb. VII–1: Fünf Schritte zur Entwicklung des VAW – Umweltschutzsystems

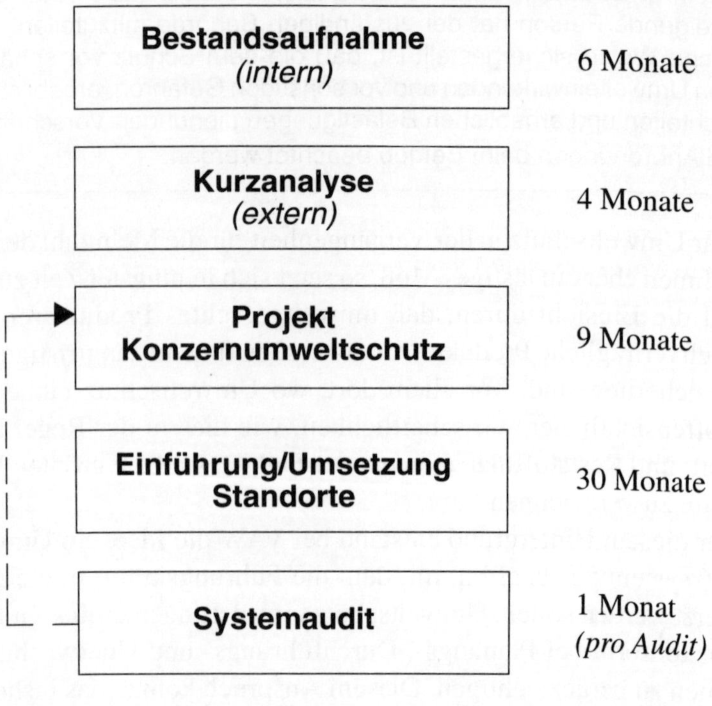

Der erste Schritt, der auch als Bestandsaufnahme des Ist-Zustandes bezeichnet werden kann, war geprägt von zahlreichen Diskussionen und Workshops. Ein Arbeitskreis „VAW Umweltschutzsystem“ hatte es sich zur Aufgabe gemacht, den Ist-Zustand zu analysieren, ein Konzept für das System zu erarbeiten und Argumente für die Motivation der Führungskräfte zusammenzustellen.

Der Arbeitskreis setzte sich aus „Umweltbeauftragten“ verschiedener Produktionsstandorte der VAW (Aluminiumproduktion, Preßwerk, Walzwerk und Folienveredlung) zusammen und gewährleistete somit einen Querschnitt über die gesamte Produktionspalette. Dies hatte zum einen den Vorteil, daß ein breites Fachwissen in die Diskussionen mit eingebracht werden konnte, zum anderen wurde dadurch die interne Kommunikation zwischen den Standorten auf Dauer erheblich verbessert.

Kurzanalyse (Zusammenfassung)

Betrieblicher Umweltschutz, also anlagen- bzw. produktbezogener Umweltschutz, wird bei VAW aluminium AG gelebt und in Teilbereichen auch dokumentiert, aber die Aufgabe „systembezogener Umweltschutz“, d. h. Festlegung und Dokumentation der entsprechenden Aufbau- und Ablauforganisation des Umweltschutzes, wird zur Zeit noch nicht ausreichend wahrgenommen.

Dadurch sind Organisationslücken erkennbar, d. h., Aufgabe, Kompetenz und Verantwortung für den betrieblichen Umweltschutz sind nicht durchgängig delegiert und dokumentiert.

Umweltschutzmanagement bedeutet die durchgängige Festlegung von Aufgabe, Kompetenz und Verantwortung für den Umweltschutz im Unternehmen, vom Vorstand bzw. den Geschäftsführungen, welche nach §52a BImSchG die Gesamtverantwortung tragen, bis zu den ausführenden Einheiten sowohl in der Aufbau- als auch in der Ablauforganisation.

Zur Erreichung eines einheitlichen Umweltschutzsystems für die gesamte VAW aluminium AG sollte ein übergeordnetes System geschaffen werden, das sowohl die rechtlich selbständigen als auch die rechtlich unselbständigen Standorte erfaßt.

Nach der Bestandsaufnahme des Ist-Zustandes wurde im Rahmen einer Kurzanalyse der betriebliche Umweltschutz an drei ausgewählten Standorten der VAW durch einen externen Berater analysiert. Ziel der Analyse war es, die bestehende Organisation des Umweltschutzes sowohl bei der Konzernmutter als auch an den untersuchten Standorten zu erfassen und darüberhinaus vor dem Hintergrund der neuen gesetzlichen Anforderungen zu prüfen, ob die vorhandenen VAW-Regelungen regelwerkskonform waren und somit eine ‚gerichtsfeste' Umweltschutzorganisation vorlag. Das Ergebnis (siehe Kasten „Kurzanalyse") belegt eindrucksvoll die Notwendigkeit eines systembezogenen Umweltschutzes für VAW.

Als dritter Schritt wurde das Projekt „Einführung eines konzernweiten Umweltschutzsystems" aufgelegt, mit dem Ziel, ein konzernweites Umweltschutzsystem zu erarbeiten und in einem Handbuch zu dokumentieren. Das Projektteam setzte sich aus 11 Beauftragten der VAW und drei Mitarbeitern einer Unternehmensberatung zusammen.

VAW und die Unternehmensberatung stellten je einen Projektleiter; zusätzlich wurde bei VAW ein Steuerungsgremium eingerichtet, das sich aus einem Mitglied des Vorstandes, dem Generalbevollmächtigten für Forschung und Entwicklung, Umwelt und Ökologie, dem Konzernbeauftragten für Immissionsschutz und zwei Werksleitern zusammensetzte. Vor Beginn des Projektes wurde die Aufgabenverteilung zwischen dem VAW-Team und den Beratern vereinbart sowie ein grober Zeitplan festgelegt.

Danach gestaltete sich die Aufgabenverteilung wie folgt:

<u>Aufgaben der Berater:</u>

- Stellen eines Projektleiters (Unternehmensberatung) und des Moderators,
- Vorbereitung des Arbeitsplanes vor der ersten Sitzung,
- Administration des Projektes,

- Projektgesamtplanung (zusammen mit VAW),
- Erstellung einer Projektmappe und eines Projektheftes,
- Erstellung einer Suchliste für Unterlagen,
- Prüfung auf Einheitlichkeit und Konformität mit externen Regelungen,
- Einbringen von Know-how,
- Erstellung des Handbuches auf Grundlage abgestimmter Unterlagen,
- Überprüfung des Handbuchentwurfes,
- Moderation/Leitung der Workshops,
- Zwischenpräsentationen und abschließende Präsentation des Handbuches vor dem Steuerungsgremium.

Aufgaben des VAW-Teams:

- Projektorganisation,
- Benennung eines Projektleiters (VAW), des Projektteams und des Steuerungsgremiums,
- Organisation von Workshops und Hilfsmitteln,
- Planung, Steuerung des Projektes (zusammen mit der Unternehmensberatung),
- Ermittlung und Bereitstellung erforderlicher Daten, Informationen, Unterlagen,
- Bearbeitung und Abstimmung der Unterlagen für das Handbuch,
- Unterstützung und Beteiligung durch den VAW-Projektleiter bei Präsentationen.

In 7 zweitägigen Workshops wurden die Aufbauorganisation sowie 20 Konzernrichtlinien gemeinsam diskutiert und als Ergebnis in

Form eines Konzernhandbuches „Umweltschutz" dokumentiert. Entwürfe für die einzelnen Richtlinien wurden jeweils zwischen den Workshops von Fachkoordinatoren (Mitglieder des VAW-Projektteams) erstellt.

Nach Fertigstellung des Umweltschutzsystems wurde dieses vom Vorstand der VAW verabschiedet und für alle rechtlich unselbständigen Standorte der VAW aluminium AG in Kraft gesetzt; für rechtlich selbständige Standorte wurde die Einführung des Systems empfohlen.

Die Einführung und Umsetzung des VAW-Umweltschutzsystems in allen Standorten der VAW stellt den sicherlich aufwendigsten und langwierigsten Schritt dar. Zunächst waren alle Führungskräfte der Standorte mit diesem System vertraut zu machen und von der Notwendigkeit und dem Nutzen für VAW und den Standort zu überzeugen. Dazu wurde das System in Einführungsseminaren vom Projektleiter vorgestellt und gemeinsam mit allen Standortverantwortlichen diskutiert. Nicht selten war dabei – verständlicherweise – zunächst eine kritische bis ablehnende Haltung feststellbar.

Speziell in wirtschaftlich schwierigen Zeiten, die gekennzeichnet sind von gravierenden Umstrukturierungsmaßnahmen (Dezentralisierung, Lean Management, Kaizen usw.), fällt es schwer, Verständnis für den notwendigen zusätzlichen Arbeits- und Dokumentationsaufwand aufzubringen, ohne direkten finanziellen Nutzen daraus erzielen zu können. Gegenargumente wie „Das ist doch alles nur Theorie" oder „Personelle Engpässe zwingen uns, wichtigere Aufgaben voranzustellen", belegen, daß hier zunächst ein enormer Umdenkprozeß erforderlich ist, bevor die Vorteile eines Umweltschutzsystems für den betrieblichen Alltag erkannt werden.

Letztendlich lassen sich Verantwortliche jedoch in der Regel von der Notwendigkeit und dem Nutzen (und sei es nur der persönliche) immer dann überzeugen, wenn das persönliche Haftungsrisiko, das sich aus Zivil- und Umweltstrafrecht ergibt, angesprochen wird. Ähnlich wie eine Versicherung beugt das Umweltschutzsystem unliebsamen Überraschungen vor.

Die Umsetzung des Systems in den Standorten bedeutet, daß in Analogie zu dem Konzernhandbuch ein Standorthandbuch entwikkelt wird, in dem die Standards des Konzernhandbuches auf die Tätigkeiten vor Ort angewendet werden. Konkret heißt dies, daß zusammen mit der Aufbauorganisation Standortrichtlinien und -anweisungen, die sich an den Konzernvorgaben orientieren, in einem Standorthandbuch dokumentiert werden.

Es empfiehlt sich, wie erste Erfahrungen bei VAW zeigen, die Richtlinien und Arbeitsanweisungen für den Standort mit den jeweils Betroffenen gemeinsam zu erstellen, um so standortspezifisches Fachwissen mit einzubinden. Ein weiterer Vorteil liegt darin, daß die Akzeptanz für das Standortregelwerk erheblich verbessert wird.

Die Koordination und Steuerung des Systems am Standort wird bei VAW in der Regel von dem örtlichen Immissionsschutzbeauftragten bewerkstelligt, der gleichzeitig als „Motor" für die zügige Durchführung fungiert.

Wesentlich wichtiger als das Aufstellen des Regelwerkes ist das daran ausgerichtete konkrete Handeln. Hier bedarf es erheblicher Anstrengungen aller Verantwortlichen sowohl hinsichtlich der Motivation der Mitarbeiter als auch der Kontrolle. Neben bewährten Motivationsmaßnahmen (Publikationen, Informationsveranstaltungen, Wettbewerbe, gezielte Programme) ist insbesondere die interne Umweltbetriebsprüfung (Audit) ein Instrument, das Umweltschutzsystem „am Leben zu erhalten". Mit dem Umweltaudit werden in regelmäßigen Abständen Soll-/Ist-Vergleiche hinsichtlich der Systemvorgaben durchgeführt. Sie zeigen dem jeweiligen Umweltverantwortlichen Abweichungen vom System und dokumentieren somit die Funktionsfähigkeit des Systems. Vorgaben, in welcher Weise interne Betriebsprüfungen durchzuführen sind, finden sich in einer entsprechenden Richtlinie des Konzerns.

VAW wird nach Beendigung der Einführungsphase erste Systemaudits in den Standorten durchführen, um so ein Feedback über die praktische Umsetzung der Konzernvorgaben zu erhalten. Sollten sich dabei Richtlinien oder Teile von Richtlinien als unpraktikabel oder als veraltet (z. B. durch andere oder neue gesetzliche Vorschriften) erweisen, so werden diese den neuen Erkenntnissen angepaßt und, sofern die Änderungen gravierend sind, von einem Lenkungsausschuß verabschiedet. Der Lenkungsausschuß setzt sich aus Mitgliedern der obersten Führungsebene und dem Konzernbeauftragten zusammen.

Pflege und Weiterentwicklung des Umweltschutzsystems werden nach der Einführung als Daueraufgabe für den Systemmanager, der im Zentralbereich Umweltschutz des VAW-Konzerns angesiedelt ist, bestehen bleiben.

Durch die Systematisierung von Aufbau- und Ablauforganisation werden Einzelelemente des Umweltschutzes miteinander verbunden und somit in ihrer Gesamtheit für die Umweltschutzverantwortlichen überschaubar und beherrschbar gemacht.

3 Das Umweltschutzhandbuch – Dokumentations- und Steuerungselement

Das Umweltschutzhandbuch stellt in erster Linie eine Dokumentation der Umweltschutzaufbau- und -ablauforganisation dar. Darüber hinaus liegt dessen Bedeutung in der Steuerung und Vereinheitlichung des betriebsbezogenen Umweltschutzes an allen VAW-Standorten.

Bei VAW ist das Umweltschutzhandbuch in zwei einander ergänzende Regelwerke (Konzernhandbuch und Standorthandbuch) aufgeteilt. Das Konzernhandbuch beschreibt neben der Umweltschutzorganisation Vorgaben (Leitlinien, Konzernrichtlinien), die für den gesamten Konzern verbindlich sind; das Standorthandbuch geht in seinen Vorgaben (Standortrichtlinien, Betriebsanweisungen) auf die spezifischen Gegebenheiten des jeweiligen Standortes ein.

Neben einem Vorspann, der unter anderem die Verbindlichkeitserklärung des Vorstandes enthält, ist das Konzernhandbuch in drei Teile gegliedert (siehe Kasten „Inhaltsangabe des Konzernhandbuches").

Im ersten Teil des Handbuches sind die VAW-Umweltschutzleitlinien (siehe Kasten „Umweltschutzleitlinien") wiedergegeben, die auf den VAW-Unternehmensgrundsätzen aufbauen. Die Leitlinien sind als Handlungsmaxime für jeden Mitarbeiter der VAW zu verstehen. Bei der Erstellung der Leitlinien standen die Erreichbarkeit der darin formulierten Ziele und die Umsetzbarkeit in die Praxis im Vordergrund.

Das zweite Kapitel des Handbuches beschreibt die Aufbauorganisation des Konzerns; dies nicht nur in Form von Organigrammen oder Konzernübersichten, sondern auch mit Nennung der übergeordneten Umweltschutzaufgaben, -kompetenzen und -verantwortungsbereichen für Vorstand, Standortverantwortliche (Geschäftsführer, Geschäftsfeldleiter, Servicebereichsleiter) und die Beauftragtenorganisation. Die transparente Dokumentation der Umweltschutzorganisation ist wesentlicher Bestandteil des gerichtsfesten VAW-Umweltschutzsystems.

Der weitaus umfangreichste Teil des Handbuchs widmet sich den Konzernrichtlinien. Hier finden sich detaillierte Vorgaben, die von den jeweiligen Standortverantwortlichen umzusetzen und in Form von Standortrichtlinien und Betriebsanweisungen für Führungskräfte und Mitarbeiter des Standortes weiter zu konkretisieren sind.

Bei der Erstellung der Konzernrichtlinien wurde besonders Wert darauf gelegt, daß diese kurz, verständlich und in ihrem Aufbau gleichartig sind. Die Richtlinien beschreiben Mindestanforderungen für alle bereits durch Umweltgesetze und -verordnungen geregelten Bereiche wie Immissionsschutz, Gewässerschutz und Gefahrguttransport. Darüber hinaus enthält das Handbuch Richtlinien für gesetzlich nicht geregelte Bereiche wie Einkauf und Beschaffung oder Fremdfirmenbeauftragung.

Inhaltsangabe des Konzernhandbuches

Umweltschutzleitlinien

Führungsaufgabe Umweltschutz
Es ist Aufgabe aller Führungskräfte, bei den Mitarbeiterinnen und Mitarbeitern Verständnis und Aufgeschlossenheit für den Umweltschutz zu wecken und Voraussetzungen für die praktische Umsetzung zu schaffen.

Erfüllung gesellschaftlicher Anforderungen als Handlungsgrundsatz
Rechtliche Anforderungen zur Vorsorge für Umwelt und Gesundheit sind Grundlage unseres Handelns.
Die Anforderungen werden durch interne Richtlinien und Anweisungen ergänzt, deren Einhaltung wir durch regelmäßige Kontrollen sicherstellen.
Ziel ist es, unsere Anlagen entsprechend dem Stand der Technik zu betreiben.
Unsere Forschung dient der Weiterentwicklung des Standes der Technik.

Offene Informationspolitik
Wir betreiben eine offene Informationspolitik nach innen und außen, um das Vertrauen in unser verantwortungsvolles Handeln zu festigen.

Produkt- und Verfahrensentwicklung
Wir berücksichtigen bei der Entwicklung und Planung neuer Produkte und Produktionsverfahren ökologische Maßstäbe in gleicher Weise wie andere Anforderungen, die Markt und Gesellschaft an uns stellen.

Verbesserung der Umweltverträglichkeit
Wir verbessern in ständiger Entwicklungsarbeit die Umweltverträglichkeit unserer Produkte und Verfahren bis hin zum Recycling.

Ressourcenschonung: Aufgabe aller
Die Verwendung von Rohstoffen wird durch Verfahrensumstellungen, Wiederverwendung und Reststoffverwertung optimiert, um eine bestmögliche Ressourcenschonung zu erreichen.
Dabei fördern wir insbesondere das Bewußtsein unserer Mitarbeiterinnen und Mitarbeiter zum sparsamen Umgang mit Ressourcen.

Sichere Umwelt durch sichere Anlagen
Sicherheitskonzept unter Beachtung aller Standards sind Grundvoraussetzung für die Entwicklung und den Betrieb unserer Anlagen.

Kooperation als Basis
Wir fördern den internen und externen Dialog in Fragen des Schutzes der Umwelt. Wir arbeiten mit Behörden, Verbänden und der Wissenschaft offen und vertrauensvoll zusammen. Im offenen internen und externen Dialog stellen wir uns allen Fragen zu unserer unternehmerischen Umweltpolitik.

4 Die Bedeutung für VAW

Ständiger Wandel und strukturelle Veränderungen bestimmen das wirtschaftliche und gesellschaftliche Umfeld eines Unternehmens. VAW versteht es als Herausforderung, diesen Wandel als Chance zu nutzen.
In diesem Sinne stellt die Einführung des VAW-Umweltschutzsystems für den VAW-Konzern eine Neuorientierung im betrieblichen Umweltschutz als strategische Antwort auf den geänderten Stellenwert des Umweltschutzes dar. War das Umweltgeschehen in der Vergangenheit eher von der Reaktion (z. B. auf gesetzliche Umweltschutzanforderungen) bestimmt, so wird zukünftig die „eigenaktive" Gestaltung aller Umweltschutzbelange in den Vordergrund treten.

Im Rahmen einer ökologisch beeinflußten Unternehmensstrategie wird der betriebliche Umweltschutz bei VAW mehr und mehr zu einer Managementaufgabe werden, wobei das VAW-Umweltschutzsysteme sozusagen als Werkzeug und Richtschnur zugleich den Weg vorbereitet hat.

Nutzen des Umweltschutzsystems

- Sicherstellen und Nachweis der Einhaltung von Umweltvorschriften,
- Sicherstellen des genehmigungskonformen Betriebes,
- Verminderung der Gefahr von Rechtsstreitigkeiten,
- Minderung von Umweltrisiken (sowohl straf- und zivilrechtlich als auch finanziell),
- niedrige Versicherungsprämien,
- erhöhtes Umweltbewußtsein bei Verantwortlichen durch klare Regelungen,
- höhere Glaubwürdigkeit in der Öffentlichkeit,
- Erkennen von Verbesserungsmaßnahmen und Beseitigung von Mängeln
- Verbesserung der Umweltdatengrundlage

Die Schaffung des Umweltschutzsystems, die ohne Zweifel mit einem sehr hohen personellen und finanziellen Aufwand verbunden ist, bedeutet für VAW eine Investition für die Zukunft. Mit ihr lassen sich Risiken sowohl rechtlicher Natur (zivil- und strafrechtliche Verantwortung des Unternehmens bzw. der leitenden Angestellten) als auch finanzieller Art (Aufwendungen für die Beseitigung von Umweltschäden) auf ein Minimum reduzieren. Der direkte Nutzen des Umweltschutzsystems für VAW reicht von der Sicherstellung des genehmigungskonformen Betriebes bis hin zur Verbesserung der Umweltdatengrundlage (siehe Kasten „Nutzen des Umweltschutzsystems“).

Voraussetzung für eine effektive Umsetzung ist, daß sämtliche Bereiche des Unternehmens von dem System durchdrungen werden und alle im Umwelthandbuch dokumentierten Richtlinien konsequent im betrieblichen Alltag umgesetzt werden.

Die Integration des Umweltschutzes in die Unternehmensstrategie wird VAW auch langfristig die Chance für eine erfolgreiche Unternehmenszukunft bieten.

Kapitel VIII

Von der Entsorgung zum ganzheitlichen Produktionskreislauf – Ein Konzept für die Elektronikindustrie

Edwin Richter

1 Elektronikschrott in Deutschland

Die Diskussion über Vermeidung bzw. Wiederverwendung von Elektronikschrott wird mit der Einführung des Entwurfs einer „Verordnung über die Vermeidung, Verringerung und Verwertung von Abfällen gebrauchter elektrischer und elektronischer Geräte" (Elektronikschrottverordnung) im Jahr 1991 mit großer Vehemenz geführt.

Insbesondere das Verständnis in der Bevölkerung, aber auch das Verständnis in den Betrieben und die Bereitschaft zum aktiven Beitrag bzw. zur Vermeidung und Wiederverwertung von Schrott, ist mit der Diskussion über die Einführung der Elektronikschrottverordnung und mit der zunehmenden Diskussion über den Wert des Erhaltes der Umwelt in nennenswertem Umfang gewachsen.

Der vorliegende Beitrag beschäftigt sich mit einem bisher eher vernachlässigten Aspekt der Vermeidung von Schrott – der aktiven Wiederverwendung kompletter Geräte und Baugruppen speziell für den Bereich der Informationstechnik –, der vorgeschlagene Weg scheint aber durchaus auf andere Bereiche übertragbar.

(Wo bleibt z. B. die Recyclingfabrik, in die man nach einer Laufzeit von 100.000 km mit einem gebrauchten PKW hineinfährt, um dann nach 14 Tagen ein generalüberholtes, runderneuertes, wiederum für 100.000 km taugliches Fahrzeug zu erhalten?)

Der Schritt von der allgemeinen Forderung nach einer besseren Umwelt und weniger Verschwendung hin zu wirklich tragfähigen (und profitablen!) Konzepten scheint gangbar, wenngleich mühselig und mit dem Umsturz althergebrachter Denkweisen und Tabus verbunden ...

Eine Elektronik-Recycling-Industrie, die diesen Namen verdient, muß erst geschaffen werden!

Zunächst aber zurück zum Elektronikschrott. Um einen Überblick über die vorhandenen Volumina und damit über Chancen und Risiken zu erhalten, sollen im folgenden diese einmal dargestellt werden.

1.1 Volumen

In der klassischen Betrachtungsweise der Entsorgungsindustrie wird das Schrottaufkommen in Volumen (Tonnen) gemessen.

Der ursprüngliche – oder bei einer eventuellen Wiederverwendung entstehende – Wert der Güter bleibt bei der Weiterverarbeitung unberücksichtigt!

Die nachfolgende Tabelle stellt das nach einer Studie von P. Töpfer ermittelte Schrottaufkommen für die Jahre 1992 – 1998 dar:

Elektronikschrott 1992–1998 in t

	1992	1993	1994	1995	1996	1997	1998
Konsumgeräte							
Haush.Ger./Elektrowerkz.	389184	461486	533789	606091	678393	750696	822998
Unterhaltungselektronik	237150	271637	306124	340611	375097	409584	444071
Informations/Kommtechnik							
Büromaschinen	72427	71493	70559	69625	68691	67757	66823
Informationstechnik	70163	75730	81297	86865	92432	97999	103566
Kommunikationstechnik	115155	111176	107197	103218	99239	95260	91281
Industrie/Automatisierung	266198	272641	279084	285527	291970	298413	304856
Medizintechnik	11942	12478	13013	13549	14084	14620	15155
Labortechnik	24216	24134	24051	23969	23886	23804	23721
GESAMT	**1186435**	**1300774**	**1415114**	**1529453**	**1643792**	**1758132**	**187247**

(Quelle: Elektronikschrott-Entsorgung/Recycling; → Dipl. Volkswirt P. Töpfer 1993)

1.2 Zusammensetzung

Gemäß der Tatsache, daß der ursprüngliche Wert der Güter ignoriert wird, entscheidet allein der Wertstoffinhalt des zu entsorgenden Schrottes über dessen weitere Verwendung.

Besonders leicht zu verwertende Edel- und Buntmetalle sind in der schrottverarbeitenden Industrie willkommen, für andere Stoffe befinden sich die Methoden zur Wiederverwendung zum Teil erst im Laborstadium, eine profitable Weiterverwendung ist nicht in jedem Fall gegeben – es mangelt speziell an entsprechenden Recyclingkreisläufen.

Elektronikschrott (Zusammensetzung)

	1992	1993	1994	1995	1996	1997	1998
Gesamtsumme t	1186435	1300774	1415114	1529453	1643792	1758132	1872471
Fe-Metall	568233	618081	667928	717776	767624	817471	867319
Alu	55261	58928	62595	66263	69930	73597	77264
Cu	83641	89809	95976	102144	108311	114479	120646
Schwermet.	192,2	194	196	198	200	202	204,2
Sonst. NE-Met	11452	12824	14196	15569	16941	18313	19685
Kunststoffe	244012	268028	292043	316059	340074	364090	388105
Gummi	10828	12222	13616	15010	16404	17798	19192
Keramik	11625	13818	16010	18203	20396	22588	24781
Glas	63907	73899	83891	93883	103875	113867	123859
Stein/Beton	11538	13013	14489	15964	17439	18915	20390
Papier	598	683	767	852	937	1021	1106
Dämmsoffe	7328	8569	9809	11050	12291	13531	14772
Sonstiges	73453	81945	90436	98928	107420	115911	124403
Hilfsstoffe	3400	4216	5031	5847	6663	7478	8294
elektron. Baut./ Baugruppen	**36 673**	**39 943**	**43 212**	**46 482**	**49 752**	**53 021**	**56 291**

(Quelle: Elektronikschrott-Entsorgung/ Recycling; ⟶ Dipl. Volkswirt P. Töpfer 1993)

1.3 Herkunft

Der (gewichtsmäßige) Schwerpunkt der Elektronikschrottentsorgung verschiebt sich zunehmend in den Bereich der Konsumgeräte-Industrie:

Elektronikschrott Herkunft 1992–1998 in %

	1992	1993	1994	1995	1996	1997	1998
Konsumgeräte							
Haush.Ger./Elektrowerkz.	33	35	38	40	41	43	44
Unterhaltungselektronik	20	21	22	22	23	23	24
Informations/Komm.technik							
Büromaschinen	6	5	5	5	4	4	4
Informationstechnik	6	6	6	6	6	6	6
Kommunikationstechnik	10	9	8	7	6	5	5
Industrie/Automatisierung	22	21	20	19	18	17	16
Medizintechnik	1	1	1	1	1	1	1
Labortechnik	2	2	2	2	1	1	1
GESAMT	**100**	**100**	**100**	**100**	**100**	**100**	**100**

(Quelle: Elektronikschrott-Entsorgung/Recycling; → Dipl. Volkswirt P. Töpfer 1993)

2 Traditionelle Entsorgungs-/ Verwertungsmethoden

2.1 Metallgewinnung

Die traditionellste Methode der Schrottverwertung (nicht nur für Elektronikschrott), stellt die Wiederverwendung von Metallen dar. Je nach Wert und Volumen des anfallenden Metalls variieren die Methoden von der einfachen manuellen oder maschinell-mechanischen Trennung bis hin zu aufwendigen chemisch-elektrischen Trennverfahren (Elektrolyse).

Der überwiegende Teil des Metalls (Eisen, Kupfer, Aluminium), kann nach mechanischer Trennung in klassischen Schmelzverfahren weiterverarbeitet werden.

Als kritisch erweisen sich insbesondere die anfallenden Schwermetalle (z. B. Cadmium in Nickel-Cadmium-Akkus), dic zwar insgesamt gesehen in geringem, aber doch umweltbeeinträchtigendem Anteil, in der Regel aber wenig konzentriert und daher kaum wiederverwertbar anfallen.

Kritisch sind auch viele elektronische Bauteile, die zwar Metalle in recht reiner und durchaus verwertbarer Form enthalten, jedoch deren Verarbeitung durch andere Zusätze erschweren oder unmöglich machen (Beispiel: Elektrolytkondensatoren, die mit PCB getränktem Papier versehen sind, PCB-haltige Transformatoren, vakuumgetränkte/vergossene Bauteile usw.).

Insgesamt gesehen, ist also nur die Verwertung der in relativ reiner Form und in großen Volumina anfallenden Metalle gesichert, gemischte „Kombiprodukte" werden in der Regel auf Sondermülldeponien oder in Untertagelagerstätten entsorgt.

2.2 Andere Rohstoffe

Kunststoffe

Sieht man sich die Tabelle der anfallenden Stoffe an, so fällt auf, daß der gewichtsmäßige Anteil der Kunststoffe ebenfalls sehr hoch ist und gleich hinter dem der Metalle rangiert. In der Praxis erweist sich aber leider nicht nur die Vielzahl der vorhandenen Kunststoffe als ein Hindernis bei deren Wiederverwertung, sondern auch die Inkonsistenz des Einsatzes dieser Stoffe steht einer geregelten Wiederverwendung teilweise entgegen.

So ist es durchaus möglich, daß zwei Kunststoffgehäuse gleicher Bauform und gleichen Aussehens aus dem Hause eines Herstellers eine unterschiedliche Zusammensetzung aufweisen!

Nur durch aufwendige chemische Kontrollen ist die Erzeugung qualitativ hochwertiger (Kunststoff-)Rohstoffe auf der Basis von Elektronikschrott möglich, zum Teil kommt eine Wiederverwertung jedoch überhaupt nicht mehr in Frage, da chemische Zusätze (Beispiel Brom) eine solche ausschließen.

Auch in diesem Fall kommt (nach dem gegenwärtigen Stand der Entsorgungstechnik) nur die Lagerung auf einer Sondermülldeponie in Frage.

Kunststoffe werden zudem häufig mit andersartigen Zusatzbeschichtungen versehen (Beispiel Magnetbänder für die Datentechnik), deren wirtschaftliche Trennung bisher nicht möglich ist. Hier bleibt viel Raum für kreative Entwickler.

(Im Anhang zu diesem Kapitel findet sich das Beispiel eines neuen patentierten Verfahrens zur Aufbereitung von Magnetbändern – Fa. TES Baldham.

Glas

Als dritthäufigste Komponente scheint Glas auf den ersten Blick leicht wiederverwertbar zu sein, bei näherer Betrachtung erweist sich der größte Teil des anfallenden Glases aber in vielerlei Hinsicht als verunreinigt im Sinne der Rohstoffverwertung. Der Großteil des Glases fällt in Form von Bildröhren an, deren einzelne Bestandteile je nach Einsatzzweck mit Blei, Barium und anderen Zusatzstoffen versetzt werden. Zudem sind die Oberflächen mit Leuchtschichten aus seltenen Erden beschichtet, die entweder im Trocken- oder Naßverfahren beseitigt werden müssen, bevor das Glas weiter verarbeitet wird.

Aus diesen Gründen ist eine kostendeckende Aufbereitung des Glases zum Zweck der Wiederverwendung nur schwer realisierbar.

(Auch hier im Anhang zu diesem Kapitel das Beispiel eines kreativen Ansatzes. Neuere Untersuchungen haben ergeben, daß das Altglas durchaus mit einem 20%igen Anteil bei der Herstellung von Bildschirmhälsen und Koni Verwendung finden kann – Fa. TES Baldham)

Andere Stoffe

Da die Zielsetzung des vorliegenden Kapitels das Aufzeigen der Wiederverwendungsmöglichkeit von kompletten Baugruppen ist, soll auf die restlichen Stoffe an dieser Stelle nicht weiter eingegangen werden.

2.3 Entsorgung

Für die Entsorgung der anfallenden, nicht wiederverwertbaren Stoffe haben sich drei mögliche Alternativen herauskristallisiert:

Verbrennen

Ist eine Alternative für Stoffe, deren Abgasbeseitigung keine technischen Schwierigkeiten bereitet (Holz, Papier, Pappe etc.), ist aber für viele Elektronikprodukte auf Grund des relativ hohen Anteils an Zusatzstoffen und Schwermetallen nicht geeignet.
Besonders bei PCB-haltigen Produkten sehr kritisch!

Wiederverwertung in Baustoffen beim Straßenbau

Insbesondere bei Bildröhrenglas eine ernsthaft diskutierte Alternative, birgt aber nach Ansicht des Verfassers und nach Diskussion mit vielen Fachleuten die Gefahr, daß die im Glas enthaltenen Zusätze (Blei) längerfristig in die Umwelt gelangen – auch Straßen halten nicht ewig und lösen sich mit der Zeit in Staub auf!
(Der neuerliche Einsatz in der Bildröhrenfertigung erscheint als wesentlich sinnvollere Alternative!)

Entlagerung

Stellt für viele Elektronikschrottkomponenten (speziell die PCB-, Brom-, Schwermetallhaltigen) die einzige, allerdings unbefriedigende Alternative dar ...
Beispiel: Kondensatoren, Transformatoren

3 Wiederverwendung als Alternative

3.1 Übersicht der möglichen Alternativen

Aus den vorher genannten Gründen ergibt sich die Notwendigkeit, mögliche Alternativen zu erörtern und – wo wirtschaftlich sinnvoll – zu implementieren.

Wie bereits eingangs erwähnt, ignoriert die klassische Schrottentsorgung den ursprünglichen Wert eines Produktes, lediglich der Wert der enthaltenen Rohstoffe ist von Bedeutung. Dabei wird die Tatsache übersehen, daß es in Teilbereichen durchaus sinnvoll sein kann, Produkte komplett wiederherzustellen und einem neuen Verwendungszweck zuzuführen, so daß sich ein – wenn auch endlicher – Kreislauf ergibt.

Dies gilt insbesondere unter Berücksichtigung der enormen physikalischen Lebensdauer von Elektronikkomponenten (ein modernes Festplattenlaufwerk ist mit einer MTBF – Mean Time Between Failure – von 500.000 Stunden in der Regel eher hoffnungslos veraltet, als daß es ausfällt ...)

Die folgende Abbildung zeigt eine Übersicht der möglichen Verwendung von anfallenden Altgeräten sowie von Produkten aus Überbeständen.

Abb. VIII–1: Mögliche Verwendung von Altgeräten bzw. von Produkten aus Überbeständen.

3.1.1 Komplettgeräte

Wie dem Schaubild zu entnehmen ist, fallen komplette Geräte in unterschiedlichem Zustand an. Produkte, die aus Restbeständen, Überbeständen, Schadensfällen usw. anfallen, sind in der Regel nach Reinigung, Test und Neuverpackung direkt wiederzuverwenden. Der Vertrieb dieser Produkte kann entweder über Zwischenhändler oder direkt an Endkunden erfolgen.

Ältere, gebrauchte Geräte sind zunächst zu reinigen, zu reparieren, zu komplettieren, mit ausreichend Unterlagen zu versehen und können dann ebenfalls entweder direkt an Endkunden oder über Zwischenhändler vertrieben werden. Die Hauptschwierigkeit beim Vertrieb dieser Produkte liegt in mangelhaft entwickelten oder nicht vorhandenen Absatzkanälen.

Einzig der Markt gebrauchter Meßtechnik hat einen gewissen Umfang erreicht und bereits einzelne, respektable Recyclingunternehmen hervorgebracht (Beispiel: Fa. Rosenkranz Darmstadt).

Am Beispiel einiger Elektronikprodukte aus dem (noch) professionellen sowie dem Konsumentenbereich sollen die Schwierigkeiten aufgezeigt werden, die bei der Wiederverwertung entstehen:

Beispiel PC:

- Die Leistungsfähigkeit heutiger PCs steigt um mindestens 30% pro Jahr;
- der Ladenpreis dieser PCs reduziert sich bei gegebener Leistung um mindestens 30% pro Jahr;
- die jeweils aktuellsten Softwareversionen bringen die jeweils aktuellste Hardware an ihre physikalische Leistungsgrenze (scheint ein Murphy-Gesetz für die informationsverarbeitende Industrie und ihre Produkte zu sein ...).

Diese Entwicklung führt dazu, daß PCs grundsätzlich (und auf absehbare Zeit) innerhalb von 3–5 Jahren veralten und ausgemustert werden.

Ähnliche Entwicklungen sind in allen Bereichen zu beobachten, in denen vormals teure professionelle Elektronikhardware in Richtung „commodity products" tendiert.

<u>Entsprechende Beispiele</u> (ohne Anspruch auf Vollständigkeit):

- drahtlose Telekommunikation
  - *B-Netz* (bereits veraltet),
  - *C-Netz* (bereits veraltet),
  - *D-Netz* (D-Netz-Handtelefone „veralten" derzeit in der atemberaubend kurzen Zeitspanne von max. 6–12 Monaten! – „Commodity"-Niveau erreicht),
  - *E-Netz* (in der Einführungsphase);

- Unterhaltungselektronik:
  - *Satellitenempfang* (Der Start von Astra 1D führt wahrscheinlich zur Umrüstung oder zum Austausch einer ganzen Generation von Satellitenempfangsanlagen),
  - *Fernsehen* (die bevorstehende Einführung digitaler Fernsehübertragungsstandards wird von 1995 bis ca. 2010 zum Austausch von ca. 30–60 Mio. Fernsehgeräten führen);

- Telefon:
  - *ISDN* (mit der flächendeckenden Einführung von ISDN werden weitgehend alle analogen Anlagen unbrauchbar – das Erreichen der „Commodity"-Schwelle für ISDN-Anlagen steht kurz bevor),
  - *Modems* (veralten auf Grund technologischer Entwicklung innerhalb 12–24 Monaten – „Commodity"-Schwelle erreicht);

- Elektronische Meßtechnik:
  - *Digitale Meßtechnik* (die Einführung digitaler Übertragungsmethoden, wie z. B. D-Netz-Telefon, führt dazu, daß vormals leistungsfähige analoge Meßtechnik nicht mehr oder nur noch beschränkt einsetzbar ist).

Genügend Anlaß also, um auf zusätzliche Millionen von Tonnen an Elektronikschrott zu „hoffen" ...

Aber zurück zum Beispiel PC: Vor der Einführung von Windows 3.0/3.1 reichte die Leistung eines auf 8086/80286 basierenden PCs vollständig aus, um Anwendungen wie Textverarbeitung und Tabellenkalkulation auszuführen. Der Wunsch nach einfacheren und benutzerfreundlicheren Anwenderoberflächen (user interfaces) führte zu einer dramatischen Erhöhung der Leistungsanforderungen.

Zusätzlich begann die Integration von Multimedia-Anwendungen (Fernsehen, Telefon, hochwertige 3D-Echtzeit-Spiele), eine Explosion der Leistungsanforderung auszulösen.

Der Umkehrschluß legt nahe, die Einsatzmöglichkeit gebrauchter Recyclingprodukte in einem Umfeld zu suchen, in dem Kompromisse in bezug auf die benötigte Leistung möglich sind. In Frage kommen daher:

- EDV-Programmiergrundausbildung (Assembler, Hochsprachen),
- Textverarbeitung/Tabellenkalkulation in preissensitiven Bereichen (Ausbildung, Universitäten, Schwellenländer),
- kostensensitive elektronische Steuerungen,
- kostensensitive Meßdatenerfassung (Klima/Umwelt),
- allgemeine Hobbyanwendungen.

Da die aufgezeigte Entwicklung im PC-Bereich sich in allen Bereichen der Informationsverarbeitung wiederholt, ist es zudem möglich, Produkte, die im jeweils übergeordneten Leistungsbereich (Beispiel: Komponenten aus Workstations) nicht mehr brauchbar sind, im leistungsmäßig darunter liegenden Bereich einzusetzen.

Die oben aufgezeigte Entwicklung trifft gleichermaßen auf den Mainframe-, Minicomputer-Workstationbereich zu.

Wie oben bereits angedeutet, sind z. B. Komponenten aus dem Workstationbereich sehr gut im PC Umfeld einzusetzen und ergeben dort ausreichend leistungsfähige Systeme. (Z. B. wird eine 500 MB SCSI Festplatte im Workstation-Umfeld als bei weitem nicht mehr ausreichend angesehen, ergibt aber – derzeit – ein sehr akzeptables PC-Laufwerk.

- Der PC des Verfassers, auf dem diese Zeilen geschrieben wurden besteht z. B. aus:
  - ausgemustertem, unvollständigem 486/33 MHz Baujahr 91,
  - 19 Zoll-Workstation-Festfrequenz-Monitor mit 1024x1280 Auflösung,
  - 3 x Workstation-SCSI-Festplatte mit insgesamt 799 MB,
  - Tastatur aus Produktionsauflösung).

Wie bereits weiter oben angemerkt, sind die erforderlichen Vertriebskanäle in den meisten Bereichen erst zu etablieren, PCs könnten z. B. als „Green-Line"-Produkte sehr preiswert und mit dem Argument der Ressourcenschonung vermarktet werden.

In jedem Fall ist ein Netzwerk externer Partner zu etablieren, um einen reibungslosen Absatz zu sichern, allerdings ist auch eine geordnete Rückführung und/oder Verarbeitung eventuell exportierter Recyclingprodukte zu organisieren, um eine ungeordnete Entsorgung zu vermeiden!

3.1.2 Baugruppen

Sind elektronische Produkte nicht mehr im Komplettzustand einzusetzen, so bietet sich die Zerlegung in Baugruppen an. Im Idealfall würden diese Baugruppen in der Produktion von Neugeräten Verwendung finden (so veraltet z. B. der im obigen Beispiel benutzte PC innerhalb von 3–5 Jahren, Komponenten wie Netzteil, Floppy Laufwerk, Gehäuse usw. bleiben wesentlich länger aktuell).

Ein entsprechender Rückführungsprozeß ist aber derzeit nicht vorhanden, deshalb kann der Einsatz von Baugruppen in der Neuproduktion nur ein erstrebenswertes Langfristziel sein.

Auch entspricht diese Denkweise nicht der strategischen Zielsetzung heutiger Unternehmen (einzig Produktion und Verkauf von Neuprodukten zählen).

Trotzdem können Baugruppen (nach Reinigung und Test) einen sinnvollen Einsatz finden bei:

- Servicedienstleistern (im EDV-Bereich „3rd-party-Firmen" genannt, führen Reparaturen an jeglicher Art von EDV-Produkten durch),
- 4th-party-Firmen (Lieferanten von EDV-Ersatzteilen an Servicedienstleister, ähnliche Firmenstrukturen sind ebenfalls im Consumerumfeld vorhanden),
- Preiswerten Auf-/ Umrüstungen bestehender Produkte (dem Verfasser sind noch keine Dienstleister auf diesem Sektor bekannt).

3.1.3 Elektronische Bauelemente

Hochwertige elektronische Bauelemente sind oftmals auf Stecksockeln befestigt und daher leicht auszubauen, bei teureren Exemplaren lohnt auch das Herauslöten der Bauteile.
Beispiele für diese sinnvoll wiederverwendbaren Bauteile sind:

- Mikroprozessoren (80xx, 80xxx, 68xxx etc.),
- Signalprozessoren,
- flüchtige Speicher (DRAM, SRAM etc.),
- nichtflüchtige Speicher (EPROMS, EEPROMS etc.),
- Spezialbauelemente (A/D Wandler, D/A Wandler etc.),
- Operationsverstärker.

Interessanterweise hat sich bereits ein fester Markt für diese Chips entwickelt.

Es sind eine Reihe von Firmen auf dem Markt etabliert, die ausgebaute/ausgelötete Bauelemente kaufen, testen und sie mit neuen (eigenen) Bezeichnungen versehen. Geliefert werden diese vorwiegend an die fernöstliche Spielzeugindustrie, die einen enormen, ständig wachsenden, aber äußerst preissensitiven Markt für leistungsfähige Chips darstellt.

3.1.4 Mechanische/mechanisch-elektrische Bauteile/Baugruppen

Auch mechanische Bauteile und Baugruppen bieten sich zur Wiederverwendung an, im wesentlichen sind dies:

- Gehäuse,
- Lüfter,
- Schalter/Relais,
- Transformatoren,
- Motoren,
- Lautsprecher.

Auch in diesem Umfeld finden sich kaum etablierte Vertriebskanäle. Ein Einsatz dieser Produkte in den Bereichen Service/Ersatzteilbeschaffung und im Low-Cost-Bereich (Spielzeug, Heimanwendungen, Lehrzwecke, Hobbybereich) bietet sich an.

3.1.5 Weitere Verwendung/Entsorgung

Die weitere Verwendung unterscheidet sich nicht von der Vorgehensweise etablierter Entsorger. Zunächst einmal bietet sich die sortenreine Trennung aller Stoffe an (Kunststoff, Edelmetall, Metall).

Wie vorher bereits angemerkt wurde, gibt es in diesem Umfeld erfolgversprechende Ansätze zum Recycling, d. h., es sind erste Ansätze zur Wiederverwendung von Altglas in der Neuproduktion von Bildröhren vorhanden.

Brennbare, nicht umweltschädliche Abfallstoffe können verbrannt und zur Energiegewinnung verwertet werden.

3.1.6 Praktische Beispiele

Praktische Beispiele für das Recycling elektronischer Produkte sind nach Beobachtungen des Verfassers bereits etabliert für:

- elektronische Meßgeräte (es gibt einen Markt mit fest etablierten Unternehmen für gebrauchte Meßtechnik, z. B. Oszilloskope, HF-Meßsender, Spektrums Analyser, Logic Analyser),
- die Verwendung von Produktionsrestbeständen elektronischer Bauelemente im Hobbybereich (auch in diesem Umfeld gibt es fest etablierte Unternehmen, das Volumen erscheint aber geringer als im Meßtechnikumfeld),
- etablierte Großunternehmen der informationsverarbeitenden Industrie. Siemens-Nixdorf, Digital, IBM bringen speziell im Serviceumfeld Baugruppen nach sorgfältiger Reparatur (falls notwendig) auf den aktuellen technischen Stand und setzen sie danach vielfach im Kreislauf ein; auch der Verkauf generalüberholter, gebrauchter Geräte wird in diesem Umfeld (wenn auch in geringem Maße) praktiziert. Digital Equipment verfügt z. B. über ein hochmodernes Recyclingcenter in Nijmegen/Holland, das auf die Wiederverwertung von Geräten, Baugruppen und Komponenten spezialisiert ist.

4 Aufbau und Struktur eines Recycling-Centers

4.1 Kosten-Nutzen-Überlegung

Das nachfolgend aufgeführte Rechenbeispiel betrachtet ein fiktives Recycling-Center für den Bereich der informationsverarbeitenden Industrie, das sich mit der Aufbereitung von Baugruppen, dem Vertrieb von Halbleitern sowie dem Vertrieb von elektromechanischen und mechanischen Komponenten befaßt.

Die Betrachtung basiert auf der Annahme, daß es gelingt, mit der Zeit einen nennenswerten Anteil (Marktpenetration) an der Verarbeitung des Elektronikschrotts der informationsverarbeitenden Industrie zu erhalten. Eine weitere Annahme liegt in der Möglichkeit des erfolgreichen Vertriebs der aufbereiteten Produkte über angeschlossene Partnerfirmen sowie neu aufzubauende Vertriebskanäle.

Würde im nachfolgenden Beispiel der Vertrieb von Komplettgeräten mit einbezogen werden, wäre ein positives operatives Ergebnis voraussichtlich bereits nach spätestens 12–18 Monaten zu erwarten, außerdem wird sichtbar, daß ein gewisses minimales Volumen erreicht werden muß, um überhaupt einen sinnvollen, effizienten Betrieb zu gewährleisten.

Die verwendeten Basisdaten entsprechen praktischen Industrieerfahrungswerten und wurden für dieses Beispiel umgerechnet.

4.2 Technische Aspekte

Der vorgeschlagene Weg der Wiederverwertung kompletter Geräte und Baugruppen setzt, abhängig vom zu bearbeitenden Produktbereich, fundierte Kenntnisse und eine entsprechende Ausstattung voraus. Da aber gegenwärtig Überkapazitäten im Bereich von EDV-Reparaturbetrieben auf dem Markt zu beobachten sind, stellt dieser Aspekt nach Ansicht des Verfassers keinen limitierenden Faktor dar.

Recycling Center – Business Plan

(basiernd auf Daten und Erfahrungen der informationsverarbeitenden Industrie)

	1993	1994	1995	1996	1997	1998
verfügbare Schrottmenge (Tonnen)	70000	76711	83422	90134	96845	103556
Anstieg %		9,59	8,75	8,04	7,45	6,93
Marktpenetration Recycle Center	10	12	15	18	23	25
verfügbare Schrottmenge (Tonnen)	7000	9205	12513	16224	22274	25889
wiederverwertbar %	15	25	40	55	70	85
wiederverwertbar (t)	1050	2301	5005	8923	15592	22006
operative Kosten /Kg (US$)	0,81	0,78	0,75	0,65	0,61	0,58
operative Kosten (K$)	851	1795	3754	5800	9511	12763
Mitarbeiter	230	485	1014	1566	2568	3446
Mitarbeiter % der operativen Kosten	27	27	27	27	27	27
Entsorgungskosten	327	691	1445	2233	3662	4914
Entsorgung als % operativen Kosten	38,5	38,5	38,5	38,5	38,5	38,5
Fracht	115	242	507	783	1284	1723
Fracht als % der operativen Kosten	13,5	13,5	13,5	13,5	13,5	13,5
Gebäude	65	138	289	447	732	983
Gebäude als % der operativen Kosten	7,7	7,7	7,7	7,7	7,7	7,7
interne EDV	14	29	60	93	152	204
interne EDV als % der oper. Kosten	1,6	1,6	1,6	1,6	1,6	1,6
Einkauf	49	104	218	336	552	740
Einkauf als % der operativen Kosten	5,8	5,8	5,8	5,8	5,8	5,8
andere Kosten	50	106	221	342	561	753
andere Kosten als % der oper.Kosten	5,9	5,9	5,9	5,9	5,9	5,9
Operative Belastungen(K$)	851	1795	3754	5800	9511	12763
Investment Gebäude Infrastruktur K$	2000					
Zinsen %	7,50	7,50	7,50	7,50	7,50	7,50
Abschreibung (K$/Jahr)	0	200	200	200	200	200
Zinsen (K$/Jahr)	0	150	135	120	105	90
Investment Techn. Infrastruktur (K$)	2000					
Zinsen %	7,50	7,50	7,50	7,50	7,50	7,50
Abschreibung (K$/Jahr)	0	500	500	500	500	
Zinsen (K$/Jahr)	0	150	113	75	38	0
Kapitalbelastung K$	0	1000	948	895	843	290
Gesamtausgaben (K$)	**851**	**2795**	**4702**	**6695**	**10354**	**13053**
Einnahmen / Kg Schrott ($)	0,6	0,65	0,7	0,75	0,75	0,75
Gesamteinnahmen (K$)	**630**	**1496**	**3504**	**6692**	**11694**	**16504**
Gewinn/Verlust (K$)	-221	-1299	-1198	-3	1340	3451

Wissen über Funktionsweise und Aufbau von PCs beispielsweise ist allgemein verfügbar, die weitestgehende Standardisierung dieser Geräte macht eine Aufbereitung vergleichsweise einfach.

Wesentlich komplexer ist die Aufbereitung höherwertiger Produkte (Workstations, Minicomputer), an dieser Stelle ist eine Zusammenarbeit mit dem jeweiligen Hersteller anzustreben oder die Bearbeitung auf einzelne Baugruppen und Komponenten zu beschränken.

(Hier spielt nicht nur die technische Komplexität eine Rolle, sondern auch die Produktstrategie des jeweiligen Herstellers, sowie seine Toleranz gegenüber einer „Konkurrenz" durch den Vertrieb von Gebrauchtgeräten und Komponenten).

Ebenfalls zu bedenken ist die Frage der Softwarelizensierung, da es sich z. T. um herstellereigene (proprietäre) Betriebssysteme handelt.

4.3 Partnerschaften und strategische Allianzen

Die Komplexität der Aufgabe legt die Zusammenarbeit mit strategischen Partnern nahe, und zwar in folgenden Bereichen:

- Reinigung von Geräten und Baugruppen (entsprechende Spezialunternehmen sind am Markt verfügbar – Beispiel: Relectronic),
- Reparatur und Test von komplexen Systemen (evtl. Originalhersteller: HP, IBM oder 3rd-party-maintenance-Firmen – Beispiel: Granada Computer etc.),
- sogenannte 4th-party-Firmen (Vertrieb von Ersatzteilen – Beispiel: Meltek)
- Vertrieb kompletter Gebrauchtgeräte (bisher kein flächendeckender Kanal etabliert),
- Kauf und Vertrieb von Bauelementen (nur Einzelfirmen am Markt),
- Kauf und Vertrieb mechanischer Komponenten (bisher kein Kanal etabliert),

- kreative Verarbeitung und Entsorgung von Restabfall – (Beispiel: TES GmbH),
- Transportdienstleistungen (etablierte Transportunternehmen mit Elektroniktransport-Know-how – (Beispiel: Uni Data München).

4.4 Finanzierung

Bei einer vom Verfasser durchgeführten Recherche nach möglichen Kapitalgebern für ein Recyclingprojekt haben sich folgende Quellen als aussichtsreich erwiesen:

- die jeweiligen Umweltministerien strukturschwacher Bundesländer (Zuschüsse, Bankbürgschaften, Vermittlung von Kapitalgebern),
- Energieversorgungsunternehmen,
- andere Recyclingspezialunternehmen,
- Partnerfirmen (3rd-party, 4th-party etc.),
- Transportunternehmen,
- Venture-capital-Firmen,
- Banken (nicht ohne Bürgschaft).

5 Wiederverwendungsfreundliche Produktdesigns

5.1 Informationsverarbeitende Industrie

Die Grundvoraussetzung für eine einfache Wiederverwendbarkeit bestehender Komponenten ist eine Standardisierung aller technischer und mechanischer Parameter. Diese ist im PC-Bereich auf der Basis des sogenannten „IBM Standards" bereits weitestgehend gegeben, im Workstation- und erst recht im Minicomputerumfeld jedoch noch durch die proprietäre Denkweise dominiert und daher nicht vorhanden.

Der stürmischste Fortschritt findet bei näherer Betrachtung auf dem Sektor der Mikroprozessoren statt (686 von INTEL, Power PC von Motorola, ALPHA von DIGITAL, MIPS 4400 von Mipsco usw.), die Weiterentwicklung der Memory-Chips geht ebenfalls sehr zügig voran, wohingegen die zugehörigen peripheren Komponenten einem eher langsamen Fortschritt unterliegen.

Folgende Komponenten sind daher bereits weitestgehend austauschbar:

- Floppy Laufwerke (360 KB – 720 KB – 1,2 MB – 1,44 MB – 2,88 MB), gilt für PC und Workstations gleichermaßen,
- Festplattenlaufwerke (SCSI II-Laufwerke uneingeschränkt, IDE-Laufwerke nur für PCs, MFM/RLL-Laufwerke für Ältere PCs),
- Optische Laufwerke (SCSI II-Laufwerke uneingeschränkt, IDE-Laufwerke nur für PCs),
- PC-Gehäuse (Desktop, Minitower, Towergehäuse),
- PC-Netzteile,
- PC-Motherboards (teilweise sogar mit austauschbaren Prozessorboards, um einfache Upgrades zu ermöglichen – Beispiel: DIGITAL),
- Memory (teilweise kompatibel zwischen PC und Workstation – Simms/Sips).

Schaut man sich auf großen Industriemessen (Beispiel CeBIT) um, so fällt auf, daß sich die Designs der verschiedenen Hersteller ebenfalls kaum noch unterscheiden (Einheitsgrau ...). Um es etwas provokant auszudrücken: Die Vereinheitlichung des Designs der Produkte hat bereits stattgefunden. Was also steht der Wiederverwendung bzw. dem Einsatz wiederverwendungsfähiger Baugruppen entgegen?

Analysiert man die Produkte im Detail, dann fällt auf, daß außerhalb der PC-Szene kaum eine Standardisierung stattgefunden hat, mit Ausnahme der o. g. peripheren Komponenten ist also ein Austausch von Baugruppen unmöglich, lediglich einige neuere „Zwitter“ beginnen auf Grund des heftigen Preis- und Konkurrenzkampfes den Schwenk in Richtung Standards.

(Beispiel: DIGITAL verwendet auf PCI Bus basierende Komponenten in den neuesten ALPHA AXP 2100 -xx Servern, Design mit integrierter Wiederverwendungsfähigkeit scheint also eher preiswerter als die bisher angepriesene Individualität!)

Wie also sieht das ideale (informationsverarbeitende) Produkt aus Sicht eines Recyclers aus?

- Motherboard mit:
  - standardisierten Abmessungen und Befestigungen,
  - austauschbarer Prozessorkarte,
  - Standard-Bus (z. B. PCI),
  - Standard-Memory (SIMM/SIP),
  - Standard-Schnittstellen „on board“ (parallel, seriell, SCSI, Netzwerk, IDE/ Floppy),
  - Schnittstellen für PC-Maus und Keyboard;
- standardisierte periphere Komponenten:
  - Floppy-Laufwerk,
  - SCSI-Festplatte,
  - optisches Laufwerk mit SCSI-Schnittstelle,
  - PCI-Bus- Graphikkarte,
  - standardisiertes, mehrfach verwendbares Netzteil,
  - einfach austauschbarer Lüfter;
- Multisynch-Farbmonitor mit 17' oder 20' Bildgröße:
  - einfach zu justieren,
  - einfach auszutauschende Bildröhre;
- standardisierte Multimediakarten (Video, Telefon/ ISDN);
- standardisiertes Gehäuse (vorzugsweise aus Metall).

Nicht zu unterschätzen ist aus Sicht des Recyclings auch der Wert der Verfügbarkeit plattformübergreifender (PC, Workstation) und allgemein verfügbarer Betriebssysteme (Windows NT, UNIX).

Betrachtet man obige Forderungen, dann fällt auf, daß sie, zumindest in der informationsverarbeitenden Industrie, weitestgehend der Forderung des Marktes nach offenen, herstellerunabhängigen Systemen entsprechen, wobei der Einsatz von Standardkomponenten durch den Zwang nach mehr Wirtschaftlichkeit vorangetrieben wird, die Forderung nach Umweltfreundlichkeit erweist sich also in diesem Fall als kongruent mit der Forderung nach mehr Offenheit.

Bestehende Firmenstrategien (Altprodukte müssen aus dem Markt, um neue verkaufen zu können ...) verhindern oder verzögern allerdings, zumindest derzeit, die Einführung breitflächiger, herstellerübergreifender Konzepte zum Einsatz von Standardkomponenten.

Der Zwang nach mehr Wirtschaftlichkeit und die Verringerung der eigenen Fertigungstiefe wird aber auch hier zu einem Wandel führen ...

5.2 Andere Produktbereiche

Wiederverwendung

Die Idee der kompletten Wiederverwendung elektronischer Baugruppen läßt sich durchaus auch auf andere Produktbereiche als die der informationsverarbeitenden Industrie ausweiten.

Als kritisch erweist sich jedoch gerade bei Consumer-Produkten der erforderliche Arbeitskostenanteil in Relation zum vergleichsweise niedrigen Preis des zu recycelnden Produktes, es liegt daher nahe, die notwendigen Arbeiten in Niedriglohnländern durchzuführen.

So dürften z. B. die anfallenden (noch auf viele Jahre funktionstüchtigen) Satellitenempfänger durchaus einen Markt im Ostblock finden, Marktpreise von 300,- bis 800,- DM für Neugeräte lassen jedoch eine profitable Aufbereitung gebrauchter Komponenten in Deutschland als aussichtslos erscheinen.

Das gleiche gilt für Fernseher, analoge Telefone und Telefonanlagen, analoge Meßtechnik usw. Ein Export dieser Geräte und Komponenten in schwach entwickelte Drittländer mit Wiederaufbereitung vor Ort scheint daher denkbar; kritisch und noch ungelöst erscheint in diesem Zusammenhang allerdings die ordnungsgemäße Aufbereitung des Restmülls!

Eine ordnungsgemäße Rückführung der Restmengen oder der Aufbau einer ordnungsgemäßen Entsorgungsmöglichkeit vor Ort ist daher vorauszusehen und erschwert die Implementation eines entsprechenden Konzeptes.

Wiederverwendungsfreundliche Designs

Bisher sind keinerlei Ansätze zu erkennen, was das wiederverwendungsfreundliche Design von allgemeinen Elektronikprodukten betrifft.

Nach Ansicht des Verfassers sollte es möglich sein, durch Normung von Gehäusen, Stromversorgungen, von Standardbaugruppen im Bereich der Meßtechnik, der Kommunikation (ISDN) und der Satellitentechnik (Spiegel, LNB's etc.) eine höhere Wiederverwendungsrate zu erzielen. Erforderlich hierzu ist allerdings eine erhebliche Bereitschaft zum Umdenken – sowohl bei Herstellern als auch bei Konsumenten ...

Nicht zuletzt auch auf politischer Ebene sind entsprechende Unterstützung und Förderung gefragt, sollen wirtschaftliche Kreisläufe zur Vermeidung der allgemeinen Rohstoffverschwendung entstehen.

Der vorliegende Beitrag kann auf Grund des beschränkten Umfangs nur sehr oberflächlich auf die Problematik der Einführung neuer Recyclingkonzepte im Elektronikbereich eingehen, der Verfasser hofft aber trotzdem, einen Beitrag zum Start der allgemeinen Diskussion – vielleicht sogar zum Aufbau – einer profitablen und leistungsfähigen Recyclinginfrastruktur geleistet zu haben.

6 Anhang: Recyclingverfahren der TES GmbH*

Abb. VIII–2: Neues Verfahren zum Recyceln von Bildröhren

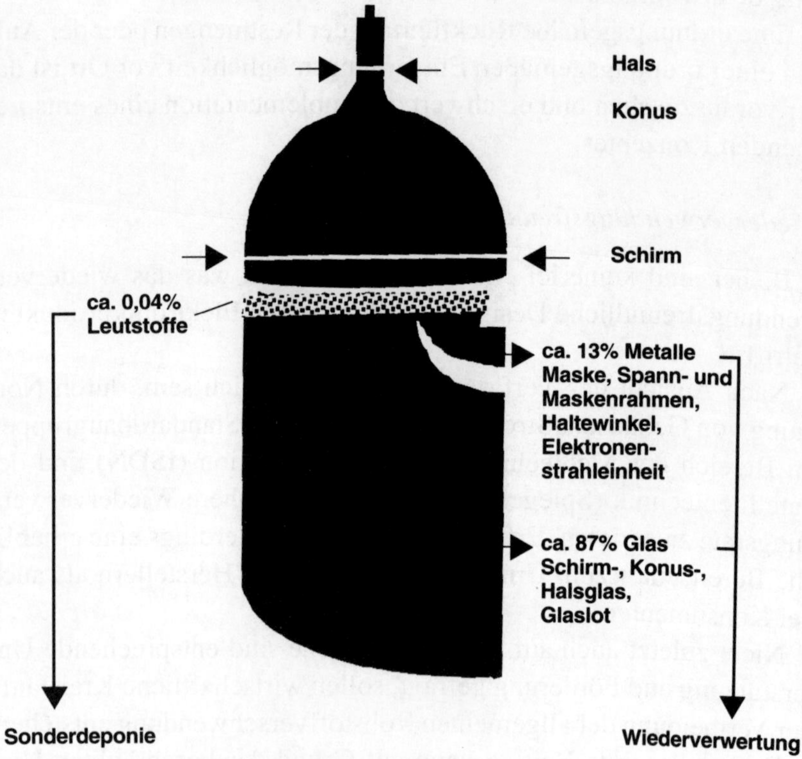

Verarbeitung von Bildröhrenglas zu Bildröhren

1. Das bleioxydhaltige Konus- und Halsglas und das bariumoxydhaltige Schirmglas werden in einem thermisch-mechanischen Trokkenverfahren ohne Wasser und Chemikalien verarbeitet.

* Hinweis: Die TES GmbH ist nicht der Erfinder dieser neuen Verfahren, sondern hat das Marketing und den Vertrieb dieser Verfahren und deren Maschinen/Anlagen weltweit übernommen.

Mit Hilfe eines Spezialreinigungsverfahrens, ebenfalls ohne Wasser und Chemikalien, werden die Gläser gereinigt. Anschließend werden die sauberen Glasscherben wieder bei der Herstellung von Bildröhren im Konusteil eingesetzt. Alter und Hersteller der Bildröhre spielen dabei keine Rolle.

2. Nur die Leuchtstoffe (ca. 0,04% des Gewichts der Bildröhre) müssen z. Zt. noch auf die Sondermülldeponie unter Tage.

Neues Verfahren zum Aufbreiten von bandförmigen Aufzeichnungsträgern

Computerbänder, Video- und Audiobänder etc. aus einem bandförmigen Träger und einer magnetisierbaren Beschichtung sind zwar zur mehrfachen Bespielung ausgelegt, müssen jedoch insbesondere im Bereich der Datensicherung nach einem vorgeschriebenen Zyklus oder beim Auftreten von Beschädigungen ausgetauscht und aufbereitet werden. Für derartige in Kassetten gehandelte Aufzeichnungsträger ist es bekannt, die Kassetten in ihre Bestandteile zu zerlegen und getrennt nach Material zu sortieren sowie die Gehäuse und Bandspulen dann – eventuell als Rohstoff – wieder zu verwenden. Problematisch ist insbesondere die Aufbereitung des Bandmateriales selbst. Die Beschichtung weist teilweise Schwermetalle und Halogenverbindungen auf, so daß die Bänder nicht einfach dem normalen Hausmüll beigegeben werden dürfen. Hier ist eine Endlagerung auf Sonderdeponien vorgesehen, nachdem die Bänder zusammengepreßt und gegebenenfalls zusammengeschmolzen wurden.

Der Erfindung liegt die Aufgabe zugrunde, ein neues Verfahren für die Aufbereitung von derartigen bandförmigen Aufzeichnungsträgern anzugeben, mit dem die einzelnen Materialien auf einfache Weise voneinander getrennt werden.

Die Erfindung geht von der Erkenntnis aus, daß das Trägermaterial und das Beschichtungsmaterial unterschiedliche mechanische Eigenschaften, insbesondere unterschiedliche mechanische Ausdehnungskoeffizienten haben. Demgemäß wird der bandförmige Aufzeichnungsträger einer mechanischen Belastung ausgesetzt, durch die die Beschichtung von dem Träger getrennt wird.

Nach diesem Prozeß ist das Trägermaterial (PET-Band) sauber von dem Beschichtungsmaterial getrennt. Beide Materialien können dann gesondert aufbereitet und wiederverwendet werden.

Magnetband-Recyclinganlage

Das Grundmodell einer Anlage (Maße ca. 1,50 m Breite, 1 m Höhe, 0,80 m Tiefe) ist mit 2 Arbeitsarmen ausgestattet. Der erste Arm führt das aufgespulte Bandmaterial automatisch durch beheizte Walzen. Dann wird das Material entschichtet, und der zweite Arm spult das gesäuberte Band wieder auf. Die Verarbeitung/Reinigung pro Stunde beträgt eine Tonne.

Es kann nur aufgespultes Bandmaterial verarbeitet werden, keine Bandreste oder Abfälle. Die Anlage kann auf insgesamt 10 Einheiten erweitert werden (10 t/Std.). Lieferzeit ab ca. Oktober 1994.

Für jeden Bautyp – ob Computer-, Videoband oder Cartridges – wird eine separate Maschine benötigt, da die Bänder aus unterschiedlichen Materialien bestehen und die Entschichtung der verschiedenen Bänder jeweils einer speziellen Technik bedarf.

Kapitel IX

Mittelständische Umweltschutzdienstleistungen für die Industrie am Beispiel eines Unternehmens für Elektronikrecycling

Ullrich Didszun

In der Vergangenheit spielten Entsorgungsthemen in allen Unternehmen nur eine untergeordnete Rolle. Umweltschutzanforderungen besonderer Art wurden nicht gestellt, im Zweifelsfalle hatten die Firmen hierzu einen Umweltschutzbeauftragten, der den Firmenchefs die „Sorgen" des Abfalls abnahm. Der klassische Umweltschutzbeauftragte ist natürlich immer noch ein fester Bestandteil der Unternehmensorganisation, und seine Funktion ist keinesfalls unwichtiger geworden. Inzwischen aber sind die Anforderungen an interne Entsorgungskonzepte höher und differenzierter, so daß er dringend Unterstützung benötigt, die er zum einen in seinem eigenen Unternehmen finden kann, indem man ihm eine funktionierende „Umweltschutzorganisation" zur Seite stellt. Zum anderen kann er sich natürlich auch externer Firmen bedienen, die als sogenannte „Entsorgungsdienstleister" seine Arbeit unterstützen. Einen solchen Dienstleister zu finden ist angesichts der derzeitigen Marktsituation in der Entsorgungswirtschaft nicht ganz so einfach. Ähnlich gelagert wie bei der Versorgungswirtschaft gibt es eine Konzentration in dieser Branche, die selbst großen Industrieunternehmen nur wenige Wahlmöglichkeiten läßt, den richtigen Entsorgungspartner zu finden. Es gibt sie jedoch noch, die sogenannten mittelständischen Dienstleister, die sich mit einer zukunftsweisenden, qualitativ hochwertigen und flexiblen Arbeitsweise als tatsächliche Partner der Industrie erfolgreich anbieten.

Dieser Beitrag ist ein Plädoyer für die Erhaltung solcher Unternehmen und mittelständischer Strukturen in der Entsorgungswirtschaft. An einem Beispiel aus dem Bereich „Elektronikrecycling" wird dargestellt, wie Partnerschaften zwischen „mittelständischen Entsorgungsdienstleistern" und größeren Industrieunternehmen (meist Hersteller aus der Elektronikindustrie) funktionieren.

1 Umweltschutzanforderungen an Entsorgungswege der Industrie

Die neuen Qualitätsanforderungen an die Entsorgungswege der Industrie haben unterschiedliche Quellen und wirken sich inzwischen auf das gesamte Geschäftsleben aus.

Es ist kein Geheimnis, daß national und international das Umweltbewußtsein der Bevölkerung gestiegen ist und sich dadurch auch die gesellschaftlichen Anforderungen an das Umweltverhalten aller Wirtschaftsunternehmen erhöht haben. Daraus resultieren einerseits größere Belastungen der Unternehmen mit einer größeren Verantwortung für den Standort, an dem sie tätig sind, und für die Produkte, die sie herstellen und vertreiben. Andererseits bieten diese Anforderungen aber auch Chancen, sich durch eine besondere Pflichterfüllung zu profilieren und damit Vorteile in allen Bereichen unternehmerischen Handelns zu erarbeiten.

Sehr schnell und konsequent werden solche Vorteile genutzt, wenn es bereits konkrete Marktanforderungen an Umweltschutzaktivitäten gibt. Diese Anforderungen werden an die materielle Beschaffenheit (Entsorgungsfreundlichkeit) der hergestellten und vertriebenen Produkte, an das Anwendungsverhalten (bei Elektronikprodukten spielen hier Strahlungssicherheit und Energieverbrauch eine dominierende Rolle), an Herstellungsverfahren oder aber an das gesamte Umweltverhalten, also auch an das Entsorgungsverhalten der Unternehmen gestellt. Die sehr schnell erhobene Forderung nach recyclingfähigen Produkten hat aus ökologischer Sicht allerdings einige kontraproduktive Entwicklungen verursacht.

Dazu gehört die Flut von Bio- und Ökoprodukten, insbesondere im Konsumgüter- und Nahrungsmittelbereich, die Kunden und Konsumenten eher verunsichern als überzeugen und deren tatsächliche „Umweltverträglichkeit" kaum noch nachzuvollziehen ist.

Ähnlich verhält es sich mit sogenannten Down-Cycling-Produkten, die ein Ergebnis dieser „Recyclingeuphorie" sind. Sekundärstoffe, zum Beispiel aus Computerschrott, werden unabhängig von ihrem

Kontaminationsgrad in minderwertigen Produkten (Blumentöpfen, Tannenbaumständern etc.) verarbeitet. In einem konkreten Fall wurden solche Produkte im Frühjahr 94, die versehen mit einem „Blauen Umweltengel" von einer Baumarktkette angeboten wurden, nach öffentlicher Bekanntgabe der „Materialbeschaffenheit" eiligst aus dem Verkehr gezogen.

„Ökologische Produktanforderungen" müssen also sehr sorgfältig „in die Tat umgesetzt" werden. Als reine Anpassung an einen „ökologischen Trend" und/oder kurzfristige Werbeaktion taugen solche Maßnahmen wenig.

Die Einforderung positiven Umweltverhaltens der Unternehmen durch andere Marktteilnehmer kann sich zunächst auf konkrete „ökologische Kundendienstleistungen" beschränken. Die Umsetzung einer solchen Dienstleistung kann durchaus in einem zweiten Schritt eine „ökologische Umgestaltung" des gesamten Produkt- und Dienstleistungsprogramms nach sich ziehen. Dieser Prozeß wird natürlich erheblich beschleunigt, wenn von der Erfüllung entsprechenden Umweltverhaltens Kaufentscheidung oder Auftragserteilung abhängen.

So wurde zum Beispiel die Nokia Data (heute ICL) 1989 durch einen Großkunden gezwungen, über Rücknahme und Entsorgung ihrer Produkte ein Konzept vorzulegen. Nachdem sich ICL noch intensiver mit dem Thema „Entsorgung" ihrer Produkte auseinandergesetzt hatte, kam sie gemeinsam mit ihrem Entsorgungspartner, der Firma Reichart Recycling, auf den Gedanken, ihren PC recyclinggerecht zu gestalten. In anderen Unternehmen, die überwiegend im Mietgeschäft (EDV und Telekommunikation) tätig sind, wurden schon früher Entsorgungskonzepte erarbeitet, da die „ausgemusterten Produkte" immer Eigentum dieser Anbieter bleiben und damit die Verantwortung für die Entsorgung größer wird.

Es gibt noch weitere Beispiele für Umweltschutzanforderungen im internationalen Geschäftsleben, zum Beispiel die Wünsche nach funktionierenden Umweltmanagementsystemen analog zu den ISO-Anforderungen an interne und externe Arbeitsabläufe, die in der Regel auch „physische Veränderungen" zur Folge haben.

Für die Elektronikindustrie, deren Produkte sowohl im Preis als auch in der Leistungsfähigkeit kaum noch zu unterscheiden sind (natürlich nur bei vergleichbaren Produktklassen), bieten jedenfalls produkt- und prozeßbezogene Umweltschutzmaßnahmen positive Unterscheidungsmerkmale gegenüber Konkurrenten.

Wenn von der Realisierung von Umweltschutzmaßnahmen solche Marktvorteile, langfristig auch Kostenvorteile, zu erwarten sind, stellt sich natürlich die Frage, welche Rolle können dann noch die gesetzlichen Grundlagen für die Umsetzung von Umweltschutzmaßnahmen in der Industrie spielen?

- Erstens wirken sich die Impulse, die von Gesellschaft und Markt kommen und von sogenannten „Marktführern" aufgegriffen und in Ergebnisse umgewandelt werden, auch auf die Umweltgesetzgebung aus;
- zweitens setzen die gesetzlichen Grundlagen immer einen Mindeststandard, dem sich anschließend auch Unternehmen zu beugen haben, die eine eher zurückhaltende Umweltschutzstrategie favorisieren.

Dementsprechend hat sich die Gesetzgebung insbesondere im Entsorgungsbereich bereits verändert und wird sich auch in Zukunft verändern. Hervorstechendes Merkmal dieser Veränderung ist eine zunehmende Durchsetzung des Verursacherprinzips im Abfallrecht. Die unternehmerische Zuständigkeit endet dabei nicht mit der ordnungsgemäßen Entsorgung aller am Standort anfallenden Abfälle, wie Büromüll und Produktionsrückstände, sondern wird ausgeweitet auf die Entsorgung der vermarkteten Produkte einschließlich Verpackung nach Beendigung der Lebenszeit.

Die bereits seit 1991 praktizierte Verpackungsverordnung und die bevorstehende „Elektronikschrottverordnung" sowie unterstützende Rahmengesetzgebungen, wie das 1994 verabschiedete Kreislaufwirtschaftsgesetz, sind Beispiele, wie sogenannte Rücknahmeverpflichtungen umgesetzt werden können, die sowohl die Anforderungen an Industrie und Handel als auch an die Entsorgungswirtschaft verändern.

Zum einen sind hierzu umweltgerechte Entsorgungsprozesse zu organisieren, die sich letztendlich positiv auf die Gestaltung der Produkte auswirken sollen. Zum anderen sind Rücklaufströme zu organisieren, die ökonomisch effizient und gleichzeitig so umweltverträglich wie möglich sind.

2 Die Elektronikschrottverordnung als Maßstab

Seit ca. 5 Jahren wird die sogenannte Elektronikschrottverordnung diskutiert. Die Schwierigkeit, für die Elektronikindustrie ein umfangreiches Rücknahmeprinzip gesetzlich zu verankern, ist in erster Linie ein Problem eines doch sehr breit gefächerten Produktspektrums von kleinsten Konsumprodukten (Armbanduhren, Walkmen etc.), über mittelgroße Geräte aus dem Haushalts- und Unterhaltungsbereich (Waschmaschinen, Kühlschränke etc.), bis hin zu großen Industrie- und Kommunikationsanlagen mit unterschiedlichen Vertriebs- und Distributionsformen (direkt oder indirekt), unterschiedlichen Kundendienststrukturen und natürlich unterschiedlichen Nutzergruppen. Es wäre zu wünschen, daß ein solches gesetzliches Vorhaben nicht daran scheitert, daß wir der doch sehr deutschen Neigung unterliegen, eine „100%-Regelung“ zu schaffen, sondern zu einer pragmatischen Lösung gelangen, die in erster Linie die Probleme der umweltgerechten Entsorgung dieser Produkte (Schadstoffentfrachtung, knappe Deponieräume, Optimierung stofflicher und thermischer Verwertungswege) ermöglicht und zum anderen die Lasten der Verantwortung einigermaßen gerecht, d. h. auf die Schultern von Herstellern, Vertreibern und Nutzern, verteilt.

Bei aller positiven Einschätzung der Marktchancen, die sich in der Umsetzung industrieller Maßnahmen auf eine verstärkte Umweltgesetzgebung eröffnen, darf man die Augen nicht davor verschließen, daß diese zunächst einmal erhebliche Aufwendungen verursachen, die sich auch in erhöhten Kosten niederschlagen:

- aufwendigere Verfahren der Entsorgung einschließlich Rückhollogistik,

- Getrennthaltung und Trennung von Produkten und Materialien,
- Verknappung der Entsorgungskapazitäten,
- Erhöhung von Abgaben und Gebühren.

Die Wirtschaftsunternehmen werden nicht darauf verzichten können, diesen Mehraufwand speziell bei Entsorgungslösungen zu treiben und damit mittel- und langfristig die Umweltaktivitäten zu verstärken. Selbst der Hinweis auf eine derzeit angespannte wirtschaftliche Situation kann dies nur kurzfristig aufschieben, aber nicht verhindern. Die Folgekosten einer nachlässigen Entsorgung, die zum Beispiel durch Überbelastung der Deponieräume, Sanierung verseuchter und wilder Deponien oder Emissionsbegrenzung technischer Anlagen (end of pipe) entstehen können, sind erstens unter dem Strich höher als die genannten Aufwendungen für zukunftsweisende Entsorgungskonzepte, zweitens ist die kurzfristige Inkaufnahme solcher erhöhten Folgekosten auch ohne Verursacherprinzip für den Abfallerzeuger kontraproduktiv, denn diese Kosten schlagen sich in erhöhten Gebühren und Abgaben nieder und belasten somit langfristig auch die Unternehmen.

Vielen Unternehmen fehlt allerdings noch diese „Langfristperspektive" bei der Einplanung von Entsorgungskosten, zumal ohne Verursacherprinzip die Kostenbelastung nur indirekt spürbar wird. Kostenvorteile durch vorbildliches Entsorgungsverhalten werden so lange nicht erkannt, wie allgemeine Gebührenregelungen alle Unternehmen in gleicher Weise belasten. Die Umweltaktivitäten zukunftsorientierter Unternehmen werden dadurch konterkariert. Um hier einige Mindeststandards zu setzen, ist eine stringentere Gesetzgebung im Abfallrecht, zum Beispiel durch Einführung des Verursacherprinzips, unausweichlich.

Die Rücknahmeverpflichtung für Altprodukte oder Verpackungen ist in dieser Hinsicht ein wirksames ökologisches Instrument der Abfallwirtschaft, das nicht durch Standortveränderungen in Regionen mit weniger strengen Umweltauflagen unterlaufen werden kann. Die Produkte sollen ja in jedem Falle auf dem deutschen und europäischen Markt verkauft werden, und von dort sind letztendlich auch die Rücklaufströme zu organisieren.

Der Gesetzgeber muß den Herstellern und Vertreibern dieser Produkte aber in jedem Falle eine Chance geben, erhöhte Aufwendungen im Entsorgungsbereich direkt oder indirekt in Marktvorteile umzusetzen und damit positive Impulse für ökologisch vorbildliches Verhalten zu setzen. Die „Elektronikschrottverordnung" sollte daher Entsorgungs-, Aufbereitungs- und Verwertungswege so festschreiben, daß einerseits Schadstoffverschleppungen verhindert und die Emissionen der Abfallbehandlung minimiert sowie andererseits die Möglichkeiten der stofflichen und thermischen Verwertung im Sinne einer Ressourcenschonung optimiert werden. Nur so werden Anreize geschaffen, in Zukunft recyclinggerechte Produkte herzustellen und zu vertreiben. Damit würde eine solche Verordnung nicht nur Rücklaufströme verursachen und hätte neben dem „Entsorgungseffekt" auch einen „Vorsorgungseffekt".

Solange die „Entsorger" die Materialien aus Altgeräten unabhängig von ihrem Kontaminationsgrad wahllos in Down-Cycling-Produkten, wenig geeigneten Verbrennungsanlagen oder Deponien verschwinden lassen können und dies auch noch als „Recycling" verkauft wird, gibt es dagegen für die herstellende Industrie keinen Anlaß, die Konstruktion und die materielle Zusammensetzung ihrer Produkte zu verändern.

An dieser Stelle wird deutlich, wie wichtig das Zusammenwirken von Gesetzgeber, Hersteller und Entsorger für eine sinnvolle Umsetzung abfallwirtschaftlicher Überlegungen, zum Beispiel in der Elektronikindustrie, ist.

Die Entsorger sind aber bereits ohne gesetzliche Normen gefordert, Lösungen anzubieten, die sowohl ein umweltgerechtes Entsorgungsverhalten belohnen als auch den Bau recyclinggerechter Produkte fördern.
Meistens sind es die mittelständischen Betriebe, die an solchen innovativen Lösungen arbeiten und sich sowohl produkt- als kundenspezifisch mit den Entsorgungsproblemen beschäftigen:

- Sie sind erstens auf Grund ihres Know-hows im Umgang mit diesen Materialien und ihres im Vergleich mit „Großentsorgern" doch bescheideneren Kostenoverheads überhaupt dazu in der Lage.
- Sie stehen außerdem nicht unter dem Zwang, irgendwelche Großanlagen oder Deponien mit Materialmassen zu befriedigen.

3 Übertragung der Aufgabenstellungen an Dienstleister

Für die Aufgabenstellung im Entsorgungsbereich sind damit die Würfel gefallen. Die Industrie braucht sicherlich den Druck gesetzlicher Verpflichtungen, möglichst international harmonisiert, denn es soll weder Wettbewerbsverzerrungen noch neue Handelsbarrieren durch Umweltgesetze geben. Sie braucht allerdings auch Freiraum und Motivation für innovative Entsorgungs- und Produktlösungen und benötigt hierzu kompetente Entsorgungspartner, denn ein Hersteller von Elektronikprodukten kann nicht gleichzeitig ein Spezialist für umweltgerechte Entsorgung sein.

Die Übertragung der Entsorgungsaufgaben an Dritte wird auch weiterhin sinnvollerweise erlaubt sein, nur ist der Auftraggeber mit dem „Outsourcing" der Entsorgungsdienstleistung damit nicht aus der Verantwortung entlassen. Er kann seinen „Dienstleister" zwar bei auftretenden Umweltschäden auf dem juristischen Wege regreßpflichtig machen, die durch solche Schäden „versalzene Suppe" in Form von Sanktionen durch Behörden, Behebung von Schäden oder Imageverlust muß er selbst auslöffeln. Dies ist bereits jetzt schon Stand der gesetzlichen Lage. Das BGH-Urteil AZ 2 StR 620/93, das den Abfallerzeuger von Schadstoffen etc. in die Verantwortung nimmt, hat viele Unternehmen aufgeschreckt. Fest steht, daß diese Verknüpfung von einerseits Auftragsvergabe an Dienstleister, andererseits bleibende Verantwortung für das, was dieser „Dritte" tatsächlich macht, eine vertrauensvolle Zusammenarbeit zwischen „Abfallerzeuger" und „Entsorger" voraussetzt.

„Vertrauensvolle Zusammenarbeit statt Ausnutzung von Abhängigkeiten“ ist die richtige Antwort, die insbesondere mittelständische Entsorger auf den derzeit gegenläufigen Trend zur Konzentration in der Entsorgungswirtschaft geben können.

Welche konkreten Anforderungen werden an einen solchen „Dienstleister“ gestellt?

- Transparenz von Arbeitsprozessen und Materialströmen,
- spezielles Know-how über Materialmix,
- intelligenter Technikeinsatz,
- Qualitäts- und Kostenbewußtsein,
- flexible Arbeitsweise und Kundennähe.

Ein erster Schritt, ausreichendes Vertrauen zu erwerben, ist sicherlich die Offenlegung aller Arbeitsschritte und Materialströme. Transparenz ist die Mindestvoraussetzung, die ein Entsorgungsunternehmen erfüllen sollte. Die Chance, für den Auftraggeber, durchsichtig zu bleiben, erhöht sich natürlich in dem Maße, wie auch das Entsorgungsunternehmen übersichtlich organisiert ist.

Natürlich muß ein Entsorgungsdienstleister über spezielles Know-how verfügen, wobei der fachgerechte Umgang mit den ihm anvertrauten Materialien eindeutig vor der Installation großtechnischer Anlagen stehen soll, die zwar für besondere Aufbereitungsschritte notwendig sind, aber keineswegs ein gesamtes Entsorgungskonzept bestimmen sollten.

Ein gutes Beispiel, wie eine technische Anlage alleiniger Bestandteil der Entsorgung wird, ist der Einsatz der Shreddertechnik in der Elektronikschrottverwertung. Shredderanlagen wurden einmal entwickelt und gebaut, um Metalle zu zerkleinern und voneinander zu trennen. In der Erwartung von Massenströmen von Elektronikaltgeräten durch die neue Elektronikschrottverordnung hat sich diese Situation grundlegend verändert. Insbesondere große Unternehmen investieren mit großem Kapitalaufwand in Shredderanlagen, die dann mit kompletten Geräten oder mit lediglich von schadstoffhaltigen Bauelementen befreiten Geräteteilen beschickt werden.

Solche Teile, wie Kunststoffgehäuse oder entfrachtete Leiterplatten, beinhalten meist Additive, die beim Shredderprozeß Schadstoffe emittieren, die eine erhebliche Belastung für Mensch und Umwelt darstellen. Selbst wenn man aber diesen Effekt vernachlässigt, gibt es zwei wesentliche Gründe, eine solche Entsorgungstechnik abzulehnen. Erstens werden diese Materialien bei der gängigen Shredderpraxis lediglich verdichtet und auf Edelmetallausbeute vorbereitet. Zweitens entstehen neben dieser Metallausbeute Mischfraktionen (in der Regel Kunststoff-Metall-Verbindungen), die in verdichteter Form entweder in Down-Cycling-Produkten, auf der Deponie oder in diversen Verbrennungsanlagen landen. Selbst wenn nur 60% der Edelmetalle zurückgewonnen werden können, reicht der Profit, der mit diesem Verfahren erzielt wird, völlig aus, um eine Anlageninvestition von mehreren Millionen Mark in wenigen Jahren zu amortisieren.

Die Basis dieses Profits ist einfach: Der weitgehenden Ausbeute der Metalle wird für die sogenannte „Restfraktion“ ein preisgünstigster Entsorgungs- und Verwertungsweg gegenübergestellt. Das Ziel der „Elektronikschrottverordnung“, eine abfallwirtschaftliche Umweltentlastung zu erreichen, wird durch Anwendung einer solchen „Entsorgungstechnologie“ allerdings verfehlt.

Durch wahllose Anwendung der Shreddertechnik wird zudem die Chance einer möglichen Separierung der Materialien in stofflich wiederverwertbare (z. B. sortenreine Kunststoffe) und nicht wiederverwertbare verpaßt und eine mögliche Ressourcenschonung im Rohstoffbereich versäumt.

Fazit dieseses kurzen Exkurses in die Shreddertechnik: Die Dominanz technischer Anlagen – über die derzeitige Gaukelei im Bereich des Bildschirmrecyclings läßt sich ähnliches berichten – ist lediglich profitabel für die Betreiber dieser Anlagen, eine tatsächliche Entsorgungsdienstleistung findet nicht statt. Dies sollte die abfallerzeugenden Unternehmen eher sehr skeptisch machen, zumal sie doch bei Beauftragung von Entsorgungsunternehmen zunehmend zur Kasse gebeten werden. Auch der vorübergehende Preisverfall auf dem Markt für Elektronikschrottverwertung sollte nicht täuschen, denn er ist lediglich Ergebnis eines aggressiven Verdrängungswettbewerbs und nicht von „economies of scale" durch fortschrittliche Entsorgungsmethoden.

Ökologisch und ökonomisch intelligente Lösungen zur Verwertung und Entsorgung sind notwendig, wenn „Elektronikschrottverwertung" und eine sie fördernde „Elektronikschrottverordnung" einen Sinn ergeben sollen. Großtechnische Aufbereitungsanlagen können sicherlich ein Teil einer solchen Lösung sein, aber nicht die Entsorgungswege ausschließlich bestimmen, wenn man die soeben beschriebenen kontraproduktiven Effekte vermeiden will. Solche Lösungen setzen enorme Kenntnisse der in Elektronikgeräten verwendeten Materialien, in der Demontage und Sortierung und letztendlich auch in der Aufbereitung und Vermarktung von Sekundärstoffen voraus, die nur durch einen langjährigen Umgang mit den Produkten, einen langfristigen Erfahrungsaustausch mit den Herstellern und große Erfahrungen auf dem Rohstoffmarkt zu erwerben sind. Werden diese Kenntnisse und Erfahrungen tatsächlich zum Auswahlkriterium für „Entsorgungsdienstleister" gemacht, wird die Anzahl der Marktanbieter auf dem Markt für „Elektronikrecycling" drastisch sinken.

Neben einem speziellen Know-how ist sicherlich ein entsprechendes Kosten- und Qualitätsbewußtsein notwendig, um Industrie und Handel ein überzeugendes Dienstleistungskonzept anzubieten. Ähnlich wie in anderen Dienstleistungsbereichen gilt es, dem Kunden Möglichkeiten zu offerieren, wie er sein „Entsorgungsproblem" mit dieser hohen Umweltqualität lösen kann, die seinem eigenen Anspruch, dem seiner Kunden oder dem des Gesetzgebers gerecht wird:

- Wünscht beispielsweise ein Hersteller von Telefonanlagen die Separierung von bestimmten Bauteilen und Materialfraktionen zum Wiedereinsatz in seinen Produkten, so ist ein Rückfluß der Materialien mit sortenreinen Qualitäten und vertretbaren Kosten zu organisieren, um eine solch positive Umweltentscheidung eines Herstellers zugunsten eines tatsächlichen „Recyclings" auch umzusetzen.

- Bei Rückgewinnung aus bestimmten Materialfraktionen (z. B. Kabel, Metalle etc.) werden dem Kunden auch Gutschriften ausgestellt, um ihn an solchen positiven Effekten teilhaben zu lassen.
- Aktivitäten der Kunden im Umweltmarketing werden vom Entsorgungsdienstleiter jederzeit unterstützt (Ökobilanzen und andere Dokumente)
- Der Kunde braucht immer die Sicherheit, daß der Umgang mit seinen Abfällen stets nach den gesetzlichen Bestimmungen oder nach zusätzlich aufgestellten „Umweltrichtlinien und -grundsätzen" erfolgt.

Dies ist nur ein Auszug eines überzeugenden und kundennahen Dienstleistungsprogramms, das über die normale, herkömmliche Entsorgung weit hinausgeht.

Sehr eng mit der Qualität von Entsorgungsdienstleistungen verknüpft ist die Flexibilität der beauftragten Entsorgungsunternehmen. Insbesondere im Anlagenbau ist der Abbau und die Entsorgung alter Anlagen ein fester Bestandteil des Serviceangebots. In die Tat umgesetzt, heißt dies, daß von Anlagenbauern und -vertreibern beauftragte „Entsorgungsdienstleister" bereits bei ihren Kunden vor Ort die Arbeit aufnehmen. Sie werden damit erstens in die gesamte Auftragsabwicklung eingebunden, was ein hohes Maß an Flexibilität erfordert, und zweitens geben die Entsorger für ihren Auftraggeber die Visitenkarte ab, was für seine zukünftigen Geschäftsbeziehungen wiederum von großer Bedeutung ist.

Faßt man die Anforderungen zusammen (vertrauensvolle Zusammenarbeit und Transparenz, intelligente Lösungen, Kosten- und Qualitätsbewußtsein, Flexibilität der Dienstleistung), die an Unternehmen der Elektronikschrottverwertung gestellt werden, so muß man prognostizieren, daß sich hier im Gegensatz zur sonstigen Entsorgungswirtschaft mittelständische Strukturen durchsetzen werden, vorausgesetzt die entsprechenden Unternehmen sind bereit und in der Lage, die geforderten Qualitäten zu liefern.

Der Gesetzgeber hat in diesem Zusammenhang eine sehr wichtige Aufgabe. Wenn er wirklich seine anvisierten Ziele erreichen will, muß er durch Vorgabe entsprechender Rahmenbedingungen verhindern, daß solche leistungsfähigen Unternehmen von großen Deponie- und Anlagenbetreibern an die Wand gedrückt werden.

4 Vorteile mittelständischer Strukturen

Die Vorteile mittelständischer Unternehmen liegen auf der Hand. Im Vergleich zu Großunternehmen sind die Verantwortungen dort klar auf Einzelpersonen festgelegt. Gerade die vertrauensvolle Zusammenarbeit zwischen Auftraggeber und Entsorger ist eine Sache persönlicher Beziehungen und der Transparenz der Arbeitsschritte.

In mittelständischen Entsorgungsunternehmen sind hierzu immer entsprechend kompetente und persönlich verantwortliche (oder auch haftende) Ansprechpartner zu finden (in der Regel sind dies die Firmeneigentümer selbst oder Mitglieder der Geschäftsleitung).

- Erstens können mit diesen Ansprechpartnern gemeinsame Projekte zwischen Herstellern und Entsorgern, die ein hohes Maß an Diskretion erfordern, wesentlich unkomplizierter durchgeführt werden als mit Großentsorgern. Es gehört zum Beispiel von Seiten der Hersteller schon sehr viel Vertrauen dazu, gemeinsam mit dem Entsorger den Prototyp eines neuen Produktes hinsichtlich zukünftiger Recyclingfähigkeit zu untersuchen, dessen Markteinführung unmittelbar bevorsteht. Stillschweigen über den Inhalt solcher Gespräche kann man sicherlich immer vertraglich festlegen, ihre Einhaltung ist aber wesentlich einfacher zu kontrollieren, wenn nur wenige oder nur ein einzelner Ansprechpartner Kenntnis davon haben.
- Zweitens haben die Auftraggeber bei Unstimmigkeiten direkteren Zugriff auf ihren „mittelständischen Dienstleister", als wenn sie sich mit den Rechtsabteilungen der „Großentsorger" auseinanderzusetzen haben.

Ein weiterer wesentlicher Vorteil kleinerer mittelständischer Unternehmen ist die in der Regel größere Transparenz der Arbeits- und Verwertungsschritte gegenüber größeren Entsorgern. Selbst das Argument der Großunternehmen, die über weitreichende Unternehmensbeteiligungen verfügen, daß ihre Materialströme im konzerninternen Kreislauf bleiben, ist sehr kritisch zu betrachten, denn zu diesen Beteiligungen gehören auch Deponien und Verbrennungsanlagen, die mit Material gefüttert werden müssen. Die Verwertungswege der kleineren Unternehmen sind dagegen über Vertragswerke, Begleitscheine und Entsorgungsnachweise jederzeit darstellbar.

Aus der eher einfachen und klaren Hierarchie in kleineren Organisationsformen ergeben sich in der Regel auch kurze Entscheidungswege, die Voraussetzung für eine schnelle und flexible Dienstleistung sind. Die Kunden werden insgesamt „individueller" bedient.

Eine solche individuelle Dienstleistung ist natürlich nur mit einem geringen Kostenoverhead zu bewältigen. Mittelständische Unternehmen haben ihren „Gemeinkostenapparat" bereits erheblich abgespeckt, um einen Wettbewerbsvorteil zu erzielen. Größere Unternehmen halten dem entgegen, daß sie im Bereich „Elektronikschrottverwertung" inzwischen über eine entsprechende Anlagentechnik verfügen, die ihre Kosten senkt und es ihnen erlaubt, einen aggressiven Preiswettbewerb zu führen. Die Niedrigpreise der „Anlagen- und Deponiebetreiber" sind aber de facto nur duch Inkaufnahme hoher Verluste – bei kapitalkräftigen Großunternehmen eher kompensierbar – oder aber von „Defiziten der Umweltdienstleistung" durchsetzbar. Der geführte Diskurs über die Ausbeutung durch Einsatz von Shreddertechnik gehört zu einer solchen Strategie.

Stellt man jedoch vergleichbare Dienstleistungen entsprechenden Kosten und Preisen gegenüber, werden sich immer Vorteile zugunsten mittelständischer Strukturen ergeben.

Die genannten Vorteile qualifizieren natürlich nicht automatisch die kleineren gegenüber den größeren Unternehmen. „Saubere Umweltqualität" können letztendlich alle Entsorgungsunternehmen liefern. Angesichts der derzeitigen Konzentration auf diesem Markt und sich ständig wiederholender Entsorgungsdelikte ist das Vertrauen darin allerdings erheblich erschüttert.

Qualifizierte mittelständische Entsorgungsdienstleister werden zukünftig „verlängerte Werkbank“ der Hersteller sein und spielen damit eine ähnliche Rolle wie ihre Zulieferer. Negativ betrachtet, ergibt sich daraus für die Entsorger eine klare Abhängigkeit von ihren Großkunden. Sie schaffen sich aber dafür eine Position des Partners im „gemeinsamen Boot der Elektronikverwertung“, wie sie ihnen auch mit einer „Elektronikschrottverordnung“ einmal zugedacht war.

Mit dieser Strategie werden sie in jedem Falle ihr Dienstleistungsprogramm im derzeitigen Verdrängungswettbewerb „durchsetzen“ können.

5 Ein mittelständisches Dienstleistungspaket im Bereich des Elektronikrecyclings

Ein Beispiel für umfangreiche und innovative Dienstleistungen im Bereich des Elektronikrecyclings ist die Firma RDE GmbH, einer von der Firma Reichart Recycling aus Pulheim ins Leben gerufenen bundesweiten Unternehmenskooperation mit verschiedenen Standorten. Die RDE verfügt damit über ein leistungsfähiges Annahme- und Zerlegenetz sowie über Aufbereitungs- und Verwertungswege der zurückgewonnenen Fraktionen.

Reichart gilt als Pionier der Handzerlegung und Verwertung von Elektronikaltgeräten. Die in der Elektronikindustrie weitgehend bekannte Arbeitsweise und Qualität der Firma wird auf alle Standorte übertragen. Die Steuerung der Arbeitsschritte und Materialströme erfolgt über ein zentrales Qualitätsmanagement der RDE, eine zusätzliche Kontrolle durch den TÜV-Rheinland.

Die RDE ist Partner und nicht reiner Auftragnehmer von Industrie, Handel und Kommunen und dokumentiert dies mit einem kundennahen Dienstleistungsprogramm:

- Partner für die Erarbeitung gemeinsamer Entsorgungs- und Verwertungskonzepte,
- Partner bei der Entwicklung recyclinggerechter Produkte,
- Partner im Servicebereich der Industrie (Demontage beim Kunden vor Ort),
- verschiedene Logistiksysteme,
- TÜV-geprüfte Zerlegung der Produkte,
- TÜV-geprüfte Verwertung der Fraktionen im gesamten RDE-Verbund.

Die partnerschaftliche Zusammenarbeit zwischen einem innovativen „Entsorgungsdienstleister für Elektronikschrott" und seinem Kunden beginnt mit einem überzeugenden Beratungskonzept über Sammlungsmöglichkeiten, Transportanforderungen und letztendlich Verwertungsmöglichkeiten der zu entsorgenden Produkte. Im Rahmen eines solchen Konzeptes geht es darum, die vorhandenen Kapazitäten von Auftraggeber und -nehmer in optimaler Weise zu nutzen und zu ergänzen. Folgende Fragen sind beispielsweise zu beantworten:

- Welche eigenen Sammlungs- und Lagermöglichkeiten hat der Auftraggeber selbst?
- Inwieweit kann der Auftraggeber bereits Vorleistungen erbringen, die eine spätere Abholung und Verwertung der Produkte erleichtert und damit auch eine positive Wirkung auf den Entsorgungspreis haben (Vordemontage, Separierung von Materialien etc.)?
- Gibt es Möglichkeiten, bereits bei den Kunden der Auftraggeber vor Ort Produkte und Anlagen zu demontieren und abzuholen?
- Welche Behältnisse werden benötigt, werden diese direkt bei den Kunden aufgestellt und werden sie zu Werbezwecken kundenspezifisch gestaltet (Firmennamen, Farbgebung etc.)?

- Wie sind Logistiksysteme der Auftraggeber mit der Rückhollogistik abzustimmen?
- Inwiewcit will der Auftraggeber an der Gestaltung der Verwertungsschienen zum Beispiel durch Einsatz der entstehenden Sekundärstoffe in seiner eigenen Produktion teilhaben und wie ist ein solcher Rückfluß zu organisieren?

Diese Fragen bilden nur einen Auszug aus einem umfangreichen Katalog oder einer Checkliste, deren Beantwortung wie Mosaiksteine zu einem Gesamtkonzept zusammengefaßt werden.

Bei RDE gibt es in dieser Hinsicht ein Grundprinzip: Dem Kunden die Entsorgungsprobleme nicht nur abnehmen, sondern bereits im Vorfeld Erleichterungen schaffen, die letztendlich auch seine Kostenbelastung soweit wie möglich reduzieren.

Diese Reduzierung erfolgt jedoch ausschließlich durch einen intelligenten Einsatz der möglichen Dienstleistungen und niemals durch Abrücken vorgegebener Umweltqualitäten. Es gibt also keine unterschiedlichen Preisklassen zwischen Teil- und Vollentsorgung oder Billig- und Topentsorgung.

Ein konstruktiver Beitrag zur langfristigen Reduzierung von Entsorgungskosten für Elektronikaltgeräte ist natürlich die recyclinggerechte Gestaltung der neuen Produkte. Im Dialog mit Herstellern hat die Firma Reichart Recycling in der Vergangenheit an solchen Entwicklungsprozessen mitgewirkt. Ein Computergehäuse ohne Flammhemmer, ein Telefon mit nur einer Kunststofffamilie und einer demontagefreundlichen Aufbautechnik sowie eine TV-Fernbedienung aus Kunststoffrecyclat sind ausgewählte Beispiele, wie ein „Entsorger“ sinnvolle Mitarbeit an neuen Produktentwicklungen leisten kann.

Solche „Projekte“ sind allerdings nur zu realisieren, wenn erstens auf Entsorgerseite entsprechende Kenntnisse über Sinn und Zweck von Produktkonstruktionen und Materialbeschaffenheit vorhanden sind, und zweitens eine entsprechende Vertrauensbasis zwischen Entsorger und Hersteller besteht. Beide Anforderungen sind nur von einem spezialisierten und einem überschaubaren Dienstleistungsunternehmen zu erfüllen.

RDE übernimmt auch Dienstleistungen, die eigentlich zum Servicebereich ihrer Kunden gehören. Es ist für diese kein Problem, die RDE-Partner wiederum zu ihren Kunden zu schicken, um dort vor Ort bereits die Entsorgung vorzunehmen. Von der einfachen Abholung einzelner bereitstehender Produkte (eventuell auch in RDE-eigenen Behältern, die nach Wunsch gestaltet werden), über das „Ausstöpseln" kleinerer Geräte und Anlagen bis hin zum Ausbau und zur fachgerechten Demontage von Großgeräten und -anlagen bietet die RDE ihre Dienste an und gibt hier bereits eine „Visitenkarte" für ihre Kunden ab.

Ein weiterer Teil aus dem Servicebereich ihrer Kunden, den die RDE übernimmt, ist der Ausbau und die Lagerung von funktionstüchtigen Ersatzteilen. Auf diese Dienstleistung greifen vor allem größere Hersteller von Elektronikprodukten zurück, für die solche Ersatzteillager – insbesondere für nicht mehr produzierte Produkte – viel zu kosteninsiv sind. Garantiert wird von der RDE, daß diese „Bauteile" nur für den Bedarf der Kunden bereitgestellt werden, ein „Secondhandhandel" findet nicht statt.

Da die kundennahe Ausrichtung des Servicebereiches insbesondere für Unternehmen aus der Elektronik- und Kommunikationsbranche eine wesentliche Überlebensstrategie darstellt, gehört von ihrer Seite schon sehr viel Mut und Vertrauen dazu, fremde Dienstleister in eine solche Konzeption zu integrieren. Die RDE gehört in dieser Hinsicht zu den wenigen „Entsorgern", die die entsprechenden Kriterien erfüllen.

Die in den gemeinsamen Entsorgungs- und Verwertungskonzepten erarbeiteten logistischen Anforderungen müssen natürlich auch realisiert werden. Ein Entsorgungsdiensleister muß daher ähnliche Voraussetzungen hinsichtlich Lagerung, Behältergestellung und Transport erfüllen wie ein Spediteur. Dazu gehören Schnelligkeit und Flexibilität. Zusätzlich brauchen sie Genehmigungen nach den jeweiligen Vorschriften der Lagerung und des Transportes von Gefahrgütern und Schadstoffen, die in den jeweiligen zu entsorgenden Produkten vorhanden sind, oder aber im ausgebauten Zustand zu transportieren sind.

Der Aufbau solcher „Logistiksysteme“ erfordert für mittelständische Unternehmen einen sehr hohen Investitionsbedarf und belastet insgesamt den Gemeinkostenanteil. Um diese Belastung zu tragen, sind mittelständische Unternehmen gezwungen, Partnerschaften entweder mit spezialisierten Transportunternehmen oder aber anderen Entsorgungsunternehmen zu bilden. Die RDE ist ein solcher „mittelständischer Unternehmensverbund“, der in der Lage ist, große und kleine Kunden bundesweit „logistisch“ zu bedienen.

Die Basis der Arbeit im Bereich der Elektronikverwertung ist die manuelle Demontage der angenommenen Altgeräte. Will man dieses Betätigungsfeld weiterhin erhalten und damit tatsächlich einen ökologisch sinnvollen sowie ökonomisch zumindest langfristig positiven „Verwertungsbeitrag“ erzielen, so wird man zwangsläufig an einer solchen „Handarbeit“ festhalten:

- Aussortieren von stofflich verwertbaren Materialien,
- Aussortieren von schadstoffbehafteten Materialien,
- Aussortieren von schadstoffhaltigen Bauteilen.

Diese Arbeitsschritte sind auf Grund der Vielfältigkeit der zu entsorgenden Geräte nur durch „Handzerlegung“, allenfalls mit einer „Teilautomatisierung“ zu bewältigen. Menschliche Arbeitskraft oder „Humankapital“ wird also immer gefragt sein. In der Großindustrie verschwinden Arbeitsplätze dieser Art zunehmend, da sie auf Grund der hohen Strukturkosten dieser Unternehmen nicht mehr bezahlbar sind.

In mittelständischen Entsorgungsunternehmen kann eine solche Dienstleistung noch angeboten werden. Voraussetzung für das Überleben dieser Dienstleistung ist aber die Aufrechterhaltung hoher Qualitätsstandards durch Industrie, Handel und Staat.

Bei RDE werden im Zerlegebereich qualifizierte Arbeitsplätze für Menschen ohne besondere Ausbildung geschaffen. In einem Qualifikationsprogramm werden die Mitarbeiter zum einen fachlich auf ihre Zerlegeaufgabe einschließlich Erkennung von Materialien vorbereitet, zum anderen für das Problemfeld „Recycling“ sensibilisiert. In Zukunft wird diese Arbeit durch sogenannte computergestützte Erkennungs- oder Detektionsanlagen, zum Beispiel zur Unterscheidung verschiedener Kunststoffe, sinnvoll ergänzt. Ebenfalls im Aufbereitungsbereich, in dem die zerlegten Materialien auf ihre spätere stoffliche und thermische Verwertung vorbereitet werden, kommen maschinelle Anlagen zum Einsatz.

Die RDE stellt somit dem „Anlagenbau“ der Großentsorger, der in erster Linie auf eine „ökonomische Ausbeute“ und „preiswerte Verdichtung“ der Materialien angelegt ist, ein innovatives „Verwertungskonzept“ mit einer sinnvollen Aufteilung menschlicher und maschineller Arbeit entgegen.

Basis des Konzeptes ist nach wie vor das 1990 gemeinsam mit der Firma ICL entwickelte „7-Fraktionen-Modell:

- Metalle,
- Technische Kunststoffe,
- Glas,
- Kabel,
- Leiterplatten,
- Stecker und Steckverbindungen,
- Bauteile/LCDs.

Die Verwertung dieser Fraktionen erfolgt bei RDE nach klaren Prinzipien:

- Hohe Wiederverwertungsqualitäten bei stofflich sauberer, d. h. schadstoffreier Ware;
- thermische Verwertung oder sichere Entsorgung bei schadstoffbehafteten Mischfraktionen;
- Aufbereitung oder Entsorgung schadstoffhaltiger Bauteile.

Unproblematisch ist in der Regel die Metallfraktion. Sortenreine Metalle werden nach unterschiedlichen Verhüttungsqualitäten sortiert, Verbundmetalle durch Einsatz von Shreddertechnik voneinander getrennt und anschließend der Verhüttung zugeführt.

Technische Kunststoffe werden separiert in einerseits verschiedene sortenreine und schadstoffreie Fraktionen, die stofflich wiederverwertet werden, und andererseits in Mischfraktionen – in der Regel durchsetzt mit diversen Flammhemmern und Schwermetallen, die nach einer Metallbefreiung manuell oder durch Magnetabscheidung der thermischen Verwertung zugeführt werden.

Die Glasfraktion wird nach vorheriger Aufbereitung als Sand- und Kiesersatz in der Bleiverhüttung verarbeitet oder aber als Werkstoff für die Wiederherstellung von Konusglas bereitgestellt. Strontium, Barium und Blei sind bisher nicht aus dem Bildschirmglas lösbar, eine qualifiziertere stoffliche Verwertung in anderen Nutzglasprodukten ist daher aus RDE-Sicht wegen der Gefahr der Schadstoffverschleppung zur Zeit ausgeschlossen.

Kabel werden durch Shredderaufbereitung in Kunststoffe und Metalle getrennt. Metalle werden der hundertprozentigen stofflichen Wiederverwertung zugeführt, die separierten Kunststoffe (meist mit Flammhemmern durchsetzt) der ordnungsgemäßen thermischen Verwertung zugeführt. Gerade dieser Aspekt der Kunststoffverwertung mit der entsprechenden sauberen Separierung wird bei der herkömmlichen Kabelverwertung häufig vergessen.

Leiterplatten werden von schadstoffhaltigen Bauteilen (Quecksilberteile, Batterien, Kondensatoren, LCD) und von Kühlkörper (meist Alu-Zink-Verbindungen) befreit und der thermischen Verwertung (Schmelze und Elektrolyse) zugeführt. Das Ergebnis ist eine nahezu komplette Metallrückgewinnung (sowohl Edelmetalle als auch Kupfer und Eisen) und ein stofflicher Wiedereinsatz des Restmaterials als Schlackeprodukt.

Den gleichen Weg wie die Leiterplatten gehen Stecker und Steckverbindungen, zumindest solange es sich hier um eingeschlossene Verbundmaterialien (Kunststoff-Metall-Verbindungen) handelt. Sollte diese Fraktion aus sortenreinem Kunststoff sein, ist eine stoffliche Verwertung möglich.

Die entfernten Bauteile und LCDs werden entweder einer Aufbereitung oder aber einer gezielten Entsorgung (Untertagedeponie) zugeführt. Weitere Aufbereitungen, Verwertungen und Entsorgungen werden für Einzelteile wie Leuchtstoffröhren, Tonerkartouchen, Selentrommeln etc. angeboten.

Wo liegt nun in dieser Verwertung der Vorteil für die Industrie, und wo sind Ansatzpunkte für eine partnerschaftliche Zusammenarbeit zu erkennen?

- Zunächst einmal können sich die Auftraggeber der RDE immer sicher sein, daß „ihre Abfälle“ zum einen nach den gesetzlichen Bestimmungen, zum anderen an jedem Standort nach einheitlichen Qualitätskriterien „verwertet und entsorgt“ werden. Die entsprechenden Materialströme sind dokumentiert und werden überprüft. Bei Besichtigung der RDE-Standorte sind diese Materialströme auf Grund der Transparenz der Arbeitsschritte jederzeit nachvollziehbar.
- Vorteilhafte Entwicklungen auf dem Sekundärstoffmarkt werden offengelegt; an Kostenvorteilen durch „ökonomisch vorteilhafte Verwertungswerte“ werden die Kunden immer beteiligt.
- Durch den ständigen Austausch über die Verwertung von Materialien werden insbesondere Herstellern Anreize gegeben, ihre Produkte zukünftig „recyclingfähig“ zu gestalten.

Die Verwertungsschienen sortenreiner schadstoffreier Fraktionen hat RDE zum Teil in Eigenregie aufgebaut, zum Teil aber auch in enger Partnerschaft mit den Herstellern und ihren Zulieferern realisiert. Dadurch wird den Herstellern und Vertreibern von Produkten die Chance eröffnet, „recycelte“ Materialien wieder in ihre Produkte einzusetzen und damit die Materialkreisläufe tatsächlich zu schließen.

6 Fazit

Aus den Ausführungen wurde deutlich, mit welchen Entsorgungsdienstleistungen tatsächlich die Zielsetzungen einer „strengeren Abfallgesetzgebung" erreicht werden können. Dabei wird nicht behauptet, daß die Lösung der entsprechenden Aufgaben leicht wäre und mit Sicherheit von *einem* Entsorgungsunternehmen bewältigt werden kann. In dieser Hinsicht unterstützt dieser Beitrag auch die Haltung des ZVEI und des VDMA, die inzwischen beide mehr Wettbewerb in der Entsorgungswirtschaft fordern.

Der Wettbewerb sollte sich bei allem Verständnis für die enormen kurzfristigen Kostenbelastungen der Industrie durch Umweltanforderungen an die Entsorgungswege nicht ausschließlich auf einen „vordergründigen Preiswettbewerb" beschränken. Die „billigste Entsorgungslösung" ist in den seltensten Fällen die „langfristig kostengünstigste", da sie mögliche „benefits" durch intelligente und kundennahe Entsorgungslösungen völlig außer acht läßt.

Will sich die Industrie langfristig die Dienste mittelständischer Entsorgungsunternehmen sichern, muß sie gemeinsam mit dem Gesetzgeber auch etwas dafür tun, daß entsprechende Marktstrukturen erhalten oder wieder neu geschaffen werden.

Kapitel X

Unternehmensstrategien zur Minimierung der zivil- und strafrechtlichen Umwelthaftung

Herwig Bachelin

1 Die Ausgangslage

Unsere Gesellschaft, in der wir in Europa derzeit leben, kennzeichnet ein ausgeprägtes, aber gespaltenes Umweltbewußtsein:

Da sind zum einen die schleichenden ökologischen Summations-, Distanz- und Langzeitschäden, z. B. Klimaveränderung, Artensterben, Waldschäden, Meeresverschmutzung. Wo als Reaktion eine Änderung der Lebensführung jedes einzelnen angesagt wäre, etwa die Überwindung der bequemen Energieverschwendung, der gängigen Konsum- und Wegwerfmentalität oder unserer wenig „intelligenten" Mobilitätsexzesse, beschwichtigen wir unser Unbehagen mit Lippenbekenntnissen. Unsere vermeintlich gesicherte Lebensqualität ist uns heilig.

Können wir dagegen lokale „Lieferanten" unseres Lebensstandards für konkrete Umwelteinwirkungen dingfest machen, vor allem als emittierende Betriebe in der Nachbarschaft, werden schnell Initiativen gegründet sowie Anzeigen und Ansprüche formuliert. Triebfeder ist meist weniger eine spezifische Technik- oder Industriefeindlichkeit als eine ausgeprägte Anspruchsmentalität. Auf Grund dieser individualistisch motivierten Sensibilisierung unserer Gesellschaft dürften die Umwelthaftungsfälle weiter zunehmen.

Der gegenwärtige enorme Anstieg der Prämien der Betriebshaftpflichtversicherungen – Spiegelbild des Haftungsrisikos – belegt es. Umweltunfälle sind heute nicht mehr „gesellschaftsfähig". Nachstehend geht es darum, ob und wie Unternehmen das „Strategische Umweltschutzmanagement" auch als ein wirksames Instrument des Selbstschutzes einsetzen können.

2 Das Umweltsanktionsrecht

Die umweltpolitischen Steuerungsinstrumente sind in den letzten Jahren stark ausgebaut und verfeinert worden. Zu denken ist an Planungsvorgaben, Mitteilungspflichten und sonstige Informationsgebote, Erlaubnisvorbehalte, Finanzanreize und Ökoabgaben, daneben gibt es aber immer noch das althergebrachte Sanktionsrecht, das für Verstöße Haftung und Strafe bis hin zu Genehmigungsentzug und Tätigkeitsverbot bereithält.

2.1 Umwelthaftungsrecht

Das deutsche Umwelthaftungsrecht setzt sich aus der überkommenen, verschuldensabhängigen Deliktshaftung und verschiedenen Stücken von Gefährdungshaftung, d. h. von verschuldensunabhängiger Verursachenshaftung, zusammen.

Ohne Verschulden muß u. a. gehaftet werden nach Wasserrecht sowie gemäß Umwelthaftungs- und Produkthaftungsgesetz, Atom- und Gentechnikgesetz. Zurechnungsgrund ist meist das bloße Innehaben, z. T. der Betrieb entweder ganz bestimmter oder (fast) beliebiger Anlagen bzw. das Herstellen oder Inverkehrbringen fehlerhafter Produkte. Zum Teil schließt selbst höhere Gewalt die Haftung nicht aus.

Genauso verschiedene Muster sind bezüglich der Haftungsfolgen festzustellen: Während bei Verschulden in unbegrenzter Höhe gehaftet wird, begrenzen das Umwelt- und das Produkthaftpflichtgesetz die sich jeweils aus ihnen ergebende Haftung auf einen – allerdings hohen – Höchstbetrag. Schmerzensgeld wird nur bei Verschulden gewährt. Reine Vermögensschäden werden zum Teil ersetzt, zum Teil nicht. Auch die Verjährung und das Erlöschen der Ansprüche sind unterschiedlich geregelt.

Speziell das Umwelthaftungsgesetz, für das die Personen- und Sachschädigung über den Umweltpfad kennzeichnend ist, enthält Erleichterungen für die Durchsetzung und Realisierung von Ansprüchen (Beweiserleichterung durch Ursachenvermutung, Deckungsvorsorge durch Versicherungspflicht).

Vorstehend einbezogen in die Betrachtung ist das Produkthaftungsgesetz deshalb, weil die Schäden eines fehlerhaften Produktes auch über den Umweltpfad eintreten können und weil die Haftung für emittierende Anlagen und fehlerhafte Produkte Parallelen aufweist, die auch gemeinsame Überlegungen zum Risikomanagement nahelegen.

Die vorstehenden Regeln betreffen die Haftung der Unternehmer bzw. Unternehmen. Daneben können aber auch Manager persönlich haften, sei es aus Organstellung, Anstellungsvertrag oder Delikt, sei es gegenüber der Gesellschaft, den Gesellschaftern oder Dritten. Für Arbeitnehmer ist die Haftung neuerdings je nach Verschuldensgrad und sonstigen Umständen eingeschränkt.

2.2 Umweltstrafrecht

Straf- und Ordnungswidrigkeitenrecht unterscheiden sich insofern grundsätzlich, als nach unseren Rechtsvorstellungen (die sich z. B. nicht mit denen anderer Länder, etwa der USA, decken) nur natürliche Personen bestraft werden können, während eine Geldbuße auch gegenüber juristischen Personen verhängt werden kann. Der Kriminalstrafe hängt ein sozialer Makel an, der Geldbußenrahmen ist dagegen oft erheblich größer als derjenige für Geldstrafen. Gleichwohl wird nachstehend unter „Umweltstrafrecht" auch das umweltbezogene Ordnungswidrigkeitenrecht verstanden.

Eine Quasistrafe unmittelbar gegen das Unternehmen – und nicht die unempfindlichste dazu – ist die Anordnung des Verfalls, d. h. die Abschöpfung der durch die Tat erlangten Vermögensvorteile. Die Kosteneinsparung etwa durch eine illegale Abfallentsorgung muß vom Unternehmen wieder ausgezahlt werden. Soweit für Umweltverstöße Geldbußen in Frage kommen, können diese nicht nur unmittelbar gegen das Unternehmen, sondern zum Zwecke der Gewinnabschöpfung auch über das Höchstmaß hinaus bemessen werden. Das Prinzip ist durchgängig: Am Umweltverstoß darf nicht verdient werden.

Seit 1980 sind die „Straftaten gegen die Umwelt" im 28. Abschnitt des Strafgesetzbuches zusammengefaßt. Nach wie vor sind Umweltstraftatbestände aber auch in Fachgesetzen geregelt, z. B. im Bundesnaturschutzgesetz, im Gentechnikgesetz oder im Chemikaliengesetz.

Wichtige Straftaten, die auch über den Umweltpfad begangen werden können, finden sich in den allgemeineren Abschnitten des Strafgesetzbuchs: Es handelt sich um solche gegen Leben und Gesundheit von Menschen, insbesondere die fahrlässige Körperverletzung und

Tötung, ferner um solche der Sachbeschädigung und gemeingefährlichen Charakters wie fahrlässige Brandstiftung, Herbeiführen einer Brandgefahr, einer Sprengstoffexplosion oder einer Überschwemmung, Freisetzung ionisierender Strahlen und ähnliches.

Bereits das bloße Organisationsverschulden von Leitungspersonen ist mit Geldbuße (bis zu 1 Mio. DM!) bedroht, wenn dadurch eine betriebsbezogene Straftat oder Ordnungswidrigkeit eines Mitarbeiters ermöglicht oder erleichtert wurde. Immer stärker wird vor allem das Ordnungswidrigkeitenrecht inzwischen auch durch Rechtsakte der EU, zuletzt z. B. durch die Abfallverbringungsverordnung zum sogenannten Abfalltourismus, gespeist.

2.3 Betriebsuntersagung und Anlagenstillegung

Die Betriebseinstellung kann sich als Folge nachbarrechtlicher Abwehransprüche oder besonderer privater Rechtstitel ergeben, kann aber auch von der aufsichtführenden Verwaltungsbehörde verfügt werden. Anlaß für behördliche Anordnungen können ein ungenehmigter Betrieb oder die Abweichung von vollziehbaren Genehmigungsauflagen, die Gefährdung von Leib und Leben von Menschen oder die Unzuverlässigkeit des Betreibers bzw. Betriebsleiters sein.

Rechtsgrundlagen für das Einschreiten der Behörden sind sowohl die jeweils einschlägigen Spezialgesetze, insbesondere das Bundesimmissionsschutzgesetz, als auch das allgemeine Recht der Öffentlichen Sicherheit und Ordnung.

Der Untersagungsgrund der Unzuverlässigkeit des Betreibers oder Betriebsleiters kommt einem mittelbaren Berufsverbot nahe, weil die Drohung der Betriebsschließung bzw. Anlagenstillegung regelmäßig zur Funktionsniederlegung oder -enthebung führt. Ein unmittelbar und persönlich wirkendes Berufs- oder Gewerbeverbot kann ansonsten nur unter der Voraussetzung einer strafrechtlichen Verurteilung als Maßregel der Besserung und Sicherung durch den Strafrichter angeordnet werden.

2.4 Gemeinsame Grundlagen des Umweltsanktionsrechts

Gemeinsam sind den vorstehend dargestellten Sanktionen die Grundlagen des Verursacherprinzips und, soweit damit die Vermeidung von Umweltschäden bzw. -verstößen angestrebt wird, auch des – präventiv wirkenden – Vorsorgeprinzips. Das Sanktionsrecht stellt die ultima ratio der Umweltpolitik dar, zugleich aber ein Damoklesschwert von sehr realer Schärfe.

Wie sollen die Unternehmen und ihre Manager hierauf reagieren? Gibt es eine praktikable Vorsorge gegen Haftung und Strafe? Gelegentlich liest man „Rezepte", die sich wie Gebrauchsanleitungen zur Haftungsverlagerung ausnehmen. Jedoch: Risikomanagement ist wie sein Gegenstand komplexer. Allheilmittel gibt es nicht. Auch sind Umweltrisiken nur ein Teil der Unternehmensrisiken und nicht isoliert zu sehen.

Eine Gefahr der Blickfeldverengung birgt zumal der vielfach anzutreffende, allzu technische Ansatz der Risikofrage. Im Grunde gibt es kein technisches, sondern nur ein menschliches Versagen: Auch das Platzen eines Rohres hat seinen Verursacher, mag es der Konstrukteur sein, der Materialhersteller, der Schweißer, der Materialprüfer, der Betreiber oder der Wartungsverantwortliche.

Und es gibt nicht nur aus dem technischen Bereich resultierende Umweltrisiken: Auch unternehmerische und kaufmännische Entscheidungen, etwa eine bestimmte Standortwahl, Einkaufsentscheidungen für die Herstellung und Hinweise für die Verwendung von Produkten, ja, sogar an sich „wertneutrale" Finanzentscheidungen können Risiken mit Umweltrelevanz nach sich ziehen.

Eine allgemeine Frage im Zusammenhang mit Umweltrisiken ist die Reichweite der Eigenverantwortung der Unternehmen. Diese wird grundsätzlich durch behördliche Genehmigungsinhalte, Entgegennahme von Mitteilungen und durch Überwachungsmaßnahmen nicht beseitigt. Selten kann die Verantwortlichkeit an die Behörde so weitergereicht werden, daß eine zivil- oder strafrechtliche Haftung entfällt. So verlockend es klingt, die Aufsichtsbehörde möglichst am Betriebsgeschehen zu „beteiligen”: Ratsamer ist der Weg „kooperativer Eigenverantwortlichkeit“ unter voller Inanspruchnahme noch vorhandener, gesetzlicher Freiräume.

Umgekehrt ist z. B. manche Genehmigungsbehörde versucht, die Eigenverantwortung des Betriebes überzustrapazieren: z. B. dadurch, daß die Statik einer Genehmigung durch die Auflage „dynamisiert“ wird, die Anlage an den jeweiligen Stand der Technik anzupassen. Damit wird die behördliche Obliegenheit zur nachträglichen Anordnung ersetzt durch einen Genehmigungsinhalt, der – ausreichende Bestimmtheit unterstellt – nicht nur die volle Informations- und Anpassungsverantwortlichkeit dem Betreiber aufbürdet, sondern in bedenklicher Weise zugleich den Grundsatz der Verhältnismäßigkeit aushebelt und das Strafbarkeitsrisiko des ungenehmigten Anlagenbetriebs eröffnet.

3 Das Umweltrisiko

3.1 Allgemeine Risikobetrachtungen

Menschliches Unternehmen ohne Risiko gibt es nicht, die Aufgabe ist die Minimierung des Risikos auf ein verantwortbares Maß. Was aber sind die Maßstäbe der Verantwortbarkeit? Wie können Risiken vermieden oder wenigstens vermindert werden? Welche Entscheidungskriterien sind hierfür maßgeblich? Wie können Risiken auf Dritte ausgelagert oder überwälzt werden? Wenn hier von „Risiko“ die Rede ist, so kann damit zweierlei gemeint sein:

Bei makroökonomischer, volkswirtschaftlicher Betrachtung bedeutet jede Gefahr eines Umweltschadens ein Risiko, bis hin zu den Normalbetriebsemissionen, die z. B. zu den volkswirtschaftlich gravierenden Wald- und Gebäudeschäden beitragen können.

Durch die betriebswirtschaftliche Brille gesehen, ist ein Risiko nur dann gegeben, wenn sich das Umweltverhalten auf die Erfolgsrechnung des Unternehmens konkret auswirken kann. Gelänge es z. B.

einem Betrieb, Lagerung und Transport bestimmter gefährlicher Stoffe entweder aus dem Betrieb vollständig auszugliedern oder umfassend zu versichern, könnte das Risiko – im Sinne einer Gefahr für das Betriebsergebnis – als bewältigt angesehen werden, obwohl es, aus volkswirtschaftlichem Blickwinkel betrachtet, nach wie vor vorhanden ist.

Der Schein einer Bewältigung trügt allerdings nur allzuoft: Auch etwa die bestversicherte Gewässerverunreinigung kann Strafen und Imageschäden, Behördenauflagen und Standortbeschränkungen in einem Umfang auslösen, der weit schwerer als der unmittelbare Schaden wiegt.

Die Diskrepanz beider Betrachtungsweisen ist tatsächlich erheblich geringer: Die Versicherung von Umweltschäden ist zum Teil schwierig oder unmöglich, jedenfalls aber so teuer geworden, daß Vermeiden oder Vermindern, z. B. die Substitution gefährlicher Stoffe, zur kostengünstigeren Alternative wird; hinzu kommt, daß die Versicherer zunehmend nicht nur systematische Risikoanalysen, sondern darüber hinaus die Etablierung eines betrieblichen Umweltrisikomanagements zur Voraussetzung der Deckungsgewährung machen.

Zur Auslagerung umweltrelevanter Betriebstätigkeiten (neudeutsch: „Outsourcing“) läßt sich sagen: Abgesehen davon, daß eine Gestaltung, die sich vorrangig an den Haftungsfolgen und erst in zweiter Linie an den Umweltschäden selbst orientiert, fragwürdig ist, zeigt sich vielfach, daß trotz Auslagerung die Haftung nicht abschüttelbar ist, sei es auf Grund organisatorischer Konzernerfordernisse, umfassender Produkthaftung oder „Durchschlagens“ von Störfällen im Zulieferbetrieb auf den eigenen Betriebsablauf, so daß grundsätzlich eine Ausgliederung nur zum Zwecke der Haftungsvermeidung nicht das Mittel sein kann. Organisationsüberlegungen zur Fertigungstiefe etc. stehen auf einem anderen Blatt.

Bei mathematischer Betrachtung ergibt sich die Größe eines **R**isikos aus dem Produkt der **W**ahrscheinlichkeit seines Eintritts und dem möglichen **A**usmaß des Schadens: **R = W x A.** Diese Gleichung kann sowohl auf den volkswirtschaftlichen Umweltschaden als auch auf den betriebswirtschaftlichen Haftungsschaden bezogen werden; im letzteren Fall bezeichnet A das Ausmaß der möglichen Ergebnisverschlechterung, während sich mit W nicht nur die Wahrscheinlichkeit eines Umweltschadens, sondern auch die einer Haftungsinanspruchnahme und -durchsetzung ausdrückt (einschließlich des Umweltbewußtseins von Nachbarn und Behörden sowie der Beweislastregeln im Prozeß).

Rechnerisch ist an sich das Risiko unabhängig davon gleich groß, ob W klein und A groß ist oder umgekehrt. Trotzdem wird heute auf politischer Ebene die Frage gestellt, ob ein Großschaden, etwa ein atomarer Unfall, überhaupt riskiert werden darf, mag die Wahrscheinlichkeit seines Eintritts auch noch so gering sein, wogegen häufige Kleinereignisse, wie etwa Verkehrsunfälle (wiewohl oft mit Todesfolge), gesellschaftlich beinahe als Schicksal hingenommen werden.

3.2 Risikoermittlung und -bewertung

Jedes Unternehmen birgt spezifische Risiken, die seinen Unternehmenserfolg in Frage stellen können. Entsprechend muß die Risikoanalyse bei Hoechst anders aussehen als bei der Deutschen Bank, bei der Lufthansa oder bei BMW.

Während „Finanzrisiken", z. B. Warenkredit-, Währungs- oder Marktrisiken, jedes Unternehmen treffen können, sind „Sachrisiken", etwa Anlagen-, Produkt- und Gefahrstoffrisiken, vor allem bei Industrie und Handel anzutreffen. Jedes Risiko kann Umweltbezüge aufweisen, jedes an der Existenz des Unternehmens rühren.

Entscheidend ist, daß ein Unternehmen seine Risiken spezifisch und vollständig erfaßt. Allgemeine Checklisten, die quer durch die Branchen herumgereicht werden, d. h. nicht genau angepaßt sind und nicht laufend fortgeschrieben werden, sind gefährlich.

Will das Management sich nicht der Gefahr gravierender Fehlentscheidungen aussetzen, muß die gesamte Situation des betrieblichen Umweltrisikos bekannt sein. Diese Kenntnis ist nur bei systematischer Analyse erreichbar. Normalerweise nimmt eine solche die Substanzen, Prozesse, Produkte, den Betrieb und schließlich den Standort unter die Lupe. Wesentlich ist dabei, daß auch die Schnittstellen und Zusammenhänge sowie, über die gängige Beurteilung der Technik hinaus, die Mitarbeiter und die Organisation, letztlich das Unternehmen als Ganzes betrachtet und in die Risikoanalyse und -bewertung mit einbezogen werden. Computergestützte Systeme können dabei hilfreich sein, vor allem bei Speicherung aller für den Betrieb geltenden Rechtsvorschriften und Genehmigungsbestimmungen.

Bei der Betrachtung von Substanzen, Prozessen und Produkten versteht es sich mittlerweile, daß sie, vor allem bei Neuentwicklungen, auf ihre Risiken „von der Wiege bis zur Bahre", d. h. von der Konzeption („Design“) bis zur Entsorgung bzw. Stillegung, untersucht werden (vgl. die Produktverantwortung nach dem neuen Kreislaufwirtschaftsgesetz bezüglich der Abfallfrage). Zunächst muß es dabei um die Sicherheit beim bestimmungsgemäßen Betrieb der Anlage oder beim bestimmungsgemäßen Gebrauch des Stoffes oder Produkts gehen, sodann um die Möglichkeit von Störfällen, Handhabungs- oder Bedienungsfehlern bzw. Fehlanwendungen.

Bei der Bewertung der ermittelten Risiken werden sich Hierarchien in quantitativ-qualitativer und in zeitlicher Hinsicht ergeben. Es kann z. B. herauskommen, daß das Unternehmen bestimmte Risiken, u. U. in Verbindung mit dem verfügbaren bzw. erforderlichen Standort, überhaupt ablehnt und sich mit entsprechenden Stoffen, Produkten und Anlagen nicht mehr befaßt. Je nach Größe des Risikos wird ein Fahrplan für den Ausstieg zu erstellen sein.

Andere Risiken werden ihre alsbaldige Beseitigung, die Entwicklung von Alternativen (A) oder – weniger dringlich – laufende Beobachtung und verstärkte Überwachung (B) erfordern, während es für eine dritte Gruppe (C) genügen kann, von Zeit zu Zeit die zunächst getroffenen Entscheidungen zu überprüfen und gegebenenfalls langfristige Änderungskonzepte zu entwickeln: sogenannte ABC-Analyse.

Während die Risikoermittlung eine Beratungsaufgabe ist, ist die Bewertung eine Managemententscheidung, der die geltenden Unternehmensziele zugrunde liegen und die unmittelbar in die Festlegung betrieblicher Maßnahmen mündet, z. B. die Erwirkung etwa fehlender Genehmigungen, die Ertüchtigung unsicherer Anlagen, die Aussonderung nicht akzeptabler Stoffe und Verfahren, die Veränderung der Produktpalette, die Ausarbeitung von Alarmplänen, die Anpassung der Betriebsorganisation, die Durchführung von Mitarbeiterschulungen, die Überprüfung des Versicherungskonzepts, die Verbesserung der Öffentlichkeitsarbeit und dergleichen mehr.

4 Das Umweltrisikomanagement

Das Risikomanagement bezweckt die Minimierung von Schadensfällen und ihrer haftungs- und strafrechtlichen Folgen für das Unternehmen, dessen Leiter und Mitarbeiter. Es setzt die Festlegung von Unternehmenszielen voraus und trägt als methodisches Instrument dazu bei, daß sie erreicht werden.

Das Risikomanagement unterliegt den allgemeinen Methoden der Kosten-Nutzen-Analyse mit der Folge, daß im Rahmen der gesetzlichen und sonstigen Spielräume Fragen nach der sogenannten Allokationseffizienz des Aufwands zur Risikominimierung möglich und nötig sind. Einfacher ausgedrückt: Sind z. B. zur Verringerung eines Störfallrisikos sowohl technische als auch organisatorische Maßnahmen möglich, so können letztere u. U. als genügend angesehen werden, wenn die Sicherheit durch den Einsatz von Technik nur unwesentlich weiter verbesserbar, der dafür erforderliche Aufwand aber unverhältnismäßig groß ist.

4.1 Betriebsorganisation

Wenn Umweltschutz Chefsache ist (was es sein sollte), dann sind auch die Umweltrisiken und ihre Beherrschung grundsätzlich Chefsache. Für seinen Geltungsbereich, d. h. vom Betreiber genehmigungsbedürftiger Anlagen, verlangt dies das Bundesimmissionsschutzgesetz insofern, als der Überwachungsbehörde mitzuteilen ist, wie der Umweltschutz und die sonstige Anlagensicherheit gewährleistet werden sollen – womit das grundsätzliche Organisationsermessen des Betreibers bestätigt wird.

Sehr viel genauere Vorgaben enthält für den Anwendungsbereich des Atomgesetzes – aus verständlichen Gründen – die Strahlenschutzverordnung. Für das Gebiet experimenteller Stoffprüfungen legt das Chemikaliengesetz die Grundsätze der guten Laborpraxis (GLP) fest. Speziell mit Produktrisiken befassen sich z. B. das Arzneimittelgesetz oder das Gerätesicherheitsgesetz. Dies führt zum Stichwort der Qualitätssicherungssysteme, die mehr oder weniger freiwillig mit Bezug auf Produkte praktiziert werden. Ebenso freiwillig, aber standortbezogen hält z. Zt. das EG-Umweltaudit (siehe unten Pkt. 4.4) in die betriebliche Praxis Einzug.

In all diesen beispielhaft erwähnten Instrumenten sind Elemente der Risikosteuerung enthalten, und alle stellen gewisse Mindestanforderungen an die Betriebsorganisation. Sowohl die Aufbauorganisation als auch die Ablauforganisation werden grundsätzlich von den spezifischen Unternehmenszwecken und den allgemeinen Rahmenbedingungen (z. B. vorhandenem oder fehlendem Wettbewerbsdruck, Lohnkostenhöhe u. ä.) bestimmt. Das Risikomanagement kann und sollte sich grundsätzlich jeder Betriebsorganisation einfügen.

Einige Grundanforderungen ergeben sich aus Rechtsgründen, etwa die obligatorische Bestellung von Umweltschutzbeauftragten (z. B. für Immissionsschutz, Störfälle, Gewässerschutz, Abfall, Strahlenschutz, Gefahrgüter) oder die Beschaffung einer Versicherungsdekkung als Deckungsvorsorge durch die Betreiber bestimmter Anlagen. Nachstehend soll jedoch nur von allgemeinen Rahmenbedingungen die Rede sein. Die Umweltverantwortlichkeit ist zumindest im Bereich des Bundesimmissionsschutzgesetzes von Gesetzes wegen festzulegen und der Überwachungsbehörde mitzuteilen.

4.1.1 Gesamtverantwortung der Leitung

Daß den Einpersonenleiter eines Unternehmens die Letztverantwortung für alle Vorgänge im Unternehmen trifft, versteht sich von selbst. Der oder die Inhaber eines Unternehmens können durch Installation einer Mehrpersonenleitung die Verantwortlichkeiten aber auch – zunächst – horizontal verteilen. Auch im mehrköpfigen Leitungsgremium können allerdings die Zuständigkeiten nicht so verteilt werden, daß die Gesamtverantwortung aller vollständig beseitigt ist. Es gibt Geschäfte, die auf Grund ihrer Bedeutung und ihrer möglichen Folgen von der Gesamtheit des Vorstands verantwortet werden müssen (vgl. das sogenannte Lederspray-Urteil des BGH, 1990).

Wo aber liegt die Trennungslinie zwischen unveräußerlicher Generalverantwortung bzw. Allzuständigkeit der Geschäftsleitung und der Übertragbarkeit von Aufgaben nebst zugehöriger Verantwortlichkeit? Nach dem erwähnten Urteil muß der Gesamtvorstand jedenfalls alle möglichen und zumutbaren Maßnahmen treffen, um vorhersehbare Personen- oder Sachschäden, die Dritte durch die Unternehmenstätigkeit erleiden können, zu vermeiden. Entsprechendes muß gelten, wenn die Geschäftsleitung vorhersehen kann, daß bei den gegebenen Betriebsabläufen Mitarbeiter Umweltstraftaten (fast) nicht vermeiden können. Generell muß das Gesamtorgan sich mit allen unternehmenswesentlichen Angelegenheiten befassen.

Vor allem in größeren Unternehmen, die von mehrköpfigen Organen geleitet werden, besteht ein Bedürfnis, Aufgaben, die nicht zu ihrer unveräußerlichen Gesamt- oder Einzelzuständigkeit gehören, zu delegieren. Das grundsätzlich vorhandene Organisationsermessen erlaubt vielfältige Gestaltungen. Jedes Unternehmen muß individuell für sich die optimale Lösung finden. Im vorliegenden Zusammenhang kann deshalb nur von den Grenzen des Organisationsermessens die Rede sein.

4.1.2 Voraussetzungen und Grenzen der Delegation

Kurzsichtig wäre, wer in einer Delegation nur den Effekt einer „Enthaftung“ des Vorgesetzten erblicken wollte. Die Übertragung von Aufgaben muß immer auch den Zweck haben, mit ihrer Erledigung dafür besonders ausgewählte und geeignete Personen zu betrauen.

Wer etwa als Vorstandsmitglied nur danach trachtet, einem Untergebenen die eigene Haftung „anzuhängen", hat die Chancen der Delegationsmöglichkeit nicht verstanden. Diese bestehen darin, daß sich die Risiken eines Umweltschadens (nicht nur eines Haftungsfalles) wirksam verringern lassen, indem von einem meist notorisch überlasteten, auch für die spezielle Aufgabe nicht ausreichend aus- und fortgebildeten Vorstandsmitglied die Aufgabenerfüllung verlagert wird auf einen dafür geeigneteren Mitarbeiter. Delegation, richtig gehandhabt, ist ein Mittel zur Verbesserung der Unternehmensleistung, auch und gerade im Umweltschutzbereich.

Untauglich im Sinne sowohl der Schadensverminderung als auch der Enthaftung ist deshalb die Delegation von Aufgaben an persönlich unzuverlässige, fachlich ungeeignete oder zeitlich bereits voll ausgelastete Mitarbeiter. Hinzukommen muß die ausreichende Einweisung (Instruktion) des Mitarbeiters. Mit der Aufgabe muß auch die entsprechende Entscheidungskompetenz übertragen werden. Behält sich der oder die Vorgesetzte die mit der Aufgabe verbundenen Entscheidungen vor oder reißt er/sie das Kommando durch ständiges Hineinregieren immer wieder an sich, behält er/sie das volle, persönliche Haftungsrisiko. Nur eine von grundsätzlichem Vertrauen getragene Mitarbeiterführung ermöglicht eine Enthaftung und erzeugt darüber hinaus die Motivation und das Verantwortungsbewußtsein, die, wenn sie auf allen Ebenen vorhanden sind, zur Schadensverhütung entscheidend beitragen können.

Vertrauen darf Kontrolle nicht ausschließen. Zu überwachen ist nicht nur die Aufgabenerfüllung als solche, vielleicht nicht einmal vorrangig diese, sondern vor allem die Aufrechterhaltung der grundlegenden Bedingungen, die für die ursprüngliche Auswahl des Mitarbeiters maßgeblich waren. Was hilft es auf Dauer, wenn ein ursprünglich hervorragend für die Aufgabe geeigneter Mitarbeiter alkohol- oder drogenabhängig wird, sich in die innere Emigration begibt, sich nicht mehr fortbildet oder sich mit zeitraubenden, weiteren Aufgaben „zudecken" läßt? Sind seine Aufgaben unmittelbar sicherheitsrelevant, kann der Zeitpunkt schnell erreicht sein, wo eine ursprünglich nützliche Delegation in ein untaugliches und eher schädliches Mittel umschlägt?

Als Abhilfemaßnahme ist in diesen Fällen auch an innerbetriebliche Versetzung (Personalrotation) zu denken: Wenn langjähriges Fachwissen zu Selbstgerechtigkeit führt und Betriebsblindheit Schlendrian erzeugt, rät das Sprichwort: Neue Besen kehren gut!

Das oben Gesagte gilt für die Delegation auf allen Stufen. Auf jeder Stufe ist die andauernde persönliche, fachliche und zeitliche Eignung eine Erfolgsvoraussetzung, d. h., salopp ausgedrückt: Die zu delegierenden Aufgaben müssen stets der „Statur", dem Horizont und der Kapazität des jeweiligen Mitarbeiters entsprechen.

Es zeigt sich: Ohne bewußte, ständige Personalführung ist jede Delegationsbemühung fragwürdig. Die Rede von der sogenannten „rechtssicheren" Delegation ist vor diesem Hintergrund ein nur näherungsweise erfüllbares Versprechen. Eine gewisse Rechtssicherheit kann zwar für die Formalien von Delegationsakten entwickelt werden (Pkt. 4.1.4). Schon an dieser Stelle soll aber die Behauptung gewagt werden: Umweltschutzrisikomanagement ist nichts anderes als stetiges, umsichtiges Personalmanagement.

4.1.3 Mitarbeiterqualifikation

Schon aus den bisherigen Überlegungen ergibt sich, daß die Aus- und Fortbildung der Mitarbeiter für die Vermeidung von Umweltrisiken entscheidend ist. Es genügt nicht, daß einige wenige im Unternehmen die Gefahrenzusammenhänge kennen, die große Mehrheit aber in Unkenntnis gehalten wird. Nur wenn jeder Mitarbeiter von seinem Platz aus die für ihn relevanten Zusammenhänge überblickt, können Gefahrenlagen rechtzeitig erkannt und Krisensituationen kurzfristig bewältigt werden.

Betriebliche Schulung und überbetriebliche Fortbildung sind in hochkomplizierten, vielfältig vernetzten Organisationen unerläßlich. Im Zusammenhang mit dem sogenannten Lean Management macht auch das Schlagwort vom lernenden Unternehmen die Runde.

Gemeint ist nicht ein passives Sich-belehren-Lassen, sondern die Ingangsetzung aktiver, kreativer Verbesserungsprozesse. Altbekannt ist bei uns das Betriebliche Vorschlagswesen, wobei allerdings viele Unternehmen seine Möglichkeiten kaum zu nutzen wissen. Aus Japan übernommen sind die in Gruppen organisierten Qualitätszirkel, die auf motivierenden und inspirierenden Teamgeist setzen und u. a. auch durch Abbau von Statusunterschieden die Kreativität fördern. Das Ergebnis ist (japanisch) Kaizen, von deutschen Unternehmen als „Kontinuierlicher Verbesserungsprozeß" übernommen und vor allem als flankierender Teil des Lean Managements ausgebaut.

Voraussetzung für ein funktionierendes, lernendes Unternehmen ist die Beseitigung der vielfach anzutreffenden inneren Emigration von Mitarbeitern: Entweder sie werden von ihrem resignativ-depressiven Ausgebranntsein „geheilt" und neu motiviert, oder sie müssen, wenn sie risikorelevante Positionen bekleiden, ersetzt werden. Wer keinerlei Freude an seiner Arbeit mehr hat und nur noch Dienst nach Vorschrift leistet, ist kaum in der Lage, ein Gespür für Umweltrisiken sowie Initiativen zu ihrer Beseitigung zu entwickeln.

Zum Begriff der Mitarbeiterqualifikation gehört, wie bereits in Pkt. 4.1.2 mehrfach betont, nicht nur ein intellektuelles, kognitives, sondern auch ein charakterlich-moralisches Element. Mit diesem korreliert der Begriff der Zuverlässigkeit: Insbesondere kann wegen Unzuverlässigkeit des Betreibers oder seines Betriebsleiters der Betrieb genehmigungsbedürftiger Anlagen untersagt werden. Ferner kann die strafgerichtliche Verurteilung mit einem Berufsverbot verbunden werden, wenn für den Fall fortgesetzter Berufsausübung die Gefahr weiterer erheblicher Straftaten erkennbar ist.

Bereits im Genehmigungsverfahren geprüft wird die Zuverlässigkeit z. B. nach dem Atomgesetz oder dem Gentechnikgesetz, und zwar bezüglich aller Personen, die die Errichtung und den Betrieb der Anlagen leiten sollen. Ebenfalls präventiv muß die Zuverlässigkeit der verschiedenen Umweltschutzbeauftragten schon bei ihrer Bestellung geprüft werden.

4.1.4 Kommunikation und Dokumentation

Management setzt – als Entscheidungsvorgang – Informiertheit voraus und gelingt nur durch Information der Betroffenen über den Inhalt der Entscheidung. Die Sammlung und Verteilung relevanter Informationen ist ein wesentlicher Bestandteil jeder Risikosteuerung.

Über die innerbetriebliche Informationsbeschaffung und -verteilung kann wenig Allgemeingültiges gesagt werden. Es hat den Anschein, daß menschliche Intuition und Kombinationsgabe durch Computersysteme zwar wesentlich unterstützt, nicht aber voll ersetzt werden können. Außerbetriebliche Informatsbeschaffung wird kaum darauf verzichten können (und dürfen), das gesellschaftliche, vor allem rechtliche Umfeld, die betriebsrelevante Entwicklung der Technik und den diesbezüglichen Markt laufend zu beobachten. Beim heutigen Tempo des „Datenumschlags" ist davon auszugehen, daß nach ca. zwei Jahren viele Informationen schon wieder veraltet sind.

Was die Dokumentationserfordernisse anbelangt, tut sich mittlerweile ein kaum lösbares Dilemma auf: Wir sind fast unbegrenzt in der Lage, Daten zu speichern. Archivierung und Zugriff werden immer schwieriger, die Beherrschung der Datenfülle immer komplizierter. Alle Macht den Datenbürokraten? Bewußte Abkehr hiervon steht auf den Fahnen von Lean Management.

Andererseits: Gesetze, Gerichte und Behörden machen die Dokumentation teils zur Pflicht, teils zu einem Akt vorsorglichen Selbstschutzes. Von den vielen Vorschriften des Umweltrechts, kontinuierlich zu messen, aufzuzeichnen und aufzubewahren, soll hier nicht weiter die Rede sein. Was sozusagen durch die Hintertür hinzukommt, sind die umfangreichen Dokumentationsobliegenheiten, die mit Blick auf einen eventuellen Stör- und Haftungsfall unerläßlich sind.

Zum Beispiel läßt das Umwelthaftpflichtgesetz den Betreiber der spezifischen Anlagen auch für Emissionen aus deren Normalbetrieb haften und gibt dem potentiell Geschädigten eine Beweiserleichterung in Gestalt einer Ursachenvermutung an die Hand. Diese kann der Anlageninhaber seinerseits nur aushebeln, wenn er nachweist, daß er die Anlage bestimmungsgemäß betrieben hat, was heißt, daß er die besonderen Betriebspflichten sämtlich eingehalten und daß auch keine Störung des Betriebs vorgelegen hat. Dies bedingt die Aufzeichnung der wesentlichen Betriebsbedingungen und die Aufbewahrung der Dokumentation, und zwar gemäß Gesetzesvorgabe für mindestens 10 Jahre. Entsprechendes gilt für das Produkthaftungsgesetz.

Vermehrt gespeist wird dieser Dokumentenstrom seit einiger Zeit auch aus praktizierter Qualitätssicherung, so daß eine Unmenge an Daten sich in die Archive bzw. auf die Festplatten ergießt. Risiko- und Qualitätsmanagement verschmelzen teilweise zu ein und derselben Aufgabe. Weitere Datenzuflüsse ergeben sich aus den für die einzelnen Betriebsarten maßgeblichen Spezialvorschriften, zu denen sich immer mehr auch das EG-Recht gesellt.

Eine weitere Dokumentationsobliegenheit folgt aus der in Pkt. 4.1.2 angesprochenen Delegation von Aufgaben und Verantwortlichkeiten. Die Kompetenzen sollten unbedingt beweisbar und damit möglichst schriftlich übertragen werden. Dazu gehört eine innerbetriebliche Verlautbarung, z. B. durch einzelne Organisationsanweisung oder Darstellung in entsprechenden Handbüchern, um die Zuständigkeiten sowohl in der Aufbauorganisation als auch in der Ablauforganisation des Betriebs sichtbar und einhaltbar zu machen.

Notwendig ist darüber hinaus die tatsächliche Einhaltung der verlautbarten Organisation. Besonders nach Störfällen, die staatsanwaltschaftliche Ermittlungen auslösen, wird die Frage der Wahrheit und Klarheit der Kompetenzzuweisungen aktuell. Eine die tatsächliche betriebliche Praxis nicht widerspiegelnde Dokumentation ist wertlos, und die Verantwortlichkeit wird dann dort festgemacht, wo die Organisationspflicht angesiedelt ist, d. h. im Zweifel bei der Geschäftsleitung.

4.1.5 Lean Management als Risikoquelle?

Lean Management ist eine Organisationsform, die der Markt und der von ihm ausgehende Kostendruck erzwingt, unabhängig davon, ob sie für das Risikomanagement eine günstige oder ungünstige Grundlage bildet. Durch die Streichung von Hierarchieebenen, die Einführung von Gruppenarbeit und die Segmentierung von Betrieben werden sogar neue Risikoquellen eröffnet. Diese können allerdings durch andere Vorteile eines richtig verstandenen Lean Managements mehr als kompensiert werden. Vor allem die Neubestimmung der Unternehmensziele kann, wenn mitreißende Leitbilder oder gar Visionen vorgestellt werden, einen gewaltigen (und risikomindernden) Motivationsschub in die Belegschaft bringen. Wegen der Einzelheiten wird auf den Anhang (Pkt. 5) Bezug genommen.

4.2 Öffentlichkeitsarbeit

Kein Unternehmen ist eine Insel, jedes ist eingebettet in ein vielfältig vernetztes Umfeld, angefangen von den Lieferanten und Kunden, den Verbänden und Gewerkschaften, bis hin zu den Behörden und Nachbarn. Die Pflege der Beziehungen zum gesellschaftlichen Umfeld ist unerläßlich, soll ein Unternehmen auf Dauer Bestand haben. Auch das Umweltschutzmanagement kommt ohne die bewußte Pflege der Umfeldkontakte nicht aus.

Wichtigste „Botschafter" des Unternehmens sind zunächst seine eigenen Mitarbeiter: Ein Teil von ihnen wohnt unter Standortnachbarn, ist in der Standortgemeinde aktiv, betätigt sich in lokalen Vereinigungen und hat somit täglichen Umgang mit vielen, die von betrieblichen Emissionen oder einem etwaigen Störfall betroffen sein können. Es macht einen gewichtigen Unterschied, ob dem Betriebsgeschehen Verständnis entgegengebracht wird oder Feindschaft entgegenschlägt, ob eine Störung demgemäß als Unfall oder als Versagen empfunden wird.

Immer wesentlich mit im Spiel ist das Vertrauen der Nachbarschaft in die Unternehmensleitung. Offenheit und Glaubwürdigkeit sind die Tugenden, die hier zählen. Sie lassen sich nur an individuellen Persönlichkeiten festmachen, nicht an einem abstrakten „Organ". Ein Nachbar, der sowohl den Betrieb als auch den Betriebsleiter persönlich kennt, etwa auf Grund des einen oder anderen Tages der offenen Tür, wird nicht jedes Geräusch oder jeden Geruch aus dem Betrieb zum Anlaß einer Anzeige nehmen, für alles und jedes Messungen verlangen oder wegen einer an sich hinnehmbaren Betriebserweiterung auf die Barrikaden steigen. Tritt tatsächlich ein Umweltschaden ein, ist eine nicht zögerliche und nicht kleinliche Regulierung gut angelegtes Geld.

Günstig auch für das Risikomanagement kann sich die Öffentlichkeitsarbeit eines Unternehmens dann auswirken, wenn es gelingt, eine praktizierte, positive Unternehmenskultur vorzustellen. Dazu gehört vor allem gesellschaftliches Engagement und soziale Verantwortung. Eine derartige, positive Unternehmensidentität wirkt nicht nur nach außen, sondern auch nach innen, d. h. auf die Mitarbeiter. Die Ausstrahlung auf die Qualität der Arbeit und damit auch auf das Umweltrisiko ist evident.

4.3 Versicherungsmanagement

Betrieblich verursachte Umweltschäden wie etwa ein Fischsterben infolge Gewässerverunreinigung oder Vergiftungen nach einer Gasexplosion waren und sind traditionell versichert, sei es durch die Betriebshaftpflicht-Police, sei es mittels üblicher Zusatzdeckungen. Die Probleme sind entstanden, seit auch für die Umweltschäden aus dem Normalbetrieb von Anlagen, für Allmählichkeitsschäden und nicht nur für Störfallfolgen gehaftet werden muß und seit auf Grund verschärften Umweltstrafrechts sowie gestiegener Verfolgungsintensität und -kompetenz immer öfter Manager wegen Umweltdelikten vor dem Strafrichter stehen.

Die Versicherungswirtschaft hat reagiert: Mit ihrem neuen Umwelthaftpflichtmodell werden Umwelthaftung und -deckung zwar keineswegs vollständig, aber immerhin besser in Einklang gebracht. Mit dem Angebot spezieller Straf-Rechtsschutz- und Vermögensschaden-Rechtsschutzpolicen wird den erwähnten praktischen Bedürfnissen entsprochen.

Es ist hier nicht der Platz, die Einzelheiten des Umwelthaftpflichtmodells vorzustellen. Wichtig für die Risikosteuerung ist, daß es nach dem Prinzip der Deckungsbausteine für die einzelnen Risikotypen aufgebaut ist und keine Vorsorgeklausel kennt, die veränderte und neue Risiken erfaßt. Es kommt somit zum einen auf die anfängliche, richtige Risikodeklaration bei Antragstellung, zum anderen auf die laufende, spätere Risikobeobachtung und Nachmeldung an, etwa bezüglich veränderter Stoff-, Produkt-, Anlagen- und Verfahrensrisiken. Nur mittels eines gewissen Vertragsmanagements läßt sich zuverlässig vermeiden, daß der Versicherer wegen Gefahrenerhöhung kündigt oder leistungsfrei wird. Den Versicherer treffen zwar auch Beratungs-, Hinweis- und Nachfragepflichten. Bei deren Abstützung auf Treu und Glauben und ihrer daraus folgenden unscharfen Konturierung ist eine laufende „Policenpflege" jedoch unerläßlich.

Mitversichert ist im Umwelthaftpflichtmodell die persönliche gesetzliche Haftpflicht der gesetzlichen Vertreter des versicherten Unternehmens einschließlich seiner Betriebsleiter, Betriebsaufseher und für den Umweltschutz zuständigen Betriebsbeauftragten. Letztere können z. B. haften, wenn infolge Vernachlässigung ihrer Kontrollpflichten ein Schaden entsteht. In den Deckungsschutz einbezogen sind aber auch sämtliche übrigen Betriebsangehörigen, immer vorausgesetzt, das Enumerations- und Deklarationsprinzip wurde beachtet, d. h., der Versicherungsschutz wurde richtig „eingekauft".

Wegen zusätzlicher Unternehmensleitern angebotener Haftpflichtversicherungen, die reine Vermögensschäden decken sollen, ist ein besonderes Management insofern angezeigt, als derartige Policen gerade Ansprüche wegen Umweltschäden häufig ausschließen. Die Prüfung des Versicherungsnutzens durch Fachleute ist jeweils unerläßlich.

Für den Bereich des Rechtsschutzes gilt Entsprechendes insofern, als jede Haftpflichtversicherung im Hinblick auf ihre Aufgabe der Anspruchsabwehr Rechtsschutzfunktionen erfüllt. In jedem Fall gesondert zu decken ist der vor allem Gerichts- und Anwaltskosten betreffende Strafrechtsschutz, den nicht wenige Unternehmen – im Sinne der Arbeitgeber-Fürsorgepflicht – zugunsten ihrer Manager und sonstigen Mitarbeiter vorsehen möchten. Diese Versicherungslösung ist gegenüber direkten Rechtsschutzzusagen des Arbeitgebers grundsätzlich vorzugswürdig.

Wie aber steht es mit betriebsbezogenen Geldstrafen und Geldbußen, die nicht „versicherbar" sind? Darf das Unternehmen sie wenigstens erstatten? Zwar hat der BGH – nach wie vor umstritten – die Zahlung der Geldstrafe durch den Arbeitgeber (dort: Abwasserverband) nicht als Strafvereitelung angesehen, die Verurteilung wegen Untreue aber bestätigt. Mit einer vorherigen Erstattungszusage kann der Arbeitgeber u. U. sogar die Schwelle zur Tatbeteiligung überschreiten. Richtigerweise sollten die Gehälter auch nach dem Maß des stellenspezifischen Verantwortungsrisikos eingestuft und das Problem damit „erschlagen" sein.

4.4 Umweltaudit und integriertes Risikomanagement

Vom Umweltaudit gemäß EG-Verordnung war schon mehrfach die Rede, ebenso von seiner Freiwilligkeit und Standortbezogenheit. Absehbar dürfte sein, daß die Freiwilligkeit infolge von Marktkräften durch einen faktischen Zwang abgelöst wird. Großabnehmer werden von ihren Zulieferern, Banken von ihren Industriekunden, Versicherer von den versicherten Unternehmen die Vorlage valutierter Teilnahmeerklärungen verlangen. Am Ende wird vielleicht, wer sich beharrlich verweigert, von den Aufsichtsbehörden besonders unter die Lupe genommen oder u. U. vom Versicherer mit einem Prämienmalus „bestraft".

Im Sinne eines Risikomanagements ist es keine Frage, daß ein Unternehmen, das für sich eine Umweltpolitik formuliert sowie Umweltziele definiert, ein Umweltmanagementsystem einrichtet, Umweltbetriebsprüfungen durchführt, einen kontinuierlichen Verbesserungsprozeß praktiziert und seine diesbezüglichen Maßnahmen der Prüfung durch einen zugelassenen Umweltgutachter unterwirft, dadurch betriebliche Umweltrisiken aufdeckt und die damit verbundenen Haftungsfolgen grundsätzlich vermindert.

Ein Vorbehalt ist jedoch anzubringen: Die Unternehmensleitung, die ohne eigentliche Umweltziele nur aus taktischen Gründen in das System einsteigt und nicht bereit ist, die Kosten und Folgekosten angemessen zu budgetieren, eröffnet für sich selbst erhöhte Haftungsrisiken: In manch einem Fall wird nämlich die systematische Umweltbetriebsprüfung nach den Kriterien der EG-Verordnung erstmals umweltrelevante Schwachstellen und Sicherheitsmängel eines Betriebsstandorts aufdecken und dokumentieren.

Die etwa aufgedeckten Sicherheitsmängel können solche sein, daß ihre Behebung nicht einem kontinuierlichen Verbesserungsprozeß überlassen werden darf, sondern unverzüglich und ohne Rücksicht auf etwaige Kosten in Angriff genommen werden muß. Geschieht dies nicht und kommt es zu einem Störfall, wären möglicherweise die absehbaren Folgen billigend in Kauf genommen, so daß auch Vorsatztaten zur Diskussion stehen und dem Management angelastet werden könnten (vgl. das sogenannte Lederspray-Urteil des BGH).

Ebenso kann sich ergeben, daß Anlagen, z. B. infolge wesentlicher Änderungen, inzwischen ungenehmigt und damit strafbar betrieben werden. Auch hier liegt umgehender Handlungsbedarf, u. U. verbunden mit der vorübergehenden Einstellung des Anlagenbetriebs, auf der Hand. Wenn sich an einem Standort derartige „Leichen im Keller" finden sollten, sollte auf eine möglichst qualifizierte und unabhängige Rechtsberatung nicht verzichtet werden. Entsprechende schlummernde Risiken können selbstverständlich in allen anderen Bereichen eines Unternehmens ebenso vorhanden sein, sei es im Bereich von Steuern und Abgaben, Subventionen, Außenwirtschaftsbeziehungen, im Kartellsektor, im Finanzbereich oder wo auch immer sonst.

Dies wirft die Frage auf, ob nicht Qualitätssicherungssysteme für Produkte, Umweltschutz-Managementsysteme für Betriebsstandorte und sonstige Sicherungssysteme bis hin zum Schutz von Geschäfts- und Betriebsgeheimnissen miteinander verknüpft oder – als Endziel – in ein einziges, übergreifendes Risikomanagementsystem integriert werden sollten. Für das Risiko eines Unternehmens und vor allem seines Managements macht es nämlich kaum einen Unterschied, ob die „Kasse“ oder der Abwasserkanal leckt.

Hauptquelle aller, auch technischer Fehler und Schäden ist menschliches Fehlverhalten. Es sei wiederholt: Umsichtige Personalauswahl und kluge Mitarbeiterführung sind zugleich das beste Risikomanagement. Speziell im Umweltschutzbereich kann das Umweltaudit, auch in zunächst isolierter Handhabung, wenn die Unternehmensleitung voll dahintersteht, einen wichtigen Beitrag leisten. Das A und O des Erfolgs liegt im „Human Capital“ an Haupt und Gliedern.

5 Anhang: Risikosteuerung im schlanken Unternehmen

(Dieser Abschnitt wude zeitlich früher als der Buchbeitrag formuliert, war zunächst als Zeitschriftenbeitrag vorgesehen und beschränkt sich nicht auf den Bereich des Umweltschutzes. Er wurde unverändert belassen. Gelegentliche Wiederholungen sind in Kauf genommen.)

Das Schlagwort vom schlanken Unternehmen macht die Runde. Lean Management – Retter der deutschen Industrie? Sicher ist, daß radikale Organisationsänderungen von großer Tragweite, die manche als dritte industrielle Revolution apostrophieren, offensichtlich anstehen. Der internationale Wettbewerb erzwingt die Umstrukturierung der Unternehmen von Grund auf, die Schleifung ganzer Hierarchieebenen, die Einführung von Teamarbeit, die Bekämpfung gängiger Verschwendung, die Ingangsetzung kontinuierlicher Verbesserungsprozesse, kurz: die Mobilisierung aller Produktivitätsreserven. Auch Dienstleistungsunternehmen werden betroffen sein.

Wie passen mit diesem Szenario die bisherigen Vorstellungen von Umweltschutz- und generell von Risikomanagement (Risikosteuerung) zusammen? Ist nicht die Umkrempelung des Unternehmens, die unter Umständen sogar durchaus bewußt in die Nähe kreativer Unordnung führt, dauernder Quell eines potentiellen Haftungsrisikos?

Steht nicht der Manager, der solches befördert, fast schon mit einem Bein im Gefängnis? Wie sind im Beinahe-Chaos einer möglichst papierlosen, direkten Kommunikation oder in sogenannten „Fraktalen Fabriken" Arbeitsunfälle, Anlagenstörfälle, Produktkatastrophen sicher vermeidbar? Ist in unstatischen Verhältnissen Risikosteuerung überhaupt möglich?

Im unverschlankten Unternehmen herkömmlicher Struktur, d. h. mit hoch-hierarchischer Organisation und hauptsächlich vertikalen Kommunikationswegen gelten als probate Mittel der Risikosteuerung, vor allem die interne Delegation von Verantwortung sowie die externe Risikoverlagerung durch Versicherung. Beides wird allzuoft nur unter dem Blickwinkel der Haftungsabwälzung praktiziert.

Für ein verantwortliches Risikomanagement ist die Verlagerung etwaiger Haftung allerdings nur das sekundäre Sicherheitsnetz, das im Fall des Unfalls die (zivil- und strafrechtliche) Haftung konzentrieren und minimieren soll. Primäres Ziel muß es dagegen sein, derart Vorsorge zu treffen, daß Unternehmensrisiken verringert und Schäden verhindert werden. Auch die Instrumente von Delegation und Versicherung werden stärker unter dem Blickwinkel der Vorsorge gehandhabt werden müssen.

Die Delegation von Aufgaben nebst zugehöriger Befugnisse und Verantwortung ist möglich, wenn die Aufgaben delegationsfähig sind und die Übertragung sachgerecht und beweisbar vorgenommen wird. Nicht abwälzbar ist nämlich die Grundverantwortung jedes Unternehmers oder Geschäftsführers, die ihn mindestens verpflichtet, das Unternehmen so zu organisieren, daß die Organisation zuverlässig funktionieren kann. Insoweit hat auch ein mehrköpfiges Leitungsorgan stets eine Gesamtverantwortung zu tragen, wie das sog. Lederspray-Urteil des BGH vom 6.7.1990 weit über das Strafrecht und den Produkthaftungsbereich hinaus deutlich gemacht hat.

Sachgerecht ist die Übertragung delegierbarer Aufgaben, sofern der oder die Beauftragte nach seiner/ihrer Qualifikation, Zuverlässigkeit und Auslastung dazu geeignet ist sowie ausreichend angeleitet und überwacht wird. Beweisbar ist jedenfalls eine schriftliche

Übertragung und Verlautbarung. Um eine Zertifizierung in bestimmten Bereichen (Qualitätssicherung, Umweltschutz) zu erreichen, werden Managementsysteme aufgebaut und in Handbüchern, deren Dicke oft umgekehrt proportional zu ihrer Effizienz ist, dargestellt.

Anders ausgedrückt: Nur wenn kein sogenanntes Organisationsverschulden vorliegt, kann sich die jeweils höhere Managementebene entlasten. Ob es, wie verschiedentlich angenommen, das Patentrezept der „rechtssicheren" Delegation gibt, muß allerdings bezweifelt werden. Vor allem ist die Dokumentation von Strukturen, die gar nicht praktiziert werden, wertlos.

Ausbaufähig im Sinne der Risikovorsorge ist das Delegationsinstrument insofern, als durch persönliche Aufgabenbetrauung, laufende Kommunikation und intensive Schulung dem Mitarbeiter „vor Ort" die Sensibilität für Gefahrenanlagen und das Gefühl für verantwortliches, vorsorgeorientiertes Handeln vermittelt werden kann.

Vorsorgeorientiert ist auch das Versicherungsinstrument handhabbar. Als bloßes Mittel der Externalisierung von Haftung hätte es nur den halben Nutzen: Die finanziellen Auswirkungen eines Unfalls oder Störfalls können damit einigermaßen bewältigt werden, nicht aber die oft weit darüber hinausgehenden Good-will-Schäden des Unternehmens und die etwaigen Straffolgen für seine Mitarbeiter. Auch dort, wo keine Sicherheitsanalyse gemäß Störfallverordnung geboten ist, wird zumindest der aktuelle oder potentielle Versicherer darauf dringen, daß die zu deckenden Risiken im Unternehmen genau ermittelt und angemessen bewertet werden. Nur nach einer derartigen Risikoanalyse läßt sich sinnvoll sagen, ob und wie z. B. die Betriebshaftpflicht mit Produkt- und Umwelthaftpflicht, die Vermögensrisiken des Topmanagements, die Sach-, Betriebsunterbrechungs-, Exportkredit-, Transport- und sonstigen Risiken des Unternehmens versichert werden können bzw. sollten. Das ist nicht eine einmalige, sondern eine laufende Aufgabe.

Es erscheint einleuchtend, daß die traditionelle Unternehmensstruktur mit klarer Organisation und überschaubaren Schwachstellen die Risikosteuerung erleichtert. In ihrem Hang zum letzten Wort schließen Juristen gelegentlich daraus, die Betriebsorganisation müsse sich an den rechtlichen Anforderungen eines einfachen Risikomanagements ausrichten. Zwar müssen Unternehmen mit genehmigungsbedürftigen Anlagen die umweltschutzrelevante Betriebsorganisation der Überwachungsbehörde mitteilen und in bestimmten Fällen Betriebsbeauftragte für Immissionsschutz und unter Umständen Störfallbeauftragte bestellen. Auch nach Wasser-, Abfall- und Atomrecht können Beauftragte zu bestellen sein. Schließlich folgen aus dem gesellschaftsrechtlichen Rahmen, z. B. dem Aktiengesetz, gewisse organisatorische Anforderungen. Im wesentlichen ist aber das Unternehmen frei zur Selbstorganisation, d. h., es hat ein sogenanntes Organisationsermessen.

Das erklärt, warum es Lean Management in vielfältigen Varianten geben wird. Weitere „Organisationsschübe" werden folgen. Risikomanagement sollte weder für das Unternehmen eine Zwangsjacke sein noch ihm einfach wie eine kugelsichere Weste übergezogen werden, sondern in seine gesamte Organisation wie ein funktionierendes Immunsystem im menschlichen Körper integriert sein.

Wenn Lean Management die Verflachung von Hierarchien zu mehr horizontal verknüpften Betriebsabläufen und die Einführung von Gruppenarbeit oder Segmentierung des Unternehmens („Fabrik in der Fabrik") bedeutet, wird „rechtssichere" Delegation wohl kaum mehr als ein Ideal sein können. Ist es nicht naheliegend, daß in der Gruppe jeder nur allzu gerne annimmt, ein anderer werde sich schon zuständig fühlen und tätig werden, so daß alle – die eigene Verantwortung verdrängend – sich in der „trügerischen Sicherheit der Gruppe" (A. Reuter) wiegen? Haben wir es am Ende nicht mit der „organisatorischen Unverantwortlichkeit" (U. Beck) zu tun, im Klartext mit einer Vervielfachung potentiell haftender und potentiell straffälliger Personen?

Hier bedarf es der Rückbesinnung darauf, warum Lean-Management mehr bedeutet als bloßes Abspecken verfetteter Organismen. Angesagt ist eine Unternehmens-Radikalkur, beginnend mit der Formulierung von Zukunftsvisionen, neuen Unternehmenszielen und

Leitbildern, gestützt auf die Vorbildfunktion des Topmanagements sowie dessen Offenheit, Ehrlichkeit und Glaubwürdigkeit, bewirkt mit intensiver Schulung und Kommunikation, endend bei Gruppen, die kreativ und initiativ sowie an Leistung und am Erfolg „ihrer Firma“ (und an entsprechender Entlohnung) interessiert sind.

Eine derart wache und motivierende Mannschaft wird allein durch ihr Interesse und ihre Freude an der Arbeit ein größerer Garant gegen Störfälle, sonstige Unfälle und fehlerhafte Produkte sein, als dies bisher in vielen Unternehmen bei oft demotivierten, in Gleichgültigkeit, Resignation und innere Emigration verfallenen Mitarbeitern möglich gewesen wäre.

Gelingt der Bewußtseinswandel, ist er selbst Teil einer erfolgreichen Risikosteuerung. So wie es letztlich keine technischen, sondern nur menschliche Risiken gibt, ist die Personalfrage die wichtigste Frage auch der Risikobewältigung. Das Festmachen von Sicherheitsverantwortung bei dem dafür geeignetsten Mitglied einer Gruppe, ohne in deren (begrenzte) Entscheidungsspielräume einzugreifen, ist sicher nicht einfach. „Gruppendemokratie“ allein garantiert nicht die stets beste Lösung. Zwischen Management und Gruppe sind klare Kompetenzen festzulegen, wenn die erwähnte Haftungsvervielfachung im Schadensfall vermieden werden soll.

Problematisch sind auch Schnittstellen oder treffender: das „Niemandsland“ zwischen den Fertigungsinseln der einzelnen Gruppen oder zwischen „segmentierten“ Anlagen innerhalb eines Betriebes. Wenn brand-, explosions- oder generell umweltgefährliche Zustände in den Zwischenbereichen in niemandes explizite Zuständigkeit und Gesamtverantwortung fallen, liegt ein Organisationsverschulden fast auf der Hand. Gleiches gilt für gemeinsame Anlagen, etwa der Abluftreinigung, der Abwasservorklärung oder der Abfallentsorgung.

Zu bedenken sind ferner die etwaigen Folgen der mit Lean Management beabsichtigten Schnelligkeit und Flexibilität. Die Vorfahrt für eine „entbürokratisierte Kundenorientierung“ tendiert eher zu erhöhter Fehlerquote und zu verminderter Dokumentation. Verstärkt wird dieser Zielkonflikt durch die Tendenzen des gesetzlichen und richterlichen Haftungsrechts, wonach zu Lasten des in Anspruch genommenen Unternehmens dem Anspruchsteller vielfach Beweiserleichterung bis hin zur Umkehrung der Beweislast eingeräumt wird.

Das Mindestmaß an Messungen, Prüfungen und deren Aufzeichnung legen Gesetze und Verordnungen, z. B. im Bundes-Immissionsschutzrecht, behördliche Auflagen in Genehmigungsbescheiden und Unfallverhütungsvorschriften der Berufsgenossenschaften fest. Weitere Dokumentationspflichten folgen aus freiwillig praktizierten Qualitätssicherungssystemen und umwelttechnischen Managementsystemen. Bei konsequentem Risikomanagement müßte die Datenerzeugung und -verwaltung eigentlich noch weiter wachsen, was trotz aller EDV nicht im Sinne des schlanken Unternehmens sein kann. Daten- und Papierflut gibt einigen wenigen Macht und frustriert die vielen. Lean Management kann es ohne eine – individuell zu entscheidende – Dokumentationsbremse und damit Risikoakzeptanz kaum geben.

Ausgeblendet waren bisher die Risiken, die weniger im betrieblich-technischen Bereich als im kaufmännisch-finanziellen Sektor vorhanden sein können. Wie etwa ist sicherzustellen, daß Firmengelder nicht in faule Kredite oder schiere Spekulation gesteckt werden, daß das Unternehmen nicht in Subventions-, Submissions- oder Versicherungsbetrug verwickelt wird, daß Bestechung und verbotene Kartellabsprachen unterbleiben, die Betriebs- und Geschäftsgeheimnisse sorgfältig geschützt, die Steuern und Sozialabgaben ordnungsgemäß abgeführt, finanzielle Schieflagen rechtzeitig gemeldet werden und so fort?

Die Zeitungen der letzten Monate und Jahre sind voll von Beispielen, in denen gerade Risiken dieser Art Unternehmen an den Rand des Ruins gebracht oder über ihn gestürzt haben. Sollten amerikanische (Miß-)Verhältnisse auch bei uns Einzug halten, könnte sogar der Busengrapscher als Mitarbeiter noch zum Unternehmensrisiko werden: zu ca. 7 Mio. Dollar Schadensersatz wurde unlängst der Arbeitgeber in San Francisco verurteilt. Wie schützen sich die Geschäftsführer vor riskanten Mitarbeitern, wie die Inhaber, Gesellschafter, Aktionäre oder die Firmengläubiger vor gefährlichen Topmanagern?

Die klassische Wirtschaftsprüfung hat sich weithin als unzulängliches Präventionsinstrument erwiesen. Zum Teil ist sie dazu sicher nicht in der Lage, handelt es sich doch zunächst um ein allgemeines Personalproblem. Soweit aber der Abschlußprüfer erkennbare Finanzrisiken unangesprochen läßt, sind Verbesserungen angezeigt. Ein Schritt in diese Richtung könnte sein, daß z. B. der Bestellungszeitraum zwingend auf fünf Jahre ausgedehnt, dafür aber eine unmittelbar anschließende Neubestellung derselben Prüfer und Prüfungsgesellschaften gesetzlich ausgeschlossen wird. Würde zudem das alleinige Vorschlagsrecht auf die Gesellschafterebene verlagert und die gesetzliche Haftungsbegrenzung für fahrlässige Pflichtverletzung von DM 500.000 pro Prüfung spürbar angehoben, würde dies der Unabhängigkeit und Qualität der Prüfung sicher gut tun. Die ohnehin steigende Zahl von Haftungsprozessen gegen Prüfungsunternehmen dürfte ein übriges bewirken.

Die wirksamere Remedur könnte allerdings von einem Lean Management ausgehen, wenn dieses auch bedeutet, daß die Neuformulierung von Unternehmensleitbildern zu einer Unternehmenskultur im Sinne von Unternehmensethik hinführt. Allzusehr schon bestimmen moralfreie Cleverness und technokratisches Machertum das Bild des „modernen“ Managers; es sieht so aus, als ob sich kaufmännischer Anstand und geschäftliches Vertrauen kontinuierlich im Rückzug befänden. Der sogenannte ehrbare Kaufmann ist mehr Legende als Realität. Seine Wiederbelebung ist unwahrscheinlich, jedenfalls solange in unserer Gesellschaft – mit manchem Politiker als unrühmlichem Vorbild – anstelle eines leistungsgerechten Gewinnprinzips hemmungslose Raffgier den Ton angibt.

Für die Risikosteuerung unerläßlich ist, daß die Kultur des Unternehmens sowohl nach innen (corporate mind) als auch nach außen (corporate identity, corporate design) ausstrahlt. Jedes Unternehmen ist mit seinem Umfeld vielfach vernetzt, sei es über seine Mitarbeiter, Lieferanten oder Kunden, sei es mit den Standortnachbarn, mit

Behörden, Verbänden und mit der Öffentlichkeit als solcher. Öffentlichkeitsarbeit ist heute ein wichtiger Faktor des Risikomanagements. Ein technischer Störfall oder auch ein Finanzskandal werden verschieden verkraftet je nachdem, welchen Umgangsstil das Unternehmen mit seinen Nachbarn, den Behörden und der breiten Öffentlichkeit pflegt. Die Wirkung dieses Stils reicht bis in den Gerichtssaal hinein.

Abzuwarten bleibt, ob die Umsetzung und Anwendung des EG-Umweltaudits ab April 1995 einen wesentlichen Beitrag zur Risikosteuerung leisten wird. Wünschenswert wäre, dieses auf den Umweltschutzbereich beschränkte Instrument unter Vermeidung bürokratischer Aufblähung so zu erweitern, daß daraus eine allgemeinere Risikoprüfung wird. Die Hauptrisiken, jedenfalls für deutsche Unternehmen, dürften in den kommenden Jahren nicht im – zweifellos ebenfalls kontinuierlich zu verbessernden – Umweltschutz zu suchen sein. Für die Unternehmensführung ebenso wichtig wie umweltbewußte Betriebsaktivitäten am Standort sind der Arbeitsschutz, die Produktsicherheit, die Geheimhaltung speziellen Know-hows, die Verhütung von Finanz- und sonstigen existenzbedrohenden Geschäftsrisiken.

Wenn einerseits die im freiwilligen Umweltaudit angelegten Dokumentationserfordernisse gedämpft und andererseits die mit ihm verbundenen Verpflichtungen zur Verbesserung des betrieblichen Umweltschutzes in das allgemeine Konzept des kontinuierlichen Verbesserungsprozesses eingepaßt werden könnten, müßten sich daraus Prozeduren für eine **integrierte Risikosteuerung** ableiten lassen. In diese einzubinden wäre ein aktives Versicherungsmanagement, das ebenfalls aus dem Umweltbereich insofern einen Anstoß erhält, als das neue Umwelthaftpflicht-Modell des HUK-Verbandes eine Vorsorgeversicherung grundsätzlich ausschließt und damit die laufende, ausdrückliche Anpassung der Deckung an neue betriebliche Aktivitäten erfordert. Das Fernziel sollte eine integrierte Risikosteuerung unter Einbeziehung auch der Wirtschaftsprüfung sein.

Alles in allem wird die Risikosteuerung im schlanken Unternehmen vor allem von der Lösung der Personalfrage abhängen. Vom Topmanagement bis zur letzten Gruppe werden nicht nur Fachkompetenz, sondern gleichermaßen soziale Kompetenz und Integrität die Werte sein, die künftig zählen. Stärker als je zuvor wird es auf die Auswahl der zuständigen Personen ankommen. Wer sich nicht mehr motivieren läßt, Dialog und Teamgeist ablehnt, ständige Verbesserungen als lästig empfindet und in gleichgültigem Dienst nach Vorschrift ver harrt, wird im schlanken Unternehmen fehl am Platze sein. Entsprechend wird sich auch die soziale Auswahl bei Kündigungen an neuen Kriterien orientieren müssen. Gelingt die struktur- und bewußtseinsverändernde Erschließung des Mitarbeiterpotentials, ist ein wesentlicher Teil der Risikosteuerung im schlanken Unternehmen bereits gelungen.

Kapitel XI

Strategisches Umweltschutzmanagement und Recht – Umwelt- und Risk Management aus rechtlicher Sicht

Jürgen Johannson

1 Umweltmanagement in der Entwicklung

Umweltschutzmanagement ist bereits in vielen Unternehmen ein fester Bestandteil der Unternehmensorganisation bis zur höchsten Leitungsebene. Daß Umweltschutz zu einem wesentlichen Faktor unternehmerischer Entscheidungsfindung – „Herausforderung und Chance“ – geworden ist, bedarf an dieser Stelle auch keiner näheren Erläuterung mehr. Allerdings ist diese Erkenntnis noch nicht überall in gleichem Maß verbreitet. Es ist verständlich, daß diese Erkenntnis nicht selten erst nach unmittelbaren und schmerzlichen Erfahrungen gewonnen wird und daß es erheblicher Anstrengungen bedarf, diese Erkenntnis in Konflikt mit anderen, traditionellen und existentiellen Zielen des Unternehmens tatsächlich in betriebliche Realität umzusetzen.

Bereits 1986 hat der Verband der chemischen Industrie (VCI) in seinen Leitlinien für jedes Mitglied den „Umweltschutz aus eigener Initiative und Verantwortung“ zum Ziel erhoben. Die weltweite, von Nordamerika ausgehende Aktion „Responsible Care“ („Verantwortliches Handeln“) führt ein umfassendes System der Selbstverpflichtung zu Sicherheit und Umweltschutz in der chemischen Industrie ein. Die „Öko-Audit-Verordnung“ der Europäischen Gemeinschaft und das in Kürze in Kraft tretende deutsche „Umweltauditgesetz“ führen zu einem (zunächst noch?) freiwilligen System betrieblichen Umweltmanagements. Alle diese Bemühungen zeigen aber auch, daß ein institutionalisiertes und wirksames Umweltschutzmanagement noch keineswegs Allgemeingut ist.

Damit stellt sich die Frage, wie sich dieser laufende Prozeß der Erkenntnis und Durchsetzung von Umweltschutz als Unternehmensziel aus rechtlicher Sicht zu beurteilen ist. Welche Entscheidungsspielräume und Entscheidungszwänge für betrieblichen Umweltschutz sind durch die Gesetze vorgegeben?

2 Umweltschutzmanagement und Umweltrecht

Die Risiken behördlicher Eingriffe in den Betrieb, der Haftung auf Schadensersatz und im Extremfall das Risiko des Umweltstrafverfahrens sind sicher wesentliche Aspekte des Sicherheits- und Umweltschutzmanagements. Für die betriebliche Praxis des Umweltschutzes sind diese Aspekte als wesentliche, aber relativ entfernte Rahmenbedingungen relevant und werden im folgenden noch näher besprochen. Vor allem im Störfall und im Produkthaftungsfall, und dann allerdings nicht selten mit existenzieller Bedeutung, treten diese Aspekte in den Vordergrund. Die rechtlichen Aspekte von Sicherheit (Arbeitssicherheit, Anlagensicherheit und Produktsicherheit) und Umweltschutz erschöpfen sich aber keineswegs in Haftungsfragen, sondern beeinflussen zunehmend die Unternehmenspraxis in Fragen der Investitionen und Standortentscheidungen, der Personalpolitik, der Gestaltung der Produktionsabläufe, der Produktpalette und des Verhaltens im Wettbewerb.

Zunehmend wird bewußt, daß Qualität, Sicherheit und Umweltschutz kohärente und integrierte Leistungs- und Wettbewerbskriterien für das Unternehmen sind. Damit beeinflussen auch rechtliche Parameter zunehmend die betrieblichen Entscheidungsprozesse. Die bislang sektoralen Sicherheits- und Umweltgesetze weisen zunehmend Verknüpfungen und Verbindungen auf (Beispiele: Beweislastumkehr und Gefährdungshaftung zu Lasten des Schädigers im Produkthaftungs- und im Anlagenhaftungsrecht; Verknüpfung von Arbeitssicherheit, Störfall- und Immissionsschutzrecht durch den Störfallbegriff; Entwurf der EG-Richtlinie für integrierte Vermeidung und Verminderung der Umweltverschmutzung und nicht zuletzt der durch das Qualitätssicherungssystem der ISO inspirierte Ansatz für das betriebliche Umweltschutz-Managementsystem der EG-Öko-Audit-Verordnung).

Die rechtlichen Rahmenbedingungen und Entscheidungsspielräume für das Management von Sicherheit und Umweltschutz im Unternehmen ergeben sich aus dem verfassungsrechtlich begründeten System des Umweltrechts, das in wesentlichen Grundzügen umrissen werden kann.

Nach dem neuen Art. 20a des Grundgesetzes (GG) schützt der Staat „die natürlichen Lebensrundlagen im Rahmen der verfassungsmäßigen Ordnung durch die Gesetzgebung und nach Maßgabe von Gesetz und Recht durch die vollziehende Gewalt und die Rechtsprechung“. Jeder Eingriff in persönliche Freiheits- und Eigentumsrechte setzt voraus, daß ein Gesetz diesen Eingriff gestattet (vgl. Art. 2 Abs.2, 14 Abs. 1 und 19 Abs.1 GG).

Das Verbot, bestimmte umweltrelevante Anlagen ohne vorherige Genehmigung zu errichten und zu betreiben, und die Belastung eines Unternehmensträgers (natürliche oder juristische Person) mit „Betreiberpflichten“ zum Schutz der Umwelt bedürfen also der gesetzlichen Regelung (vgl. §§ 4, 5 Bundes-Immissionsschutzgesetz – BImschG). Entsprechendes gilt für die Benutzung eines Gewässers durch Einleitung von Stoffen, für die Beschränkungen des Unternehmers im Hinblick auf die Entsorgung von Abfällen, für die Pflichten des Unternehmers zum Schutz der Beschäftigten vor Gefahrstoffen usw. Die durch Gesetz prinzipiell begründeten Pflichten bedürfen jedoch noch des Vollzugs durch die zuständige Behörde, die den Einzelfall durch den Genehmigungsbescheid oder die nachträgliche Auflage verbindlich regelt. Der Genehmigungsbescheid erst liefert die verbindliche Formulierung der Betreiberpflichten für die Errichtung und den Betrieb der chemischen Produktionsanlage und kann – ggbf. nach gerichtlicher Überprüfung – zur Grundlage einer Zwangsmaßnahme werden, wenn er nicht eingehalten wird.

Da die Gesetze meist nur Grundentscheidungen in abstrakter Form treffen, sind zur Koordinierung und Abgleichung des behördlichen Vollzugs interpretierende Vorschriften erforderlich, die die Auslegung der Umweltgesetze und -verordnungen durch die Vollzugsbehörden näher festlegen. Diese Vorschriften werden für den Bereich des Bundesrechts im Bundesanzeiger, im Länderbereich in den jeweiligen Ministerialamtsblättern veröffentlicht. Für jedes wichtige „Umweltgesetz“ – Bundes-Immissionsschutzgesetz (BImSchG), Abfallgesetze des Bundes und der Länder, Wasserhaushaltsgesetz des Bundes und Wassergesetze der Länder und für die zum Vollzug dieser Gesetzte erlassenen Verordnungen – liegen Ausführungsvorschriften der Ministerien vor, sog. Verwaltungsvorschriften (VwV), die auf einen einheitlichen Vollzug der Gesetze und Verordnungen durch die Genehmigungs- und Überwachungsbehörden abzielen. Eine spezielle Form solcher Verwaltungs- oder Vollzugsvorschriften sind die „TAs" – Technische Anleitung Luft und TA-Lärm für den Immissionsschutz, TA-Abfall und TA-Siedlungsabfall für das Abfallrecht und die „allgemeinen Verwaltungsvorschriften über Mindestanforderungen an Abwassereinleitungen" (Abwasser- VwV) oder der „Katalog wassergefährdender Stoffe" (vgl. §§ 7a, 19a ff. Wasserhaushaltsgesetz). Diesen – vorstehend nur beispielhaft zitierten – TAs und Verwaltungsvorschriften ist gemeinsam, daß sie jeweils aufgrund ausdrücklicher gesetzlicher Ermächtigungen erlassen sind, wobei „ein jeweils auszuwählender Kreis von Vertretern der Wissenschaft, der Betroffenen, der beteiligten Wirtschaft und der beteiligten Landesbehörden" (vgl. z.B. §§ 48, 51 BImSchG) bei ihrem Erlaß mitgewirkt haben.

Diese Vorschriften sind also unmittelbar Ausdruck des in der Umweltpolitik regelmäßig beschworenen „Kooperationsprinzips", zwischen Staat, Wissenschaft, Wirtschaft und Verbrauchern. Die TAs und Abwasser-Verwaltungsvorschriften enthalten konkrete technische Anforderungen, insbesondere Emissionswerte, die in Genehmigungsverfahren oder nachträglich im Rahmen von Sanierungsaktionen an die Auslegung von emittierenden Anlagen gestellt werden. Die praktische Bedeutung dieser Verwaltungsvorschriften ist ebensogroß, wie die rechtliche Verbindlichkeit unter den Juristen umstritten ist. Um es auf einen kurzen Nenner zu bringen: Grundsätzlich sind diese Verwaltungsvorschriften verbindlich, wenn nicht im Einzelfall der Anlagenbetreiber – oder der gegen eine Anlage klagende Nachbar – ganz besondere Gründe vorweisen kann, die es rechtfertigen, von behördlichen Anforderungen abzusehen oder Anforderungen zu verschärfen. Rechtlich gesehen, haben die TAs und Verwaltungsvorschriften im Streitfall keine rechtlich zwingende Bedeutung. Es können immer besondere Umstände vorliegen, die ein Abweichen von der Norm – und diese Verwaltungsvorschriften sind im wesentlichen technische Normen – begründen können. Dies ist der Bereich, in dem die technischen und rechtlichen Experten des Umweltschutzes zu Lösungen kommen müssen. Es geht hierbei darum, die programmartig und abstrakt vorgegebenen gesetzlichen Betreiberpflichten (vgl. z. B. § 5 BImschG: Vermeiden von Gefahren und Belästigungen – Vorsorge gegen schädliche Immissionen – Vermeiden von Reststoffen – Wärmenutzung) zu einer konkreten, der richterlichen Nachprüfung standhaltenden Einzelfallreglung auszuformulieren (im Genehmigungsbescheid oder in der nachträglichen Auflage zur Genehmigung).

Schon aus dem verfassungsrechtlich vorgegebenen System des staatlich betriebenen Umweltschutzes – vom abstrakten Gesetz zur konkreten Einzelfallregelung durch behördlichen Vollzug – ergeben sich in der Praxis wesentliche Aufgaben für das Umweltmanagement. Die Interessen des Unternehmens müssen den zuständigen Behörden übermittelt und transparent gemacht werden, damit sie in deren Entscheidungsfindung eingehen und berücksichtigt werden können („Genehmigungsmanagement“ und „Behördenengineering“ als Teil des Projektengineering). Dazu bedarf das Unternehmen detaillierter und verläßlicher Informationen über die gesetzlichen Anforderungen, die anzuwendenden Vollzugsvorschriften, die kraft Bescheid geltenden technischen Regeln und den Stand der Technik und die behördlichen und gerichtlichen Verfahrensvorschriften, ihre Handhabung und Auslegungsspielräume.

Die Entscheidung darüber, ob vor einer Änderung an einer genehmigungsbedürftigen Anlage (BImschG) erst eine Genehmigung der Behörde eingeholt werden muß (§ 15 BImschG – „wesentliche Änderung“), kann im Einzelfall kompliziert und folgenschwer sein: Ein Genehmigungsantrag hat u. U. eine monatelange Verzögerung des Vorhabens, einen Verlust an Marktanteilen und hohe Bearbeitungskosten zur Folge. Ein fälschlich unterbliebener Genehmigungsantrag kann strafrechtliche Konsequenzen auslösen (§ 327 Abs.2 Strafgesetzbuch StGB) und zur Stillegung der Anlage führen (§ 20 Abs.2 Bundes-Immissionschutzgesetz BImschG).

Probleme ähnlicher Tragweite können sich auch in allen anderen Gebieten betrieblichen Umweltschutzes ergeben: Eine mangelhafte Sicherheit des Entsorgungswegs gefährlicher Abfälle durch Beauftragung eines unzuverlässigen oder nicht ausreichend konzessionierten Unternehmens kann für das Unternehmen enorme Kosten (z. B. für Rückführung von Abfällen aus dem Ausland, vgl. § 6 Abfallverbringungsgesetz) und für das Management und die Mitarbeiter eine strafgerichtliche Verurteilung bedeuten (vgl. Bundesgerichtshof vom 2.3.94 in NJW 94, S. 1745).

Das Überschreiten zu niedrig festgesetzter Abwassergrenzwerte ist als „Gewässerverunreinigung" (§ 324 StGB) strafbar. Zu hohe Abwassergrenzwerte können Millionenverluste durch Abwasserabgabe (Abwasserabgabegesetz, § 4) zur Folge haben.

Kommunikationsprobleme mit Sicherheitsbehörden oder der Öffentlichkeit bei Betriebsstörungen können katastrophale Imageverluste und schwere Nachteile am Markt nach sich ziehen.

Umweltschutzmanagement kann also nur in enger Verbindung mit den zuständigen Vollzugsbehörden und auf der Grundlage der Umweltgesetze funktionieren. Dies heißt allerdings gerade nicht, daß Umweltschutzmanagement nur „am Gängelband" der Behörden stattfinden könnte. Vielmehr besteht Umweltschutzmanagement zu einem wesentlichen Teil gerade darin, gesetzlich zulässige Optionen zu ermitteln, wahrzunehmen und unzulässige und rechtswidrige Forderungen abzuwehren.

Zweifellos ergeben sich aus dem „Umweltrecht" einerseits – wie oben dargestellt – erhebliche Entscheidungsspielräume, die durch ein effektives Umweltmanagement ausgeschöpft werden müssen, um das Unternehmen wettbewerbsfähig zu erhalten. Anderseits zeitigt die Umweltgesetzgebung existentielle Risiken für das Unternehmen wie auch persönlich für den Unternehmer und die Mitarbeiter. Das Umweltschutzmanagement muß sicherstellen, daß die zwingenden rechtlichen Anforderungen an den „Umweltschutz“ im Unternehmen eingehalten werden. Die Risiken, um die es hier geht, seien durch folgende Schlagzeilen angedeutet:

- „Umwelthaftungsgesetz bringt Gefährdungshaftung für Anlagenbetrieb“
- „Behörde legt Betrieb still“
- „Bürokratie gefährdet den Wirtschaftsstandort Deutschland“
- „Werkleiter wegen Gewässerverunreinigung zu Geldstrafe verurteilt“
- „Jahresbericht des Umweltbundesamtes: Zahl der Umweltstraftaten nimmt zu“

Diese und ähnliche Aussagen, die man fast täglich den Tageszeitungen entnehmen kann, deuten den Hintergrund an, den das Umweltschutzmanagement als Risk Management bewältigen muß. Dies soll nicht heißen, daß sich – auch aus rechtlicher Sicht – Umweltmanagement auf Risikovermeidung beschränken soll, im Gegenteil. Die Anforderungen der Öffentlichkeit, der Verbraucher und des Staates an die Umweltverträglichkeit der Produktion und der Produkte sind zu einem unmittelbaren Wettbewerbsfaktor geworden. Das Unternehmen, das diese Herausforderungen innovativ, sicher und kostengünstig bewältigt, kann sich dadurch wesentliche Wettbewerbsvorteile verschaffen.

3 Nachbarschaftskonflikte, öffentliche Akzeptanz und Umweltschutzmanagement aus rechtlicher Sicht

Der Erkenntnis von Umweltschutzmanagement als Wettbewerbsfaktor stehen nicht selten Emotionen entgegen, die verständlich sind angesichts der geradezu explosionsartig zunehmenden, kostenträchtigen und oft kaum mehr entwirrbaren Gesetze und Vorschriften, die sich lähmend über die Wirtschaft ergießen, teilweise wirksamen Umweltschutz kontraproduktiv behindern und auch den staatlichen Vollzug häufig vor unlösbare Probleme stellen. Auswüchse von blindem umweltpolitischem Aktionismus, die fraglos vorhanden sind, dürfen jedoch nicht den Blick darauf verstellen, daß Umweltrecht notwendig ist, um Nutzungskonflikte zu lösen und politische Akzeptanz und gesellschaftliche Legitimation risikobehafteter Tätigkeit zu ermitteln. Umweltpolitik schafft zwar rechtliche Fakten, die vom Management bewältigt werden müssen, sichert aber auch die gesellschaftlichen Voraussetzungen für unternehmerische Tätigkeit in einer zunehmend aus dem Gleichgewicht geratenden Welt.

Der Nutzungskonflikt zwischen wirtschaftlicher und privater Sphäre kommt am deutlichsten im rechtlichen Verhältnis zwischen dem Unternehmen und dem Nachbarn zum Ausdruck. In diesem Verhältnis ist es gestattet und angebracht, den Nachbarn – und die Öffentlichkeit generell – als erhebliches rechtliches Risiko für das Unternehmen zu erkennen und Nachbarschaft und Öffentlichkeit in das Umweltschutzmanagement einzubeziehen. Das bedeutet zunächst, daß das Verhalten des Unternehmens darauf ausgerichtet ist, das berechtigte Vertrauen des Nachbarn und der Öffentlichkeit schlechthin zu gewinnen. Das Verhältnis zwischen Unternehmen und Nachbarn hat jedoch auch einen gravierenden rechtlichen Aspekt.

Niemand wird bestreiten, daß technische Anlagen und Produkte sicher sein müssen und den Nachbarn des Werkes oder den Nutzer des Produkts nicht gefährden oder unzumutbar belästigen dürfen. Das ist allgemein bekannt. Bekannt ist auch, daß naturgemäß über die Gefährdung und die Unzumutbarkeit der Belästigung zwischen Unternehmen und Nachbarn verschiedene Vorstellungen bestehen. Weniger bekannt – jedoch für das Verständnis des Umweltrechts von Bedeutung – ist es, wie unsere Rechtsordnung dieses Spannungsverhältnis auflöst.

Nach dem Bürgerlichen Gesetzbuch (BGB) von 1896 hat jeder Bürger einen Anspruch darauf, daß er durch Anlagen in der Nachbarschaft nicht geschädigt oder gestört wird (vgl. § 907 BGB). Er kann auch verlangen, daß eine schädigende oder störende Anlage nicht mehr betrieben wird (§ 1004 BGB). Grundsätzlich – und zu Recht – hat der Bürger also nach BGB einen Anspruch darauf, daß er in seinen Integritätsinteressen geschützt wird, und er kann diesen Schutz über die Gerichte einfordern. Das Interesse des Unternehmens an Bestandschutz und Investitionssicherheit ist in diesen Regelungen grundsätzlich nicht relevant. Der Konflikt zwischen Unternehmen und Nachbarn käme nach diesen Regelungen erst bei der Errichtung, spätestens im Betrieb, der – aus Sicht des Nachbarn – belästigenden oder gefährdenden Anlage zum Ausbruch und wäre ohne Rücksicht auf das Unternehmen zu lösen, wenn die Belästigung oder Gefährdung tatsächlich nach den Merkmalen der §§ 906 ff. BGB nicht hinnehmbar wären. Durch das Umweltrecht wird dieser Konflikt – im Prinzip vorteilhaft für beide Seiten – bereits im Vorfeld gelöst.

Die umweltrechtliche Lösung des Nachbarschaftskonflikts im Vorfeld des Vorhabens ist die Grundlage dafür, daß nach § 14 BImSchG der privatrechtliche Stillegungsanspruch bei einer nach dem BImSchG – in dem dafür vorgesehenen Verwaltungsverfahren – genehmigten Anlage ausgeschlossen ist. Der Nachbar kann gegenüber einer nach dem BImSchG genehmigten Anlage nur verlangen, daß unzumutbar benachteiligende Auswirkungen beseitigt werden, oder er kann Schadensersatz verlangen, in beiden Fällen jedoch nur, wenn ihm nach den Vorschriften des BGB-Umweltprivatrechts, (vgl. §§ 906 ff. BGB) ein solcher Anspruch zusteht. Der Nachbar muß die Voraussetzungen für einen solchen Anspruch beweisen, was in der Gerichtspraxis schon ein gravierendes Hindernis darstellt.

Es ist allerdings mit dem Grundgesetz nicht vereinbar, daß der Staat es allein dem einzelnen Bürger überläßt, sich den erforderlichen Schutz gegenüber gefahrdrohenden Anlagen zu erstreiten. Das Bundesverfassungsgericht hat, besonders deutlich in der Kalkar-Entscheidung (Entscheidungen des Bundesverfassungsgerichts Bd. 49, S. 89/141 ff), eingehend begründet, daß der Staat eine originäre Schutzpflicht gegenüber allen Bürgern auch hinsichtlich der Risiken technischer Anlagen hat. Mit anderen Worten, der Staat muß für ein Instrumentarium sorgen, daß der Schutz jedes einzelnen in seiner Gesundheit und in seinem Eigentum präventiv gewährleistet ist (besonders weitgehend natürlich im Atomrecht).

In der Bundesrepublik wird dieser Schutz durch die „Umweltgesetze" und die schon oben angesprochenen „TAs" und VwV" geregelt, in denen die Verfahren und die technischen und organisatorischen Standards für den erforderlichen Schutz der Bürger festgesetzt werden. Diese Standards sollen sicherstellen, daß nach menschlichem Ermessen und dem Maßstab praktischer Vernunft die Auslöseschwelle für Ansprüche aus dem Umweltprivatrecht – unzumutbare Gefährdungen und Einwirkungen usw. – überhaupt nicht erreicht werden kann. Der Konflikt zwischen Produktionsanlage und schutzbedürftigem Bürger wird also in der Praxis nicht – wie sonst zwischen Nachbarn – primär im Streit vor den Zivilgerichten gelöst, sondern primär durch präventive behördliche Verfahren und Vorschriften der speziellen Umweltgesetze. Der dadurch vermittelte rechtliche Bestandsschutz bezieht sich allerdings nur auf Anlagen, die das im BImSchG vorgesehene spezielle Genehmigungsverfahren (§ 10) in vollem Umfang durchlaufen haben. Dieser Bestandsschutz gilt nicht für Anlagen, die nur ein vereinfachtes Verfahren (§ 19 BImSchG) durchlaufen haben oder nach BImSchG überhaupt nicht genehmigungsbedürftig sind (vgl. § 22 ff. BImSchG).

Es erscheint auf den ersten Blick paradox, daß die Anlagen, für die ein „volles" Genehmigungsverfahren zwingend vorgeschrieben ist (in der 4. Verordnung zum Bundes-Immissionsschutzgesetz), gegenüber privatrechtlichen Nachbarschaftsansprüchen einen höheren Bestandsschutz genießen als typischerweise „harmlose" oder weniger belästigende Anlagen. Die Regelung macht gleichwohl Sinn. Durch das Genehmigungsverfahren nach BImSchG wird durch die vorgeschriebene öffentliche Beteiligung erreicht (vgl. § 10 BImSchG in Verbindung mit 9. Verordnung zum Bundes-Immissionsschutzgesetz), daß bereits vor der Errichtung oder wesentlichen Änderung der Anlage systematisch Einwendungen aller möglicherweise Betroffenen ausgewertet und beurteilt werden. Wenn der Bürger (Einwender) in diesem Verfahren das Gefühl hat, daß seine Belange von der Behörde nicht hinreichend gewürdigt sind, kann er Rechtsschutz vor den Verwaltungsgerichten in Anspruch nehmen. Er ist in diesem Verfahren auch dagegen geschützt, daß vom Anlagenbetreiber bis zur Entscheidung des Gerichts vollendete Tatsachen geschaffen werden, weil nur unter besonderen Voraussetzungen, die ebenfalls von den Gerichten überprüfbar sind, bereits vor der rechtskräftigen Gerichtsentscheidung mit der Errichtung der Anlage oder dem Betrieb der Anlage begonnen werden darf (vgl. z. B. § 15 a BImSchG).

Für den Bestandsschutz einer Anlage ist daher – jedenfalls auf dem Papier – ein grundlegender Unterschied zwischen den „voll" genehmigten Anlagen und Anlagenänderungen und den lediglich im vereinfachten Verfahren oder nicht genehmigten Anlagen oder Anlagenänderungen zu machen. Es kann der Unternehmer durchaus interessiert sein, wenn es Auslegungsspielräume gibt – und die gibt es nicht selten –, aus Gründen des Bestandsschutzes das aufwendige „Vollverfahren" nach dem Bundes-Immissionsschutzgesetz zu anzustreben, um eine „Vollgenehmigung" erhalten. Ziel ist in diesem Fall, den Bestandsschutz der Produktionsanlage zu erhöhen. Als Nachteil muß er dafür in Kauf nehmen, daß das „Vollverfahren" nach dem BImSchG mit den damit verbundenen Veröffentlichungen, Einwendungs- und Entscheidungsprozeduren einen entsprechenden Verwaltungs- und Zeitaufwand verursacht. In aller Regel wird dieser wesentliche Mehraufwand an Kosten und Zeit es kaum lohnen, den nur bedingt gegebenen höheren Bestandsschutz gegenüber Nachbarschaftsklagen anzustreben. Denn: Kann der Nachbar tatsächlich eine Gefahr für Leben, Gesundheit oder Eigentum gegenüber einer Produktionsanlage geltend machen, hat er aufgrund seines grundgesetzlich verbürgten Schutzanspruchs gegenüber dem Staat auch einen Anspruch darauf, daß die Behörde den Anlagenbetreiber im Wege einer „nachträglichen Anordnung" (§ 17 BImSchG) zu technischen Maßnahmen zwingt, um die Gefahr abzustellen. Wenn der Anlagenbetreiber dann dieser Auflage nicht nachkommt oder nicht nachkommen kann, kann sich auch nach dem Bundes-Immissionsschutzgesetz ein Anspruch auf Stillegung oder sogar Beseitigung der Anlage ergeben (vgl. § 20 BImSchG). Einen uneingeschränkten Bestandsschutz für einen Anlagenbetreiber kann es aufgrund der Schutzpflicht des Staates natürlich nicht geben. Soweit nach dem BImSchG der Unternehmer also einen Auslegungsspielraum hat, ob er die Anlage einem vollen Genehmigungsverfahren oder nur einem vereinfachten Verfahren unterziehen will, wird er im Zweifel aus Kosten- und Zeitgründen das vereinfachte Verfahren wählen und mit dem Risiko einer – in der Praxis seltenen – Stillegungsklage des Nachbarn auf der Grundlage des „Umweltprivatrechts" leben. Allerdings ist dringend davor zu warnen, solche Auslegungsspielräume ohne das Einvernehmen der Genehmigungsbehörde einseitig festzulegen. Ohne eine einvernehmliche und sachlich begründete Entscheidung zwischen Unternehmen und Behörde darüber, daß die Anlage oder die Anlagenänderung nicht oder nur im vereinfachten Verfahren genehmigungsbedürftig ist, begeben sich der Unternehmer, seine Mitarbeiter und die Behörde in das Risiko eines strafbaren ungenehmigten Anlagebetriebs (§ 327 Abs. 2 StGB).

4 Umweltschutzmanagement und „marktwirtschaftliche Instrumente" im Umweltschutz

Der Einsatz „ökonomischer Instrumente im Umweltschutz" erscheint für Unternehmer verlockend, da anklingt, daß produktionsbedingte Umweltbelastungen auch ohne kostenträchtige und ressourcenzehrende Behördenprozesse, quasi durch marktkonforme Kräfte, reduziert werden könnten. Solche angeblich „ökonomischen Instrumente" sind bei näherer Betrachtung der hierzu in der Literatur diskutierten Vorschläge nichts anderes als mehr oder weniger willkürlich und kompliziert konstruierte Abgaben auf Unternehmensaktivitäten. Es ist zu fragen, weshalb indirekte staatliche Eingriffe über die mehr oder weniger willkürliche Verteuerung von Produktionsvorgängen, im Prinzip „marktwirtschaftsfreundlicher" sein könnten als technische Vorgaben an die Produktion, wie z. B. durch Emissionsgrenzwerte. Technisch begründete Emissionsgrenzwerte haben jedenfalls den Vorteil, daß sie in dem oben schon angesprochenen Diskursverfahren zwischen Staat und Wirtschaft unter Berücksichtigung des Standes der Technik festgelegt werden und einen relativ kalkulierbaren Rahmen für die unternehmerische Betätigung schaffen. Emissionsgrenzwerte haben zudem den Vorteil, daß auch die notwendige Kontrolle dieses Rahmens durch die Behörden oder ihre Beauftragten relativ ökonomisch und verläßlich verurteilt werden kann und damit im Wettbewerb (bislang nur im nationalen Rahmen) eine Gleichbehandlung relativ verläßlich hergestellt ist.

Wollte man das Steuerungsinstrument der Grenzwerte durch Abgaben ersetzen, so wird man feststellen, daß man zunächst wiederum Werte braucht, um Anknüpfungspunkte für die gewünschte Abgabe zu haben (Beispiel: Die Schadstoffparameter im Abwasserabgabengesetz, vgl. Abwasserabgabengesetz, Anlage zu § 3). Hat man nun solche Anknüpfungswerte für die Abgabe gefunden, kommt die entscheidende Schwierigkeit hinzu, daß die Abgabe in der Höhe so bemessen werden muß, daß sie umweltpolitisch weder zuviel noch zu wenig Wirkung zeigt. Dies ist aber rational nicht möglich, da in der Praxis bei jedem Anlagenbetreiber völlig unterschiedliche Standort- und Anlagenvoraussetzungen vorliegen.

Jedenfalls werden diese Unterschiede – vgl. Abwasserabgabengesetz – zu höchst komplexen Regelungen führen, deren Vollzug derartige personelle Ressourcen bei den Unternehmen und bei den Behörden bindet und in der Praxis zu einem solchen Aufwand bei der Investitionsrechnung und Abgabenerhebung führt (Verrechnung von Investitionen vor und zurück usw., vgl. Abwasserabgabengesetz), daß von einer kalkulierbaren Wirkung einer Abgabe nicht im entferntesten die Rede sein kann. Damit entfällt in der Praxis der durch die Umweltabgabe angestrebte Anreiz- und Regelungseffekt weitgehend. Wenn das Abwasserabgabengesetz gleichwohl immer wieder als Beispiel eines funktionierenden „ökonomischen Instrumentes“ zitiert wird, so ist dies m. E. nur durch eine weitgehende Ausblendung der praktischen Erfahrungen mit dem Abwasserabgabengesetz möglich. Die dem Abwasserabgabengesetz zugeschriebenen positiven Effekte auf die Verminderung der Schadstofflast in den Gewässern wären m. E. mit einem Bruchteil des personellen und bürokratischen Aufwands auch durch herkömmliche Grenzwertfestsetzungen möglich gewesen. Die Idee der Zwangsabgabe als eines „ökonomischen Instruments" liegt zum einen wohl in der Suggestion begründet, daß eine Preiserhöhung stets ein marktwirtschaftliches Instrument sei, zum anderen in dem umweltpolitischen Irrtum, daß Umweltbelastungen kommerziell bewertet werden könnten. Es liegt derselbe umweltpolitische Irrtum vor, der etwa dazu führt, den Wert einer Meise in Mark und Pfennig auszurechnen. Daß eine solche Betrachtung letztlich kein hohes Umweltschutzbewußtsein beweist, sondern geradezu eine Perversion des marktwirtschaftlichen Prinzips darstellt, sei am Rande angemerkt. Bei der Diskussion um die angeblichen „ökonomischen Instrumente im Umweltschutz" (sprich: Umweltabgaben und Verschmutzungszertifikate usw.) wird schlicht und einfach übersehen, daß jede Abgabe primär einen fiskalischen Zweck hat. Die Benzinsteuer, Alkoholsteuer oder Tabaksteuer beweisen den fiskalischen Nutzen solcher Abgaben, nicht mehr.

5 Umweltschutzmanagement, EG-„Öko-Audit" und der EG-Richtlinienentwurf zu „Integrierter Vermeidung von Umweltverschmutzung"

Das „freiwillige" Öko-Audit soll nach dem Willen der EG die Grundlagen für ein systematisches und dokumentiertes betriebliches System des Umweltmanagements schaffen. Es ist zu erwarten, daß schon aus Image- und Wettbewerbsgründen die Teilnahme an diesem System mit Zertifizierung gemäß dem kommenden deutschen Umweltauditgesetz unvermeidlich sein wird. Allerdings ist eine gewisse Skepsis gegenüber diesem System sicher angebracht. Das System erweckt im ersten Anschein den Eindruck, daß es hier nicht inhaltlich darum geht, das Umweltmanagement tatsächlich zu verbessern, sondern darum, Handbücher und Dokumentationen zu verfassen und von Dritten gegen prinzipiell unbegrenzte Vergütung prüfen zu lassen. Jedenfalls zwingen die Vorschriften des Öko-Audits dazu, Dokumentation zu produzieren. Ob aus dieser Zunahme von Dokumentation mehr Sicherheit und Umweltverträglichkeit der Produktion entstehen kann, ist zu hoffen, aber nicht gesichert. Praktiker der Qualitätssicherung geben teilweise zu, daß die vergleichbaren Qualitätszertifizierungssysteme zu keiner meßbaren Verbesserung der Qualität geführt haben. Was sich sicher meßbar verbessert hat, ist die Qualität der Organisationspläne, Betriebs- und Produktionsanweisungen. Entscheidende Verbesserungen der Qualität und Sicherheit lassen aber wohl zuerst durch technische und organisatorische Innovationen in der Produktion und durch die Qualifikation und Motivation der Mitarbeiter erzielen, weniger durch eine Verbesserung der auf Disketten abgelegten oder vielleicht noch mühsam manuell zu pflegenden Organisations- und Ablaufdokumentationen.

Ob ein Umweltmanagementsystem auf der Basis des Öko-Audits der EG zu Erleichterungen beim Vollzug des behördlichen Umweltschutzes führen wird, bleibt abzuwarten. Prinzipiell wäre ein wirksames betriebliches, auf Innovation ausgerichtetes Umweltmanagementsystem aber mit Sicherheit weit besser geeignet, im Bereich der Vorsorge gegen Umweltbelastungen zu dynamischen Fortschritten zu kommen als das schwerfällige, bürokratische und sich oft in Kleinigkeiten und Nebensächlichkeiten verzettelnde System des praktizierten staatlichen Umweltschutzes.

Trotz aller öffentlich diskutierter Vorschläge zu „ökonomischen Instrumenten" und EG-Öko-Audits wird sich aber vermutlich auf absehbare Zeit am rechtlichen Rahmen des Umweltschutzes nichts wesentlich Neues ergeben. Der Stand der Diskussion um die sog. IPPC-Richtlinie der EG (integrated production and pollution control zur Vereinheitlichung des Anlagenzulassungsrechts im EG-Raum) läßt keine Revolution oder grundsätzlich neuen Ansätze im Umweltschutzrecht erwarten. Das Management wird weiter mit den Problemen zurecht kommen müssen, die sich aus der Grundstruktur des staatlichen Umweltschutzrechts ergeben. Bestimmte Anlagen werden weiter einem staatlichen Konzessionssystem und detaillierten Regelungen für Emissionen und Sicherheit unterworfen bleiben. Prinzipiell liegt es auch im Eigeninteresse der Industrie, daß der Staat für einheitliche Rahmenbedingungen und Anforderungen in bezug auf die Umweltverträglichkeit und Sicherheit der Anlage sorgt, wobei allerdings mehr als bisher die umweltpolitische Effizienz der Regelungsinstrumente und die Globalität des Umweltproblems vom Gesetzgeber berücksichtigt werden müssen.

6 Umweltschutzmanagement und „umweltschutzsichernde Betriebsorganisation" nach § 52 a BImschG

Während es seit dem Beginn der industriellen Entwicklung im 13. Jahrhundert mit dem Bergbau und der Nutzung der Wasserkraft durch die Mühle vor allem darum ging, die Nutzung der knappen Umweltressourcen in geregelten Verfahren zu verteilen, Besitzstände im Interesse nachhaltiger Nutzung zu sichern und unmittelbare Gefahren für die Mitarbeiter und Nachbarn zu vermeiden, entwickelten sich mit der „Industriellen Revolution" staatliche und überbetriebliche Sicherheitsstrukturen (1853 preußische Fabrikinspektorengesetz, 1866 Gründung des ersten Dampfkessel-Überwachungsvereins, Einstellung des ersten Werkarztes, 1884 Gründung der Berufsgenossenschaften). Im Anschluß an die Aufbauphase nach dem letzten Weltkrieg ergibt sich durch die enorme Entfaltung der industriellen Produktion zunehmend die Notwendigkeit, und angesichts steigender Steuern und Einkommen auch die Möglichkeit, die Gefahren und Belastungen für den Mitarbeiter, den Bürger und die Umwelt präventiv zu regulieren. Seit Anfang der 60er Jahre entstand ein komplexes Abfallrecht, das die Inanspruchnahme und Gefährdung der Umweltressourcen Boden und Wasser und der Gesundheit durch vorbeugende Kontrollmechanismen in den Griff bekommen will. Das Bundes-Immissionsschutzgesetz führte 1972 zur Regelung vor allem der Luft- und Lärmemissionen und begründete das präventive Regelungsinstrument der „Vorsorge gegen schädliche Umwelteinwirkungen, insbesondere durch den Stand der Technik entsprechende Maßnahmen zur Emissionsbegrenzung“ (vgl. § 5 Abs.1 Nr.2 BImSchG), da sich das herkömmliche Regelungsinstrument der gewerberechtlichen Gefahrenabwehr als unbefriedigend erwiesen hatte. Das im Kern mittelalterliche Recht der Wassernutzung wurde schrittweise durch gesetzliche Regeln zum Schutz der Gewässer und des Grundwassers durch Regelung der Einleitung von und des Umgangs mit wassergefährdenden Stoffen erweitert. Das Arbeitssicherheitsgesetz von 1973 erweiterte wesentlich die gesetzlichen Vorschriften zum Schutz der Arbeitnehmer.

Diese sich rasch entwickelnden Regelungssysteme erforderten den entsprechenden Ausbau von Expertenstrukturen in der Staatsverwaltung und der Wirtschaft. Im Zuge der Arbeits-, Produktsicherheits- und Umweltgesetzgebung wurden und werden die technischen Kapazitäten im Staatsapparat wesentlich erweitert – von Fachbehörden auf Bundes- und Länderebene bis zum Ausbau von Genehmigungs- und Umweltbehörden auf der untersten Verwaltungsebene. Im einzelnen differierte die Entwicklung in den Bundesländern, da der Vollzug der Gesetze Ländersache ist und sich in der Umsetzung der Gesetze auch unterschiedliche politische Ausprägungen ausdrücken.

Für die Unternehmen ergab sich parallel zu dieser Entwicklung die Notwendigkeit, die vielfach schon vorhandenen Expertenstrukturen wesentlich auszubauen. Bei größeren Unternehmen entwickelten sich – in Ergänzung der schon lange bestehenden Fachabteilungen für Arbeitssicherheit, Anlagensicherheit und Feuerwehr – die Fachabteilungen für Gewässerschutz, Immissionsschutz, Abfallmanagement, Katastrophenschutz und Feuerwehr, Werkssicherheit, Strahlenschutz bis hin zu eigenen Fachabteilungen für das Konzessionswesen. Die Stellung dieser Expertenfunktionen wurde in einem gesetzlichen Rückkopplungseffekt dadurch verstärkt, daß diese Funktionen (nicht alle) als „gesetzliche Beauftragte" für die verschiedensten Ausprägungen der Sicherheits- und Umweltaspekte zwingend vorgeschrieben und in ihren Aufgaben gesetzlich definiert wurden. In einem größeren Industriestandort sind heute etwa 20 solcher gesetzlich vorgeschriebener Beauftragtenfunktionen vorhanden, denen in der Regel im Unternehmen und von außen durch Vertrag umfangreiche Apparate an Mitarbeitern und Technik zuarbeiten.

Diese internen und externen Expertenfunktionen prägen entscheidend die Umsetzung und Wirksamkeit der durch das Sicherheits- und Umweltrecht vorgeschriebenen Vorgaben, obwohl nach herkömmlicher Auffassung die Fachstellen mangels Weisungsbefugnis gegenüber den Mitarbeitern „in der Linie" lediglich eine sekundäre „Aufsichts- und Beratungspflicht" und keine direkte Veranwortung für die Sicherheit und für die Einhaltung umweltschützender Auflagen haben. Diese direkte Verantwortung ist nach herkömmlicher Auffassung dem Management und den Mitarbeitern „in der Linie" vorbehalten, vom Geschäftsführer, der ressortmäßig für Technik und Produktion zuständig ist, über den Werkleiter und Betriebsleiter bis zum ausführenden Mitarbeiter an der Maschine. Bislang wird die Rolle der „gesetzlichen Beauftragten" (Expertenfunktionen) so verstanden, daß diese dafür verantwortlich sind, den „Betreibern" der Produktionsanlagen das erforderliche Fachwissen zu vermitteln und als Überwachungsorgan die Einhaltung der Umweltvorschriften durch die Betreiber zu überwachen (vgl. z. B. die Beschreibung der Aufgaben des Immissionsschutzbeauftragten in § 54 BImSchG).

Dieses herkömmliche organisatorische und rechtliche Modell der bloßen „Beratungs- und Überwachungsfunktion" gerät allerdings zunehmend in Widerspruch zur Betriebswirklichkeit und zur Rechtsprechung, die zunehmend bei Sorgfaltsverstößen zu einer Täterhaftung auch des Experten tendiert. Beispielsweise wurde ein Sicherheitsingenieur als Täter wegen Körperverletzung dafür verurteilt, daß er seiner Aufsichts- und Beratungspflicht nicht nachgekommen war. Sein Einwand, er sei für die Beschaffung oder Reparatur des Röntgengeräts nicht zuständig, wurde nicht akzeptiert. Ein Bediensteter einer an einem Genehmigungsverfahren beteiligten Fachbehörde (Gutachter) wurde als Mittäter einer umweltgefährdenden Abfallbeseitigung verurteilt (BGH, 3.11.93, DVBl. 1994, S. 336).

Es sind also zunehmend die Experten, die entweder als Mitarbeiter oder als externe Sachverständige für die Sicherheit und den Umweltschutz in den Unternehmen intern und auch rechtlich nach außen Verantwortung tragen. Sie sind ein wesentlicher Bestandteil der „umweltschutzsichernden Betriebsorganisation", die ein Betreiber einer genehmigungsbedürftigen Anlage gemäß § 52a BImschG dokumentieren muß. Das Management muß also dafür sorgen, daß das erforderliche „umweltschutzsichernde" Fachwissen im Unternehmen zur Verfügung steht und genutzt wird.

So wichtig – wie dargelegt – die Sicherheits- und Umweltexperten im Unternehmen sind, so kommt doch die entscheidende Rolle für die Sicherheit und den Umweltschutz im Unternehmen den Mitarbeitern „in der Linie" zu. Das Management muß vor allem erreichen, daß die „Betreiberfunktionen" im Unternehmen – also die Produktionsleiter, die Betriebsleiter, die Mitarbeiter in Produktion und Entwicklung – die erforderliche Kompetenz haben, nicht nur entsprechend den Produktionsvorgaben sicher zu produzieren und Innovationen mit Blick auf die Umweltverträglichkeit der Produkte zu entwickeln, sondern dabei auch die in den Gesetzen, Normen und Genehmigungsbescheiden enthaltenen Anforderungen des Gewerbe- und Umweltrechts zu verstehen und umzusetzen. Das Management muß also durch entsprechende Information und Weisung mindestens dafür sorgen, daß der in der Linie zuständige Mitarbeiter die Sicherheits- und umweltrechtlichen Anforderungen erkennt und bei Problemen den zuständigen Experten (im Umweltschutz den „gesetzlichen Beauftragten") intern oder extern einschaltet.

Wird ein solches wirksames Expertensystem im Unternehmen genutzt, führt dies auch zu einer entsprechenden Entlastung des Managements und der Mitarbeiter in bezug auf strafrechtliche Haftung. In der arbeitsteiligen Organisation kann sich „die Linie" auf das Urteil des Experten – natürlich nicht schrankenlos – verlassen. Dies zeigen z. B. die Urteile des Oberlandesgerichts Karlsruhe vom 3.12.91 (Umweltbrief 93, S.9) und des Bayer. Obersten Landesgerichts vom 30.4.91 (unveröffentlicht), in denen jeweils ein angeklagter „Betreiber“ (Werkleiter) trotz technischer Mängel der Anlage freigesprochen wurde, weil er auf die Aussage des Sachverständigen vertrauen konnte.

Über diese grundsätzlichen Anforderungen hinaus ergeben sich hinsichtlich der „umweltschutzsichernden Betriebsorganisation“ nach § 52a Abs. 2 BImSchG keine Auflagen in Richtung einer bestimmten Organisationsstruktur. Der Unternehmer bleibt in der inhaltlichen Gestaltung seiner Organisation frei, hat diese aber „der Behörde mitzuteilen“. Leider wurde diese prinzipiell sinnvolle Regelung in den Vollzugsvorschriften mehrerer Länder zu einem überperfekten Ausbau bürokratischer Melde- und Dokumentationspflichten genutzt. Es wurde wieder einmal verkannt, daß dem Schutz der Umwelt nicht schon dadurch gedient wird, daß zwischen Unternehmen und Behörden Berge von Daten kursieren. So hat die bisherige Diskussion zur „umweltschutzsichernden Betriebsorganisation“ zwar durchaus fruchtbar den Blick von der Anlagentechnik auf die organisatorische Qualität gelenkt, aber leider auch wiederum zu umfangreichen „Verwaltungsvorschriften“ geführt, die darauf hinauslaufen, daß Organisationspläne, Namenslisten und flowcharts versandt werden, die für die Behörden im praktischen Vollzug wohl kaum von wirklichem Nutzen sein können, sondern mehr der bürokratischen Selbstverwirklichung dienen.

Umweltschutz im Unternehmen bedeutet also auch, daß die personelle, technische und organisatorische Kapazität bereitgestellt wird, die den differenzierten und komplexen Anforderungen des Umweltrechts entspricht und daß das Management den Mitarbeitern die Einhaltung der gesetzlichen Anforderungen auch als intern verbindliches Ziel vorgibt. Betreiber einer nach dem BImschG genehmigungsbedürftigen Anlage haben die dokumentierten Grundlagen einer solchen Organisation und den dafür nach der Ressortverteilung zuständigen Vorstand oder Geschäftsführer gemäß § 52a BImschG den

Behörden als „umweltschutzsichernde Betriebsorganisation" mitzuteilen.

7 Umweltschutzmanagement aus Sicht des Schadensersatzrechts

Die verschärfte Haftung von Anlagenbetreibern und Produzenten für Schäden durch Anlagenbetrieb und Produkte macht ein wirksames Sicherheits- und Umweltmanagement erforderlich.

Seit dem Inkrafttreten des „Umwelthaftungsgesetzes" am 1.1.1991 gilt für bestimmte Anlagen die Gefährdungshaftung (im wesentlichen für Anlagen, die nach dem BImSchG genehmigungsbedürftig sind, vgl. im einzelnen Anlage zu § 1 Umwelthaftungsgesetz). Ähnlich wie für die Haftung nach dem Produkthaftungsgesetz kann auf dieser gesetzlichen Grundlage ein Geschädigter auch dann einen Schadensersatzanspruch durchsetzen, wenn dem Unternehmer oder dessen Mitarbeiter kein Verschulden an dem Schaden vorzuwerfen ist. Allerdings hat die Rechtsprechung bei einem Schaden, der nicht mehr oder weniger offensichtlich vom Geschädigten selbst verursacht wurde, bereits vor Jahren Wege gefunden (Stichwort: Beweislastumkehr in den Fällen „Hühnerpest" und „Kupolofen"), dem Produzenten bzw. dem Anlagenbetreiber die Haftung für den eingetretenen Schaden auch ohne nachgewiesenes Verschulden aufzuerlegen.

Es ist prinzipiell davon auszugehen, daß das Unternehmen Schadensersatz zu zahlen hat, wenn und soweit von einer Produktionsanlage oder einem Produkt ein Schaden verursacht wurde, der nicht selbst dem Fehlverhalten des Geschädigten zuzurechnen ist. Noch weitaus gravierender können bekanntlich weitere Folgen eines Produktfehlers oder Störfalles sein, die bis zur Stillegung der Anlage und zu strafrechtlichen Folgen für das Management und die Anlagenbetreiber reichen können. Ähnliches gilt für riskante Produkte unter dem Gesichtspunkt der behördlichen Möglichkeiten nach dem Gerätesicherheitsgesetz und Polizeirecht (in Kürze auch nach dem neuen

Produktsicherheitsgesetz) sowie die Wettbewerbsnachteile, die durch riskante Produkte ausgelöst werden (Stichwort: Imageverlust, Rückrufaktion usw.). Ein Anlagenstörfall oder ein gravierender Produkthaftpflichtfall kann die Existenz eines Unternehmens beenden. Der Unternehmer wird also in sein strategisches Umweltschutzkonzept einen „kontinuierlichen Verbesserungsprozeß" auch mit dem Ziel der Verbesserung der Anlagensicherheit, der Unfallsicherheit und der Produktsicherheit installieren und dadurch das Risiko von schädlichen Außenwirkungen so gering als möglich halten. Der Unternehmer muß versuchen, nicht nur in bezug auf die Produktqualität, sondern auch in bezug auf die Anlagen- und Produktsicherheit, eine Null-Fehler-Philosophie durchzusetzen, auch wenn feststeht, daß in einem technisch und organisatorisch komplexen Gebilde eine Null-Fehler-Rate nicht gesichert eingehalten werden kann (Restrisiko). Sollte sich das Restrisiko in einem unglücklichen Einzelfall realisieren, hat sich das Management darauf einzurichten, nicht erst weitgehend aussichtslose und imageschädigende Schadensersatzprozesse zu führen, sondern Schäden – soweit vertretbar – einvernehmlich zu regulieren. Für dieses finanzielle „Restrisiko" haben die meisten Unternehmen eine Betriebshaftpflicht-, Umwelthaftpflicht und eine Produkthaftpflichtversicherung abgeschlossen. Das Unternehmen wird vor allem laufend analysieren, ob Produktionsabläufe und Produkte sicherer und umweltverträglicher gestaltet werden können und ob, im Extremfall, Produktgruppen wegen Umweltrisiken eliminiert werden müssen, bevor noch Verbotsverordnungen des Staates einen entsprechenden Verzicht erzwingen (Rechtsgrundlage: Chemikaliengesetz und Verbotsverordnungen nach § 17 ChemG.).

8 Umweltschutzmanagement und Umweltstrafrecht

In der öffentlichen Meinung ist das Umweltstrafrecht von hoher Bedeutung für den Umweltschutz. Dies hat zuletzt zur erneuten Verschärfung der umweltrechtlichen Strafandrohungen durch das 2.

Gesetz zur Bekämpfung der Umweltkriminalität vom 27.6.1994 geführt. Hohe Aufmerksamkeit haben auch einige neuere Gerichtsentscheidungen zur strafrechtlichen Produkthaftung erlangt, die auch für die strafrechtliche Haftung des Anlagenbetreibers von Bedeutung sind. Im sog. „Lederspray-Urteil" hat sich der Bundesgerichtshof dezidiert zur strafrechtlichen Verantwortung der Unternehmensleitung für die Sicherheit der Produkte geäußert. Die verantwortlichen Geschäftsführer wurden verurteilt, weil sie nach Auffassung des Gerichts trotz konkreter Hinweise auf Gesundheitsschäden, die bei Anwendung der Ledersprays auftraten, den weiteren Vertrieb der Produkte nach eingehender Beratung beschlossen hatten. Wesentlich war, daß der physiologische Wirkungsmechanismus der Ledersprays nicht aufgeklärt werden konnte.

Im Anschluß an dieses Urteil des Bundesgerichtshofs hat das Landgericht Frankfurt die Geschäftsführung eines Holzschutzmittelherstellers verurteilt, weil nach Verwendung der Holzschutzmittel in Innenräumen bei relativ wenigen Anwendern gesundheitliche Probleme auftraten. Dieses Urteil hat vor allem deshalb Aufmerksamkeit in den Unternehmen und bei den Juristen hervorgerufen, weil anerkannte Fachgutachter im Prozeß einen kausalen Zusammenhang zwischen Produkt und Gesundheitsschäden definitiv ausgeschlossen hatten und das Gericht durch Inanspruchnahme eigener Fachkompetenz den Gutachterstreit zu Lasten der Angeklagten (trotz „in dubio pro reo") entschieden hat. Auch wenn erst der Bundesgerichtshof als Revisionsinstanz klären wird, wie weit die Sicherungs- und Produktbeobachtungspflichten des Managements reichen, zeigt auch dieses Urteil, daß die Tendenz der Gerichte generell in Richtung einer Verschärfung der strafrechtlichen Sicherheits- und Umwelthaftung geht.

Diese Rechtsprechung läßt auch sich ohne weiteres entsprechend auf die Anforderungen an den sicheren Betrieb von Anlagen erweitern (Pflicht zur weltweiten Einholung von Informationen beim Betrieb kritischer Anlagen und Verfahren). Durch die Regelungen der Störfallverordnung und durch internationale Zusammenarbeit der Unternehmen ist bei gefährlichen Anlagen und Produkten ein solcher Informations- und Erfahrungsaustausch gegeben. Das Management muß die Teilnahme der Experten an diesen Informationen, zumindest durch Literaturbeobachtung ermöglichen.

Wenn im Zusammenhang mit dem Betrieb einer Anlage oder dem Vertrieb eines Produkts der Verdacht entsteht, daß schädigende Wirkungen vorliegen könnten, dann müssen entsprechende Gegenmaßnahmen getroffen werden, um den Verdacht auszuräumen oder die Gefahr auszuschließen. Dies kann von einer Produktinformation bis zu einem Vertriebsstop reichen. Entsprechend gilt für die Anlagensicherheit, daß Maßnahmen bis hin zu einer Stillegung der Anlage zu treffen sind, wenn die Gefahr nicht anders beseitigt werden kann.

Das Management ist auch aus strafrechtlicher Sicht verpflichtet, im Rahmen der Nutzung aller wissenschaftlichen, technischen und organisatorischen Kapazitäten dafür zu sorgen, daß von Anlagen und Produkten keine Gefahren für Mensch und Umwelt ausgehen. Werden Beschlüsse gefaßt oder Anweisungen erteilt, die diese Sorgfaltsanforderung verkennen, begibt sich das Management in den strafrechtlichen Risikobereich. Entsprechendes gilt – Organisationsverschulden durch Unterlassen –, wenn Investitionsmittel oder erforderliches Personal nicht bereit gestellt werden, um Gefahren zu beseitigen, obwohl das Management erkennen konnte, daß konkrete Gefahren bestehen.

Wenn allerdings – wie in diversen Zeitungsartikeln – behauptet wird, für das Management sei die Installierung eines zertifizierten „Öko-Managementsytems“ vor allem strafrechtlich gebotene Pflicht, so ist es schwer, den sachlichen Gehalt dieser Behauptung zu ermitteln. Weder ist es so, daß das Management und die Mitarbeiter heute „mit beiden Beinen im Gefängnis stehen“ (Chemie Technik, 1993, S. 86), noch ist es möglich, durch Öko-Audit eine „gerichtsfeste Organisation“ zu schaffen, wie häufig versprochen wird. Es erscheint schwer vorstellbar, daß ein Unternehmen längere Zeit am Markt operieren kann, ohne eine nach den Maßstäben der Strafgerichte nachweisbar wirksam gestaltete Organisation zu haben. Das bloße Ansammeln oder Nichtansammeln von Dokumenten hat sich auch m. E. noch in keinem Fall strafbefreiend oder strafbegründend ausgewirkt.

Erhebliches Aufsehen hat auch das Urteil des Bundesgerichtshofs vom März 1994 zu den Sorgfaltspflichten des Managements bei der Entsorgung von Abfällen ausgelöst. In dem betreffenden Fall (NJW 1994, S. 1745) hatte der letztlich verurteilte Geschäftsführer vom beauftragten Unternehmen zugesichert bekommen, daß die zu entsorgenden Abfälle „ordnungsgemäß“ beseitigt würden. Der Geschäftsführer hatte sich dessen jedoch nicht vergewissert. Weder hatte er sich durch Belege nachweisen lassen, daß das Entsorgungsunternehmen über eigene legale Entsorgungskapazitäten verfügte, noch hatte er sich eine verbindliche und überprüfbare Bestätigung darüber geben lassen, daß der weitergereichte Abfall letztlich legal entsorgt würde. Der Bundesgerichtshof hat den Geschäftsführer deshalb verurteilt, weil er sich über die Ordnungsmäßigkeit der Entsorgung nicht hinreichend durch eine „verbindliche und überpüfbare Bestätigung“ vergewissert hatte. Durch dieses Strafgerichtsurteil wird letztlich nur die in sorgfältig arbeitenden Unternehmen bereits seit jeher geübte Praxis festgeschrieben, daß Abfälle nicht einfach Entsorgungsunternehmen auf der Grundlage einer verbalen Versicherung übertragen werden, sondern darüber hinaus für die sichere und rechtmäßige Abfallentsorgung durch entsprechende Nachweise und Verpflichtungen Vorsorge getroffen wird.

Für den strafrechtlichen Umweltschutz von Interesse ist das im Juli 1994 ergangene Urteil gegen Mitglieder des ehemaligen Verteidigungsrats der DDR, die nicht mehr als bloße „Anstifter“, sondern durch die Beherrschung der staatlichen Vollzugsorganisation als unmittelbare Täter für Tötungen an der innerdeutschen Grenze verantwortlich gemacht wurden. Der Bundesgerichtshof hat hier eine Rechtsentwicklung bestätigt, die das Phänomen der Täterschaft durch Nutzung einer Organisation strafrechtlich bewältigt. Dieses Urteil ist es für den Juristen aufschlußreich, weil die rechtliche Dogmatik der Haftung durch Führung von Organisationen bislang sehr unklar war. Für das Management ist dieses Urteil vor allem insofern interessant, als es durch das ausdrückliche obiter dictum bestätigt, daß die Leitsätze auch in Wirtschaftsunternehmen Anwendung finden sollen. Ein weiterer Hinweis, daß die Strafjustiz geneigt ist, die Verantwortung zunehmend im Wirtschaftsmanagement zu suchen.

Zusammenfassend wird man ein strafrechtliches Risiko des Managements dann annehmen müssen, wenn das Management den an einen sachverständigen und ordentlichen Kaufmann zu stellenden Anforderungen nicht genügt und erkennbare und konkrete Sicherheitsgefahren vernachlässigt werden.

Kapitel XII

Europäische Normung zum Umweltschutz – Bedeutung für die Industrie und den Vollzug von Gesetzen

Klaus Grefen

1 Einleitung und Überblick

Verschiedene Prognosen zeigen die wachsende Bedeutung der Umwelttechnik auf dem Weltmarkt. Deutschland war 1992 am Weltmarkt mit einem Anteil von 21% und einem Ausfuhrwert von 35 Milliarden DM bei „Umweltgütern" das mit Abstand größte Exportland, gefolgt von USA und Japan mit 16% bzw. 13%. Für diesen Erfolg sind im wesentlichen mehrere Gründe verantwortlich, die alle mehr oder weniger miteinander in Wechselwirkung stehen: Hohe Umweltschutzanforderungen im eigenen Lande; Lösung dieser Aufgaben mit moderner Technik, welche vorzugsweise auch im eigenen Land entwickelt wird; relativ gut geordnete Informations- und Kooperationsstrukturen sowie zunehmend ein ausgeprägtes Umweltbewußtsein bei zahlreichen Unternehmen und Gruppierungen unserer Gesellschaft. Die deutsche technische Regelsetzung und Normung zum Umweltschutz hat an dieser Entwicklung einen entscheidenden Anteil, da sie einen wesentlichen Beitrag für den einheitlichen Vollzug der notwendigen Maßnahmen zur Erfüllung der hohen Umweltschutzauflagen leistet.

Basis dieser Gesamtentwicklung aber sind insbesondere der in unserer Umweltpolitik verankerte Grundsatz der Vorsorge sowie Kooperationsprinzip und Verursacherprinzip. In zunehmendem Maße werden jedoch die diesen Prinzipien folgenden nationalen Gesetze und Verordnungen durch Richtlinien und Verordnungen der Europäischen Union (EU) abgelöst. Den einheitlichen Vollzug dieser europäischen rechtlichen Regelungen müssen dann im Konsens erarbeitete oder noch zu erarbeitende Europäische Normen erleichtern bzw. sicherstellen.

Die zur Zeit im einzelnen noch ungelöste Kernfrage ist dabei, ob, wie und wann das durch den Maastrichter Vertrag für die Umweltpolitik der EU geforderte „hohe Schutzniveau" erreicht werden kann und welche Auswirkungen diese Herausforderung und Verpflichtung auf die Europäische Normung haben. Die Auswirkungen können – je nach industrieller Branche und Normungsvorhaben – durchaus unterschiedlich sein und hängen national wie europäisch ganz wesentlich von den Erstellern der Norm und ihrem Engagement als sogenannte „interessierte Kreise“ ab. Da Deutschland aber nicht das allein bestimmende Land ist und über die Annahme oder Ablehnung einer Europäischen Norm mit qualifizierter Mehrheit entschieden wird, brauchen deutsche und europäische Normungsziele und -ergebnisse nicht unbedingt deckungsgleich zu sein. Weitere Konkretisierung des Begriffes „hohes Schutzniveau“ durch die EU ist meist notwendig, um den Erstellern Europäischer Normen entsprechende Interpretationspapiere (z. B. in Form von sogenannten Grundlagendokumenten im Falle der EU-Bauproduktenrichtlinie) zur Verfügung zu stellen, damit alle Länder möglichst gleiche Vorstellungen zur Definition der hohen Umweltschutzanforderungen entwickeln können.

Ebenfalls noch kein Konsens herrscht über die Erfolgsaussichten der bei uns ab 1. April 1995 geltenden Verordnung (EWG) Nr. 1836/93 des Rates vom 29. Juni 1993 über die freiwillige Beteiligung gewerblicher Unternehmen an einem Gemeinschaftssystem für das Umweltmanagement und die Umweltbetriebsprüfung (AB Nr. L 168/1), die sogenannte Öko-Audit-Verordnung. Es ist die Frage, ob die überwiegende Zahl der Betriebe in Europa dieses freiwillige Instrument wirklich braucht und anwendet, um ihre „ökologischen Schwachstellen“ erkennen zu können und europaweit bereit und in der Lage ist, dann auch dauerhaft Abhilfe zu schaffen. Tatsache ist, daß auch zur Anwendung dieses aktuellen Instrumentes zahlreiche Europäische Normen notwendig sind, die zum größten Teil noch erarbeitet werden müssen. Hier heißt es insbesondere für die Industrie (aber aus staatspolitischer Sicht nicht nur für diese!) als potentiellen Normenanwender: Vorsorgendes Mitgestalten ist besser, als dauerhaft Wettbewerbsnachteile zu beklagen.

2 Normung als Instrument zur Förderung des Handels

In den EU- und EFTA-Staaten gibt es ca. 110.000 nationale Normen. In erheblichem Maß stellen diese Normen noch Handelshemmnisse dar. Nationale Normen sind daher nach den Zielvorstellungen der europäischen Normungsorganisationen und der EU nach und nach aneinander anzugleichen und durch Europäische Normen zu ersetzen. Ende 1994 gab es bereits ca. 4.000 Europäische Normen. Hinsichtlich ihrer Erstellung gilt es schon aus zeitlichen Gründen, Prioritäten zu setzen und von den „interessierten Kreisen" und den Normungsorganisationen oft kurzfristig enorme personelle und finanzielle Ressourcen zur Verfügung zu stellen. Diese Prioritätensetzung und Schwerpunktbildung in der Normungsarbeit ist besonders dann notwendig, wenn entsprechende in Vorbereitung befindliche gesetzliche Regelungen der EU deren spätere Anwendung durch Europäische Normen erleichtern oder ermöglichen sollen. Durch Verweisung auf diese Europäischen Normen erhalten sie Nähe zur europäischen Rechtsordnung, dadurch bedingt eine relativ hohe Verbindlichkeit und auch erhebliche ökonomische Bedeutung (siehe Pkt. 3, „Neue Konzeption").

Die Beseitigung technischer Handelshemmnisse in Europa durch einheitliche Europäische Normen dient der weiteren Stärkung des Binnenmarktes und ist damit nicht nur Leitgedanke für die rechtlichen Regelsetzungsvorhaben der EU, sondern auch wichtigstes Kriterium für die Entwicklung europäischer Normungsprogramme. Nur wenn beide Bereiche frühzeitig aufeinander abgestimmt sind, können technische Handelshemmnisse zwischen den Mitgliedsstaaten abgebaut werden. Dieses ist gleichzeitig auch eine Voraussetzung für die Stärkung der Wettbewerbsfähigkeit europäischer Unternehmen auf dem Weltmarkt.

Normung zum Umweltschutz und zur Umwelttechnik ist in obigem Zusammenhang in vielfacher Weise angesprochen, da sie oft direkt die ökologische Qualität von Produkten, von Verfahren und Dienstleistungen bestimmt. Die Europäische Normung zum Umweltschutz und zur Umwelttechnik kann schon einige Erfolge vorweisen. Gemessen an der noch zurückzulegenden Wegstrecke, stehen wir hier jedoch noch am Anfang der Entwicklung. Handelshemmnisse bzw. ungleiche Voraussetzungen für den Wettbewerb können z. B.

entstehen, wenn in den Mitgliedsstaaten der EU und EFTA durch unterschiedliche oder auch fehlende nationale Normen die Betriebe mit unterschiedlichen Anforderungen und Auflagen belastet werden und deren Überwachung, z. B. der Einhaltung von Emissionsgrenzwerten, auf verschiedenen meßtechnischen Normen basiert. Eine für den Umweltschutz erarbeitete technische Norm, welche u. U. nach zähem Ringen im Konsens als Europäische Norm verabschiedet und dann als DIN-Norm national wirksam wird, muß europaweit auch im gleichen Sinne angewendet und interpretiert werden. Aber bei allem Zeitdruck, unter dem insbesondere sogenannte von der EU und EFTA teilfinanzierte mandatierte Normungsprojekte stehen, darf die Qualität der erarbeiteten Norm (dazu gehören auch die Überprüfbarkeit ihrer Erstellung und die Überprüfung ihrer Anwendung!) nicht leiden. Qualitätssicherung, Zertifizierung und Akkreditierung bekommen so auch in der Umweltnormung eine wachsende Bedeutung.

Sicherlich haben Staatsrechtler, Statistiker oder Ökonomen in den Betrieben oftmals im Hinblick auf den Normungsprozeß unterschiedliche Vorstellungen über den notwendigen Grad (Aufwand) z. B. seiner Demokratisierung oder des zu erreichenden Konsenses, über die Genauigkeit der Definition von Verfahrenskenngrößen eines meßtechnischen Verfahrens oder über die tragbaren Kosten eines durch die Norm vorgeschriebenen Meßaufwandes. Von staatsrechtlicher Seite wird insbesondere bei der Europäischen Normung oftmals mangelnde Repräsentanz des „angemessenen öffentlichen Interesses" geltend gemacht. Dieses sei besonders bei der Umweltnormung ein Defizit. An dieser Stelle kann auf diese Feststellung – so sehr sie auch zum Widerspruch reizt – nur kurz eingegangen werden. Leider werden bei diesen Diskussionen meist die Praxis der Normenerstellung und die Kosten zur Konsensbildung bei der europäischen Normungsarbeit unberücksichtigt gelassen. Diese Kosten der Gremienarbeit werden auch im Umweltschutz von den sogenannten „interessierten Kreisen", in erster Linie von der Industrie, übernommen.

Die Forderung nach mehr Demokratisierung des Normungsprozesses wäre unter Wahrung des im Grunde von allen Beteiligten auch auf europäischer Ebene befürworteten Konsensprinzipes zwangsläufig mit mehr Zeitaufwand zur Erstellung der jeweiligen Norm verbunden. Mehr Zeitaufwand würde zu mehr Kosten und zu einer höheren Belastung der Volkswirtschaft – vorwiegend wiederum der Industrie als interessiertem Kreis – führen. Sicher ist die Brisanz der einzelnen Normungsthemen unterschiedlich, und Verallgemeinerungen sind nicht möglich. Abwägung über die Vorgehensweise im Einzelfall und Flexibilität im Rahmen der für die nationale und Europäische Normung vorgegebenen Regeln werden aber im allgemeinen mehr für den Umweltschutz bewirken als Vorteile durch Anwendung allzu starrer Strukturen, zumal auch die Europäische Normung wie die nationale Normung im Prinzip für alle Kreise und für jedermann offen ist.

Wesentliche Grundelemente und Voraussetzungen für eine erfolgreiche Europäische Normung im Umweltschutz sind u. a. die folgenden drei Forderungen:

1. In den nationalen Spiegelgremien qualifizierte Normungsarbeit entsprechend den Regeln nach DIN 820 sicherstellen. Stichworte: Qualitätssicherung, Zeitaspekt, Überzeugung und Motivation der interessierten Kreise zur Mitarbeit, Transparenz, Öffentlichkeit. Vermeidung von Normung ausschließlich zum Nutzen und Wettbewerbsvorteil einzelner Firmen.

2. In den europäischen Normungsgremien der Normungsinstitutionen von z. B. CEN (Comité Européen de Normalisation), CENELEC (Comité Européen de Normalisation Électrotechnic) und ETSI (European Telecommunications Standards Institute) eng mit der EU und EFTA sowie den nationalen Mitgliedsorganisationen zusammenarbeiten. Stichworte: Wie unter 1), Abstimmung der Normungsprogramme, mehr Integration von Expertenwissen, kein Wettbewerbsvorteil einzelner Firmen oder Länder, Definition des Zieles „hohes Schutzniveau" in EU-Richtlinien und Europäischen Normen.

3. Die hauptamtlich für die jeweiligen Normungsvorhaben zuständigen Geschäftsstellen bei den nationalen Normungsorganisationen finanziell und personell angemessen ausstatten.

Letztere Forderung wendet sich insbesondere auch an den Staat und ist gerade im Umweltschutz besonders wichtig.

Staat bzw. EU und EFTA sollten immer dann als „interessierter Kreis" im Sinne des Allgemeinwohls verstärkt zur Normungsarbeit beitragen (um z. B. auch betroffenen und interessierten europäischen Umweltorganisationen die aktive Teilnahme an der europäischen Normungsarbeit zu ermöglichen), wenn es nur unzureichend gelingt, die Industrie oder eine bestimmte Branche als interessierten und betroffenen Kreis zur Mitarbeit zu motivieren. Allerdings kann gerade die Industrie mit ihrem Know-how sich durch aktive Mitarbeit in den jeweiligen Normungsgremien vor „unliebsamen Überraschungen" am besten schützen, was im Prinzip aber für alle betroffenen Kreise unserer Gesellschaft gilt.

Es wäre jedoch nicht im Sinne unseres Allgemeinwohls und nicht im Sinne des Umweltschutzes, wenn von der deutschen oder europäischen Öffentlichkeit als wichtig erkannte umweltrelevante Normungsthemen aus Mangel an finanziellen Ressourcen entweder gar nicht in Angriff genommen oder nur unzulänglich berücksichtigt würden. Hier müssen dann die Einzelstaaten und/oder die EU Korrekturfunktionen übernehmen und von ihrer hoheitlichen Kompetenz Gebrauch machen. Diese Feststellung bezieht sich ausdrücklich sowohl auf medienbezogene Normungsthemen (z. B. Messen von Emissionen in Luft und Wasser, Fragen der Lärmminderung, der Abfallvermeidung usw.) als auch auf Normungsthemen des produktorientierten Umweltschutzes. In beiden Bereichen kommt der Industrie ebenso wie dem Staat als mitwirkender Instanz sowohl bei der Normenerstellung als auch bei der späteren Normenanwendung eine Schlüsselrolle zu.

So sind beide durch die 1988 von CEN/CENELEC in Abstimmung mit EU und EFTA formulierten Leitlinien für die europäische

Normungsarbeit angesprochen: „Vermeidung oder Beseitigung von Unterschieden im technischen Inhalt von Normen mit gleichem Anwendungsbereich oder Zweck, insbesondere von solchen Unterschieden, die zu Handelshemmnissen führen können. Die Harmonisierung dieser Normen gilt als erreicht, wenn die gemäß der nationalen Normen eines Landes hergestellten Erzeugnisse ohne jede Änderung auch als den Normen der übrigen Länder entsprechend angesehen werden können und umgekehrt."

Die internationale Verpflichtung zum Abbau von technischen Handelshemmnissen wurde auch durch das GATT-Abkommen (GATT = General Agreement on Tariffs and Trade) bestätigt. Die diesem Abkommen angehörenden Mitgliedsstaaten sollen Einwirkungsmöglichkeiten auf die privaten Normenorganisationen schaffen, um durch entsprechende Normen zum Abbau technischer Handelshemmnisse beizutragen. Weiterhin sollen die Einzelstaaten darauf hinwirken, eine Auskunftsstelle zu schaffen, die in der Lage ist, Informationen über Vorschriften, Normen und Waren-Kennzeichnungssysteme den interessierten Kreisen zur Verfügung zu stellen. Dieser Schritt ist für die Europäische Normung durch ein entsprechendes Informationssystem bei CEN in Brüssel realisiert.

Eine weitere Maßnahme der EU zur Verbesserung der Wettbewerbsfähigkeit der europäischen Industrie stellt das Programm „Normung, Meß- und Prüfverfahren" dar, welches als eigenständiges Thema innerhalb des vierten Rahmenprogramms der EU für den Zeitraum von 1995 bis 1998 über ein Haushaltsvolumen von 173 Mio. ECU verfügt. Das Programm soll die europäische Industrie und die Normungsarbeit von CEN, CENELEC und ETSI unterstützen und dient zur Verbesserung der Qualität europäischer Produkte durch noch zu entwickelnde oder zu optimierende Meß- und Prüfmethoden. Diese Anforderungen sollen in Europäischen Normen als Qualitätsanforderungen niedergelegt werden und dabei auch den Umweltschutzgedanken berücksichtigen.

3 Grundsätze und Struktur der Europäischen Normung

Die Gemeinschaftspolitik der EU wirkt stark in die technische Regelsetzung (Normung) hinein: In der Entschließung (85/C 136-01) vom 7. Mai 1985 über eine „Neue Konzeption" auf dem Gebiet der technischen Harmonisierung und Normung hat der Rat der EG (EU) beschlossen, die Harmonisierung der Rechtsvorschriften der EG auf grundlegende Anforderungen zu beschränken und den in Europa für die Normung zuständigen privatrechtlichen Gremien, z. B. CEN/CENELEC, die Aufgabe zu übertragen, unter Berücksichtigung des Standes von Wissenschaft und Technik zur Regelung technischer Einzelheiten Europäische Normen auszuarbeiten. Das Europäische Komitee für Normung, CEN, umfaßt die nationalen Normungsorganisationen der 21 Länder der EU und der EFTA. Das DIN ist das offizielle Mitglied bei CEN für die Bundesrepublik Deutschland. Die Zentralsekretariate von CEN sowie der Schwesterorganisation CENELEC befinden sich in Brüssel. Die Normungsarbeit von CEN vollzieht sich z. Z. in über 300 aktiven Technischen Komitees (TC).

Bekanntlich wenden sich die EU-Verordnungen direkt und unmittelbar an die einzelnen Bürger der EU-Staaten. EU-Verordnungen brauchen damit nicht mehr in nationales Recht umgesetzt zu werden. Im Gegensatz dazu wenden sich EU-Richtlinien nicht direkt an die einzelnen Bürger der Mitgliedsstaaten, sondern müssen innerhalb einer vorgegebenen Frist in nationales Recht umgesetzt werden. Dieses bringt oft zeitliche und inhaltliche Probleme mit sich. EG-Richtlinien „alter Konzeption" enthalten im allgemeinen zahlreiche Detailregelungen, deren Abstimmung im europäischen Rahmen zeitaufwendig ist. Diese Verantwortung zur Festlegung von Detailregelungen und zu deren Abstimmung im europäischen Rahmen wird bei EU-Richtlinien mit „Neuer Konzeption" den europäischen Normungsorganisationen CEN, CENELEC und ETSI übertragen.

Es ist aus Sicht der Normungsorganisationen erfreulich, daß EU-Richtlinien zum Umweltschutz vorwiegend dieser „Neuen Konzeption" folgen. Hierdurch erhalten Umweltnormen einen höheren Stellenwert und eine höhere Bindungswirkung: Durch die direkte Anbindung der Europäischen Normen an EU-Richtlinien durch entsprechende Verweisungen steigen auch deren rechtliche Bedeutung und Verbindlichkeit. Dieses hat weitere Konsequenzen: Die Motivation, insbesondere der Industrie als interessiertem Kreis, zur Mitwirkung an der Erstellung von Europäischen Normen steigt ebenso wie deren Bereitschaft, bereits in den nationalen Spiegelgremien (z.B. bei DIN und VDI) bei der Formulierung des nationalen Standpunktes Einfluß zu nehmen und nehmen zu müssen.

Eine Europäische Norm wird im Konsens erarbeitet und mit qualifizierter Stimmenmehrheit angenommen. Sie muß unabhängig davon, wie das einzelne Mitgliedsland abgestimmt hat, unverändert in alle nationalen Normenwerke übernommen werden, in der Bundesrepublik als DIN-EN-Norm. Europäische Normen sind also gleichzeitig DIN Normen. Entgegenstehende nationale Normen sind in allen CEN-Mitgliedsländern zurückzuziehen. Während der Erarbeitungsphase einer Europäischen Norm unter dem Dach von CEN gilt für die nationalen Normungsorganisationen – so auch für das DIN – die sogenannte Stillhaltevereinbarung, d.h., es dürfen zu diesem Normungsthema keine nationalen Normen erarbeitet oder veröffentlicht werden.

Zur Vermeidung von Handelshemmnissen, die durch nationale Normen entstehen können, hat CEN in Zusammenarbeit mit EU und EFTA ein Informationsverfahren über die in den europäischen Ländern vorgenommenen Normungsarbeiten (Richtlinie 83/EWG – Informationsverfahren über Normen und technische Vorschriften) entwickelt. Diese Transparenz über nationale und gemeinsame europäische Normungsvorhaben (siehe auch Kapitel 2, GATT-Abkommen) erlaubt es, mögliche Gegensätze zwischen den Mitgliedsländern weitgehend zu vermeiden und aufeinander abgestimmte europäische Normungsprogramme zu erstellen, was gerade auch für den Umweltschutz besonders wichtig ist. Darüber hinaus können auf Grund einer Vereinbarung über die Zusammenarbeit, die im Jahre 1984 zwischen EG, EFTA und CEN/CENELEC getroffen wurde, letzteren von der EU und von EFTA Mandate übertragen werden, die auf die Durchführung spezieller Normungsarbeiten gerichtet sind. Nur die auf Grund dieser Vereinbarung erarbeiteten Europäischen Normen dürfen aber im strengen Sinne als „harmonisierte Normen“ bezeichnet werden.

Umweltschutz wird mehr und mehr zum Thema der EU-Gemeinschaftspolitik. Das fünfte Aktionsprogramm der EU zum Umweltschutz ist am 1. Januar 1993 in Kraft getreten. Es gilt bis einschließlich 1995. Auch von diesem 5. Aktionsprogramm gehen insbesondere wegen der bereits beschriebenen „Neuen Konzeption“ entscheidende Impulse für die Normung aus. Wie bereits erwähnt, bilden diese Konzeption auf dem Gebiet der technischen Harmonisierung und der Normung im Umweltschutz und die auf dieser Basis erstellten Europäischen Normen die notwendige Ergänzung für die Ausfüllung der EU-Richtlinien sowie deren Umsetzung und Anwendung in nationalen Rechtssystemen. Die europäischen Normungsarbeiten zur Luftreinhaltung sind hierfür ein wichtiges Beispiel (siehe Pkt. 4).

Um auch gegenüber Drittländern außerhalb der EU- und EFTA-Staaten keine Handelshemmnisse entstehen zu lassen und um Doppelarbeit zu vermeiden, ist eine enge Kooperation und Durchführung der Normungsarbeiten durch Abstimmung der Normungsprogramme von CEN und ISO (International Organization for Standardization, Sitz in Genf) besonders wichtig. Die Zusammenarbeit zwischen ISO und CEN ist durch die Wiener Vereinbarung vom Juli 1991 geregelt. Diese Vereinbarung sieht in ihrem Kern folgendes vor: Austausch allgemeiner Informationen auf Zentralsekretariatsebene von ISO und CEN, Zusammenarbeit zwischen ISO und CEN bei der Normungsarbeit auf der Ebene der Arbeitsgruppen, gegenseitige Berichterstattung auf Zentralsekretariats- und Sekretariatsebene, Abstimmung der Arbeitsprogramme, Zusammenarbeit durch wechselseitige Teilnahme an Sitzungen und Austausch von Beobachtern, Übernahme von CEN-Normungsprojekten durch ISO. Die vertiefte Zusammenarbeit setzt eine enge Abstimmung der jeweiligen für bestimmte Fachgebiete bei den nationalen Normungsorganisationen angesiedelten CEN- und ISO-Sekretariate voraus. Von CEN und ISO wird daher angestrebt, für identische Themen beide Sekretariate bei der gleichen nationalen Normungsorganisation anzusiedeln. Die Zusammenarbeit der nationalen Normungsorganisationen mit CEN und ISO vollzieht sich ebenfalls nach festgelegten Regeln auf der Basis von Verträgen.

Wegen der engen Vernetzung der Europäischen Normung (ca. 60% der ISO-Sekretariate wurden 1991 von europäischen nationalen Normungsorganisationen betreut) mit der Internationalen Normung durch die Wiener Vereinbarung sind an dieser Stelle einige grundlegende Informationen über die ISO angebracht. Die im Jahre 1947 gegründete ISO ist eine weltweite Vereinigung nationaler Normungsorganisationen, wobei jeweils nur eine nationale Normungsorganisation eines Landes Mitglied bei ISO sein kann. Über 70% der nationalen Mitgliedsorganisationen von ISO sind regierungsgebunden oder bekommen Staatsnähe durch Einbindung in das Staatsrecht des jeweiligen Mitgliedslandes. Wie auch bei CEN ist das DIN bei ISO nationales Mitglied für Deutschland. Die Ergebnisse der ISO-Arbeit werden als Internationale Normen (ISO-Normen) veröffentlicht, deren Anwendung freiwillig ist. Der Normungsbereich für Elektrotechnik wird von der IEC (International Electrotechnical Commission, Sitz in Genf) abgedeckt. Nationales Mitglied der IEC ist die Deutsche Elektrotechnische Kommission im DIN und VDE (DKE) mit Sitz in Frankfurt/Main.

Die ISO-Arbeit wird weltweit von ca. 20.000 Experten in mehr als 200 TC's durchgeführt. Jedes TC hat ein Sekretariat, das bei einem der nationalen Mitgliedsorganisationen angesiedelt ist. Auch im Umweltschutz sind wichtige Sekretariate der ISO dem DIN zugeordnet (siehe Tabelle 1, S. 354)

Zur Zeit sind ca. 8.000 ISO-Normen veröffentlicht. Eine ISO-Norm ist das Ergebnis der Zusammenarbeit von Experten der einzelnen nationalen Mitgliedsorganisationen und wird wie eine Europäische Norm nach festgelegten Regeln erarbeitet. Sie kann aber im Gegensatz zur Europäischen Norm sowohl aus sich heraus als eigenständige ISO-Norm als auch nach Überführung in eine nationale Norm als DIN-ISO-Norm wirksam werden. Jedes Jahr werden weltweit ca. 10.000 Arbeitsdokumente zur Weiterverhandlung in den nationalen Arbeitsgremien zur Abstimmung und Einholung der nationalen Voten verschickt. Arbeitssitzungen im internationalen Rahmen sind bei Bedarf einzuberufen. ISO-Normen werden alle fünf Jahre auf ihre Gültigkeit hin überprüft und bei Weiterentwicklung von Wissenschaft und Technik gegebenenfalls überarbeitet.

4 Zuständigkeiten und Fallbeispiel Luftreinhaltung

Private Institutionen, wie z. B. DIN, VDI, CEN und ISO, leisten durch die Erarbeitung von technischen Regeln in Form von Normen, Richtlinien und Merkblättern einen wichtigen Beitrag zur Staatsentlastung, ohne daß sie im eigentlichen Sinne hoheitliche Aufgaben wahrnehmen. Tabelle 1 gibt eine Übersicht wichtiger bei CEN und ISO angesiedelter Normungsgremien im Umweltschutz. Die ausführliche Beschreibung aller Institutionen und Normungsvorhaben würde den Rahmen dieses Berichtes bei weitem sprengen. Hier können daher nur einige Fallbeispiele erwähnt werden. Für weitergehende Informationen sei auf entsprechende Nachschlagewerke und Datenbanken verwiesen: Im vom DITR (Deutsches Informationszentrum für Technische Regeln im DIN) herausgegebenen DIN-Katalog für Technische Regeln z. B. sind mehr als 130 private Organisationen als Regelsetzer aufgeführt. Es werden mehr als 200 technische Regelwerke erfaßt.

In der Datenbank des DITR in Berlin waren 1994 ca. 80.000 Dokumente als technische Regeln gespeichert. Jedes Jahr kommen ca. 6.000 technische Regeln hinzu, ca. 3.000 werden zurückgezogen und damit ungültig. Das DITR betreibt und vertreibt auch die multinationale und mehrsprachige Normendatenbank PERINORM. Sie enthält die bibliographischen Informationen aller geltenden nationalen Normen und Normentwürfe z. B. Deutschlands, Großbritanniens, Frankreichs, Österreichs, der Schweiz und der Niederlande sowie weiterer europäischer und internationaler Normen. Andere in Deutschland und Frankreich geltende technische Regeln sowie Informationen von Rechts- und Verwaltungsvorschriften mit technischem Bezug einschließlich der EU-Richtlinien sind ebenfalls durch PERINORM verfügbar. PERINORM enthielt 1994 fast 190.000 Nachweise. PERINORM-Daten sind entweder von DITR direkt oder unter Nutzung der bei DITR erhältlichen Dateidiskette abrufbar. DITR ist somit gerade für die Industrie, für Betreiber und Hersteller von Anlagen und Maschinen ein hilfreiches Instrument, nationale, europäische und internationale Auskünfte über technische Regeln im Umweltschutz zu erteilen.

Die Realisierung des Binnenmarktes in Europa 1992 hat die Normungslandschaft auch in Deutschland entscheidend verändert und neu gestaltet. Personelle und finanzielle Ressourcen mußten gebündelt werden. Hierzu ein Beispiel aus dem Umweltschutz: Mitte 1990 wurden in Deutschland die bisher für Luftreinhaltung zuständigen Organisationseinheiten (die Kommission Reinhaltung der Luft des VDI und der Normenausschuß Luftreinhaltung im DIN) in ein gemeinsames Gremium mit dem Namen „Kommission Reinhaltung der Luft (KRdL) im VDI und DIN“ zusammengeführt. Aufgabe dieses Gremiums ist die Erstellung von VDI-Richtlinien, DIN-Normen, DIN-Vornormen, DIN-EN-Normen und DIN-ISO-Normen. Die Geschäftsstelle der KRdL übernahm das Sekretariat des ISO/TC 146 „Luftbeschaffenheit“ vom Normenausschuß Luftreinhaltung des DIN. Auf Initiative der KRdL wurde im März 1991 das CEN/TC 264 „Luftbeschaffenheit“ gegründet. Auch für dieses TC wurde das Sekretariat der KRdL zugesprochen. Bei der Erstellung von nationalen Normen zur Luftreinhaltung gelten für die KRdL die Verfahrensregeln des DIN, für die Erarbeitung von europäischen und internationalen Normen die Verfahrensregeln von CEN und ISO. Bei der Erstellung von VDI-Richtlinien sind die Leitlinien des VDI zu berücksichtigen.

Eine ähnliche Kooperationsvereinbarung zwischen DIN und VDI

erfolgte ebenfalls 1990 für das Normungsgebiet Lärmminderung durch die Gründung des „Normenausschusses für Akustik, Lärmminderung und Schwingungstechnik im DIN und VDI (NALS)".

In der KRdL sind mehr als 200 Arbeitsgruppen mit ca. 1.700 Fachleuten aus Wirtschaft, Wissenschaft und Verwaltung in ehrenamtlicher Gemeinschaftsarbeit tätig. Ihre Arbeit zur Erstellung von nationalen technischen Regeln und zur Wahrnehmung der Sekretariatsaufgaben für CEN/TC 264 und ISO/TC 146 wird von der Bundesregierung finanziell gefördert. Die KRdL leistet damit einen entscheidenden Beitrag, deutsche Interessen auf dem Gebiete des Umweltschutzes europa- und weltweit einzubringen und durchsetzbar zu machen. Der überwiegende Teil der Kosten für diese Gemeinschaftsarbeit wird hierbei von den sogenannten „interessierten Kreisen" aus Wirtschaft, Wissenschaft und Verwaltung übernommen (siehe auch vorhergehende Ausführungen im Kapitel 2), welche ihre Arbeitszeit und ihr Know-how ehrenamtlich zur Verfügung stellen. Dieses kommt auch im Haushaltstitel des Bundes für die KRdL zum Ausdruck. Danach wird „das Bundesministerium für Umwelt, Naturschutz und Reaktorsicherheit bei der Durchführung der Aufgaben auf dem Gebiet der Reinhaltung der Luft im Sinne von § 1 des Bundes-Immissionsschutzgesetzes von der KRdL in der Weise unterstützt, daß diese in freiwilliger Selbstverantwortung und gemeinsam mit den beteiligten Behörden, der Wissenschaft und Industrie den Stand von Wissenschaft und Technik feststellt und in Richtlinien und Normen festhält, deren Inhalt in die Tätigkeit der Exekutive und in die Gesetzgebung einfließen kann".

Die KRdL verfügt derzeit über einen Bestand von ca. 410 VDI-Richtlinien (davon ca. 280 aus dem Bereich der Meßtechnik), die in 6 Bänden als VDI/DIN-Handbuch „Reinhaltung der Luft" zusammengefaßt sind. Außerdem fällt die Pflege und Aktualisierung von ca. 30 DIN/ISO-Normen und die Mitwirkung bei der Erarbeitung neuer nationaler, europäischer und internationaler Normen in ihren Zuständigkeitsbereich. Dieses von den „interessierten Kreisen" ehrenamtlich erarbeitete enorme Potential insbesondere aus dem Bereich Meßtechnik steht als nationales Basiswissen für die europäische Normung zur Verfügung und muß hier – will man die nationalen Bemühungen auch europäisch erfolgreich nutzen – eingebracht werden. Dieses wiederum wird nur in ehrenamtlicher Gemeinschaftsarbeit durch intensive Mitwirkung der „interessierten Kreise" bei kompetenter Unterstützung durch die hauptamtliche Geschäftsstelle in Düsseldorf möglich sein.

Die ersten Europäischen Normen zur Luftreinhaltung werden zur Zeit von CEN/TC 264 „Luftbeschaffenheit" erarbeitet (siehe Tabelle 2, S. 355) und 1995 fertiggestellt. Die konstituierende Sitzung des Komitees fand im März 1991 in Bonn statt. Das Arbeitsgebiet des CEN/TC 264 wurde auf der Gründungssitzung in Bonn wie folgt definiert: „Normung von Methoden zur Charakterisierung der Luftqualität bei Emissionen, Immissionen, Innenraumluft, Gase im und aus dem Boden, Deposition, insbesondere

- die Festlegung einheitlicher Meßverfahren für luftverunreinigende Stoffe (z. B. Partikeln, Gase, Gerüche und Mikrorganismen) und Methoden zur Bestimmung der Wirksamkeit von Systemen zur Abgasreinigung.

Ausgeschlossen sind:

- Grenzwertfestlegung für luftverunreinigende Stoffe,
- Arbeitsplatz und Reinräume,
- radioaktive Substanzen."

Das Thema „Innenraumluft" ist ausdrücklich im Arbeitsbereich des CEN/TC 264 erwähnt. Dieses Thema wird im Zusammenhang mit der EG-Bauproduktenrichtlinie (siehe Pkt. 5) zukünftig auch europaweit stärkere Bedeutung erlangen.

Gegenwärtig von besonderer Bedeutung für die Europäische Normung zur Luftreinhaltung ist die EU-Richtlinie über die Verbrennung gefährlicher Abfälle. Diese EU-Richtlinie hat das Ziel, „die Umwelt zu erhalten und ihre Qualität zu verbessern sowie zum Schutz der menschlichen Gesundheit beizutragen". Im Gegensatz zu der EG-

Richtlinie über Siedlungsmüll setzt diese der „Neuen Konzeption" folgende EU-Richtlinie sehr hohe Anforderungen, die von allen EU-Mitgliedsstaaten eingehalten werden müssen. Die Anforderungen sind so hoch, daß sowohl für die einzusetzende Technik zur Emissionsminderung als auch für die Meßtechnik Handlungsbedarf besteht, um die niedrigen Grenzwerte einhalten und messen zu können. Die Richtlinie setzt somit im Bereich der EU-Luftreinhalteregelungen neue Maßstäbe. Der „Neuen Konzeption" entsprechend werden meßtechnische Details in der EU-Richtlinie selbst nicht behandelt, sondern es wird für die Durchführung der Meßaufgaben auf Europäische Normen oder, wenn diese noch nicht zur Verfügung stehen, auf ISO-Normen oder in Ausnahmefällen auch auf nationale Normen verwiesen.

Da national bereits existierende Meßverfahren für zum Teil wesentlich höhere Emissionskonzentrationen konzipiert worden sind als für die Werte, die in den oben genannten EU-Richtlinien zur Erreichung eines hohen Schutzniveaus in Europa zukünftig vorgegeben sind, ist es notwendig, die Bestimmungsmethoden anhand von Verfahrenskenngrößen zu überprüfen oder gegebenenfalls vollkommen neue Referenzmeßverfahren zu erarbeiten. Das CEN/TC 264 ist daher gefordert, für bestimmte Emissionen die benötigten Meßmethoden noch weiterzuentwickeln, bzw. bereits existierende im Vergleich zu testen. Hierzu werden die Normungsarbeiten zur Absicherung der Verfahrenskenngrößen durch umfangreiche europäische Meßprogramme (Ringversuche) ergänzt.

So fanden, begleitend zu den Normungsarbeiten, aufwendige Vergleichstests für unterschiedliche Meßmethoden für die Messung von Dioxinen, HCl, Gesamt-C und geringen Staubgehalten an Müllverbrennungsanlagen statt. An den Untersuchungen zur Emissionsmessung von Dioxinen z. B. beteiligten sich neun Institute aus EU- und EFTA-Staaten. Die Meßverfahren sind für Grenz-/Richtwertüberwachung von 0,1 ng/I-TEQ m^3 bei den Dioxinen bzw. 10 mg/m^3 bei HCl (Tagesmittelwert 5 mg/m^3) zu validieren. Die Projekte sind von der EU mandatiert (siehe Kapitel 3) und werden von ihr finanziell gefördert (Messungen zu 100%, Erarbeitung der Normen zu 50%). Diese Mandatierung und finanzielle Unterstützung ist natürlich mit Verpflichtungen gegenüber der EU verbunden. So ist dringend gefordert, aber auch zu erwarten, daß die Arbeiten in der in Abstimmung mit der EU vorgegebenen Zeit abgeschlossen sein werden (siehe Tabelle 2, S. 355)

Das ISO/TC 146 „Luftbeschaffenheit“ wurde 1971 gegründet. Im Gründungsjahr wurde das Sekretariat von der Geschäftsstelle des Normenausschusses Luftreinhaltung (NLuft) des DIN übernommen. Als 1990 die KRdL im VDI und DIN gebildet wurde, übernahm die Geschäftsstelle der KRdL in Düsseldorf auch das Sekretariat des ISO/TC 146. Das Aufgabengebiet dieses Komitees lautet wie folgt: „Standardisierung auf dem Gebiet der Luftbeschaffenheit, einschließlich Begriffsdefinition, Luftprobennahme, Meßtechnik und Berichterstattung über Luftkennwerte. Ausgeschlossen: Grenzwerte für Luftbeschaffenheit.“ Das ISO/TC 146 umfaßt ca. 30 Arbeitsgruppen, welche in vier Unterkomitees (SC) zusammengefaßt sind. Auf der Sitzung des ISO/TC 146 im Herbst 1993 in Philadelphia wurde die Bildung von zwei neuen Unterkomitees für „Innenraumluft“ (Federführung Deutschland) und „Meteorologie“ (Federführung USA) beschlossen.

Neben der anlagenbezogenen Normung zum Umweltschutz, wie sie überwiegend von der KRdL im VDI und DIN betrieben wird, gewinnt auch der produktorientierte Umweltschutz und damit der Bedarf normativer Festlegungen zunehmend an Bedeutung. Bereits im Jahre 1983 wurde daher mit Unterstützung des Bundesministeriums für Umwelt, Naturschutz und Reaktorsicherheit die Koordinierungsstelle Umweltschutz (KU) im DIN gegründet. Sie berät und unterstützt die produktorientierten Normenausschüsse des DIN (die Industrie ist auch hier ein besonders wichtiger „interessierter Kreis“) in Fragen des produktorientierten Umweltschutzes und trägt dazu bei, die Interessen und Ziele des Umweltschutzes in die nationale, europäische und internationale Normung verstärkt einzubringen. Dem Fachbeirat der KU gehören Vertreter der Industrie, der Bundes- und

Länderumweltministerien, aber auch der Umweltverbände, Verbraucher und Gewerkschaften an. Er hat die Aufgabe, sowohl Schwerpunktthemen zur produktbezogenen technischen Regelsetzung im Bereich des Umweltschutzes zu definieren als auch umweltrelevante Stellungnahmen zu Normentwürfen anderer vorwiegend produktorientierter Normenausschüsse abzugeben oder zu veranlassen.

Im Februar 1993 fand in Berlin die Gründungssitzung des Normenausschusses „Grundlagen des Umweltschutzes" (NAGUS) statt. Dieser Normenausschuß ist das zuständige Arbeitsgremium des DIN für die Normung von fachgebietsübergreifenden Grundlagen des Umweltschutzes auf nationaler, europäischer und internationaler Ebene; hierzu gehören u. a. die Gebiete Terminologie, Umweltmanagement und Ökobilanzen. Zu diesen Themen sowie zum Thema „umweltbezogene Kennzeichnung" wurden bereits weitere Arbeitsausschüsse gebildet. Entsprechende Aktivitäten im internationalen Rahmen wurden ebenfalls 1993 initiiert. NAGUS war in gewisser Weise die deutsche Antwort auf die auf maßgebliches Betreiben der Briten vollzogene Gründung des ISO/TC 207 „Environmental Management". Die Normungsthemen von NAGUS und ISO/TC 207 berühren in vielfältiger Weise die Interessen der Industrie (siehe Tabelle 3, S. 356)

5. Nationale und europäische Umweltnormen im Spannungsfeld von Recht und Technik – Entscheidungshilfen für den Vollzug

Die Vernetzung von Recht und Technik wird besonders bei der Normung zum Umweltschutz deutlich. Hierzu einige Beispiele aus der Luftreinhaltung:

Die Bundesregierung ist nach § 48 BImSchG (Bundes-Immissionsschutzgesetz) ermächtigt, nach Anhörung der beteiligten Kreise mit Zustimmung des Bundesrates allgemeine Verwaltungsvorschriften zu erlassen. Diese zunächst nur die Verwaltung bindenden Vorschriften dienen der Durchführung des BImSchG und der auf Grund dieses Gesetzes erlassenen Rechtsverordnungen. Sie sind damit in Deutschland unverzichtbare Instrumente für den Vollzug von Maßnahmen zum Umweltschutz. Beispiel hierfür ist die Erste allgemeine Verwaltungsvorschrift (1. aVwV) zum Bundes-Immissionsschutzgesetz (Technische Anleitung zur Reinhaltung der Luft, TA Luft 86), eines der wichtigsten Instrumente der Behörde und Verwaltung zur Durchführung des Bundes-Immissionsschutzgesetzes. Sie ist für die Industrie von besonderer Bedeutung und insbesondere bei Prüfung der Anträge auf Genehmigung zur Errichtung und zum Betrieb einer Anlage sowie zur wesentlichen Änderung der „Lage, der Beschaffenheit oder des Betriebes" einer Anlage sowie zu deren Sanierung anzuwenden. Bei der Ermittlung von Art und Ausmaß der von einer Anlage ausgehenden Emissionen sowie der Immissionen im Einwirkungsbereich der Anlage spielt sie ebenfalls eine wichtige Rolle. In Nr. 2.6 der oben genannten TA Luft werden wichtige Festlegungen zur Messung von Immissionen (Meßplanung, Probenahme, Analytik) getroffen, wobei insbesondere Richtlinien des VDI-Handbuchs Reinhaltung der Luft heranzuziehen sind. Im Teil 3 „Begrenzung und Feststellung der Emissionen" der TA Luft werden Emissionswerte dem Stand der Technik entsprechend für genehmigungspflichtige Anlagen und Anforderungen zur Emissionsminderung festgelegt. Ausgenommen hiervon sind die Anforderungen an Großfeuerungsanlagen, die in der 13. BImSchV geregelt sind. Weiterhin werden in Teil 3 der TA Luft Messung und Überwachung von Emissionen festgelegt. Die Emissionsmeßtechnik konkretisierend, enthält Anhang G eine Auflistung von VDI-Richtlinien. Nr. 3.1.1 der TA Luft schließlich verweist zur weitergehenden Konkretisierung des Standes der Technik im Sinne des BImSchG ebenfalls auf die Richtlinien zur Prozeß- und Gasreinigung des VDI-Handbuchs Reinhaltung der Luft. Diese sind in Anhang F aufgelistet.

Ein weiteres Beispiel für die Vernetzung von Gesetzen, Verwaltungsvorschriften und technischen Regeln auf nationaler und darüber hinaus auf europäischer Ebene zeigt die Bedeutung der Normung zum Umweltschutz ebenfalls sehr deutlich: Die Vierte Allgemeine Verwaltungsvorschrift (4. aVwV) zum Bundes-Immissionsschutzgesetz (Ermittlung von Immissionen in Untersuchungsgebieten – 4. BImSchVwV) vom 26. November 1993 gründet sich auf § 44 Abs. BImSchG sowie auf bestimmte Richtlinien des Rates der EU. Sie enthält Begriffsbestimmungen und Vorschriften über Meßobjekt, Meßgebiete (nach § 44 Abs. 3 BImSchG festgelegte Untersuchungsgebiete), Zahl und Lage der Meßstellen, über Meßverfahren, Meßgeräte sowie Auswertung der Meßergebnisse. Zur Unterrichtung der Bevölkerung über die Immissionssituation sind die Daten in vorgeschriebener Weise zu ermitteln und zur Veröffentlichung bereitzustellen. In den Anhängen A bis E dieser aVwV werden Festlegungen über zu berücksichtigende Richtlinien der EU, über Meßstellenauswahl sowie über heranzuziehende Vorschriften, DIN-Normen und VDI-Richtlinien zur Meßtechnik und Ermittlung von Verfahrenskenngrößen getroffen. Die Daten sind in ein bestimmtes Formular, dessen Muster in Anhang E vorgegeben wird, einzutragen und zur Berichterstattung an die EU-Kommission sowie für den Bericht der Bundesregierung an den Deutschen Bundestag nach § 61 BImSchG von den obersten Landesbehörden dem Umweltbundesamt zu übermitteln. Die in Anhang C1 zitierten Richtlinien der EU (bzw. EWG) sowie die in C2 erwähnten Richtlinien sind zur bundeseinheitlichen Überwachung der Immissionen von besonderer Bedeutung.

Die 4. aVwV kann so im nationalen Bereich durch zunehmende Verzahnung mit dem europäischen Recht und durch Weiterentwicklung entsprechender europäischer Regelungen zu einer einheitlichen Praxis bei der Ermittlung und Überwachung der Immissionen zur Beurteilung des Standes der Luftverunreinigung beitragen. Dieses Ziel ist aber nur dann zu erreichen, wenn bei zunehmender Verdrängung nationaler rechtlicher Regelungen durch europäisches Recht auch zunehmend Europäische Normen quasi als Entscheidungshilfen und Vollzugsinstrumente vor Ort zur Verfügung stehen und dort durch konsequente Anwendung auch wirklich vergleichbare Meßergebnisse liefern. In diesem Zusammenhang sind die weltweit insbesondere von der Industrie diskutierten Themen Qualitätssicherung,

Zertifizierung und Akkreditierung (Stichwort DIN EN ISO 9000) auch für die Meßtechnik im Umweltschutz von zentraler Bedeutung. Die Normung nimmt auch hier wiederum eine Schlüsselstellung ein, wobei die Umweltverträglichkeit sowohl von Produkten und Verfahren als auch von Dienstleistungen in gleichem Maße zum Normungsgegenstand werden kann. Die folgenden zwei Beispiele machen dieses besonders deutlich:

Erstes typisches Beispiel für die Vernetzung von rechtlicher und technischer Regelsetzung mit dem Thema Qualitätssicherung ist die eingangs bereits erwähnte Bauproduktenrichtlinie der EU aus dem Jahre 1989. Die Richtlinie wurde 1992 in nationales Recht umgesetzt, folgt der „Neuen Konzeption" und ist das zentrale Regelwerk zur Angleichung der Rechts- und Verwaltungsvorschriften der Mitgliedsstaaten über Bauprodukte. Sie gilt für Bauprodukte, Baustoffe und Bauteile, wobei der Produktbegriff durchaus komplex auszulegen ist. In erster Linie werden aber insbesondere „typische" Bauprodukte und Baustoffe angesprochen. Hierzu wird in Artikel 1, Absatz 2 ausgeführt: Im Sinne dieser Richtlinie ist unter „Bauprodukte" jedes Produkt zu verstehen, das hergestellt wird, um dauerhaft in Bauwerke des Hoch- oder Tiefbaus eingebaut zu werden. Nach Anhang I der Bauproduktenrichtlinie müssen Bauprodukte und Bauwerke hinsichtlich Hygiene, Gesundheit und Umweltschutz folgenden wesentlichen Anforderungen und Kriterien genügen: „Das Bauwerk (als Ganzes oder in seinen Teilen) muß derart entworfen und ausgeführt werden, daß die Hygiene und die Gesundheit der Bewohner und der Anwohner insbesondere durch folgende Einwirkungen nicht gefährdet werden:

- Freisetzung giftiger Gase,
- Vorhandensein gefährdender Teilchen oder Gase in der Luft,
- Emission gefährlicher Strahlen,
- Wasser- oder Bodenverunreinigung oder -vergiftung,
- unsachgemäße Beseitigung von Abwasser, Rauch und festem oder flüssigem Abfall,

- Feuchtigkeitsansammlung in Bauteilen und auf Oberflächen von Bauteilen in Innenräumen."

Die EU-Bauproduktenrichtlinie fordert also, daß Luftreinhaltung/Umweltschutz zukünftig noch mehr integraler Bestandteil der Bautechnik sein soll. Zur weiteren inhaltlichen Konkretisierung dieser EU-Richtlinie wird in Artikel 3 die Präzisierung dieser wesentlichen Anforderungen durch sogenannte Grundlagendokumente in verschiedenen Bereichen (u. a. auch Sicherheit und Umweltschutz) gefordert. Diese Grundlagendokumente 1 bis 6 liegen jetzt vor. Sie ergeben den Rahmen für künftige europäische Normungsvorhaben und werden den Bauproduktenmarkt in Europa maßgeblich beeinflussen.

Zweites aktuelles Beispiel ist die in diesem Bericht bereits eingangs erwähnte und in Kapitel V dieses Werkes ausführlich beschriebene Verordnung (EWG) Nr. 1836/93 des Rates, die sogenannte Öko-Audit-Verordnung. Sie wirkt direkt auf die Betriebe der EU und gilt bei uns ab 1. April 1995. Ab diesem Zeitpunkt können alle gewerblichen Unternehmen sich freiwillig an dem Gemeinschaftssystem für Umweltmanagement und Umweltbetriebsprüfung beteiligen, um in ihrem Betrieb Schwachstellen im Umweltschutz aufzudecken und entsprechende Maßnahmen zu ergreifen. Die EU hat an CEN zur inhaltlichen Ausfüllung dieser Verordnung und zur Erleichterung ihrer einheitlichen Anwendung ein Mandat zur Erarbeitung von konkretisierenden Normen vergeben. CEN hat sich verpflichtet, die Normenentwürfe innerhalb von 18 Monaten nach Annahme dieses Mandates vorzulegen. Enge Zusammenarbeit zwischen den zuständigen CEN-Gremien und den zuständigen Ausschüssen von ISO/TC 207 „Environmental Management" (siehe Tabelle 3, S. 356) wurde beschlossen. Bereits existierende ISO-Normen sollen bei den Arbeiten eingebracht und/oder Umweltbelange z. B. bei Novellierungen berücksichtigt werden. So wurden in die überarbeitete DIN EN ISO 9001 bereits spezifische Aspekte zum Umweltmanagement aufgenommen. Von der Erarbeitung einer eigenen deutschen Norm zum Thema „Umweltmanagementsysteme" wurde bis jetzt Abstand genommen.

Jedoch hat hierzu der zuständige Unterausschuß des Arbeitsausschusses 2 „Umweltmanagement/Umweltaudit“ des NAGUS als Entscheidungshilfe für deutsche Unternehmen ein Positionspapier erarbeitet.

6 Zusammenfassung

Obige Ausführungen machen den Stellenwert der nationalen und Europäischen Normung für Umweltschutz und Umwelttechnik im Kontext von rechtlichen Regelungen insbesondere für die Industrie als „interessierten Kreis“ deutlich. Die auf Basis der sogenannten „Neuen Konzeption“ erarbeiteten Normen bekommen durch Anbindung an die europäische Rechtsordnung einen relativ hohen Verbindlichkeitsgrad. Nationale, europäische und internationale Normung sind eng miteinander verzahnt, so daß es zur Vermeidung von Doppelarbeit und zur Schaffung einheitlicher, widerspruchsfreier Normenwerke gegenseitiger Abstimmung und enger Kooperation bedarf, um den Binnenmarkt in Europa zu stärken, den Handel zu fördern und Handelshemmnisse abzubauen. Qualitätssicherung, Akkreditierung und Zertifizierung spielen hierbei gerade auf dem Umweltsektor zunehmend eine entscheidende Rolle. Zur Erreichung gemeinsamer Ziele im europäischen Umweltschutz müssen Industrie und Staat partnerschaftlich und ergänzend zusammenwirken und die Normungsarbeit unterstützen. Die Problematik wird am Beispiel der Normung zur Luftreinhaltung sowie an der EU-Bauproduktenrichtlinie und der EU-Öko-Audit-Verordnung verdeutlicht.

Tabelle 1: Wichtige Normungsgremien (Technische Komitees) bei CEN und ISO mit dem Thema „Umweltschutz“

Technisches Komitee	Arbeitsbereich	Vorsitz	Sekretariat
CEN/TC 165	Waste Water Engineering	Deutschland	DIN (Deutschland)
CEN/TC 183	Waste Management	Deutschland	DIN (Deutschland)
CEN/TC 211	Acoustics	Deutschland	DS (Dänemark)
CEN/TC 223	Soil Improvers and Growing Media	Großbritannien	BSI (Großbritannien)
CEN/TC 230	Water Analysis	Deutschland	DIN (Deutschland)
CEN/TC 264	Air Quality	Frankreich	DIN (Deutschland)
CEN/TC 292	Characterisation of Waste	Niederlande	NNI (Niederlande)
CEN/TC 308	Characterisation of Sludges	Frankreich	AFNOR (Frankreich)
ISO/TC 43	Acoustics	Deutschland	DS (Dänemark)
ISO/TC 146	Air Quality	Niederlande	DIN (Deutschland)
ISO/TC 147	Water Quality	Deutschland	DIN (Deutschland)
ISO/TC 158	Analysis of Gases	Niederlande	NNI (Niederlande)
ISO/TC 190	Soil Quality	Niederlande	NNI (Niederlande)
ISO/TC 200	Solid Wastes	USA	ANSI (USA)
ISO/TC 207	Environmental Management	Kanada	SCC (Kanada)

Tabelle 2:
CEN/TC 264 „Luftbeschaffenheit"

Gründung: März 1990
Vorsitz: Frankreich
Sekretariat: DIN, vertreten durch KRdL im VDI und DIN

Arbeitsgruppen des CEN/TC 264	Titel	Sekretariate	Anzahl der Normen	Mandatierung durch die EG	Termine für die Übernahme der EN
WG 1	Dioxine (Emission) DIN, Deutschland		3	X	12/96, 02/96, 02/96
WG 2	Dynamische Olfaktometrie – Messung von Geruchsstoffemissionen	NNI, Niederlande	1	-	09/97
WG 3	HCl-Emissionen/Manuelle Methode	AFNOR, Frankreich	3	X	12/95, 12/95, 12/95
WG 4	Gasförmige und dampfförmige organische Stoffe, ausgedrückt als Gesamt-C	BSI, Großbritannien	2	X	09/96
WG 5	Gesamtstaub in geringen Konzentrationen	AFNOR, Frankreich	2	X	09/97, 09/98
WG 6	Schwebstaub < 10 mm (Immission)	DIN, Deutschland	1	X	03/97
WG 7	Beschaffenheit der Innenraumluft – Emissionen von chemischen Substanzen aus Baumaterialien	SIS, Schweden	1	-	---
WG 8	Messung der Gesamtquecksilber-Emission	NNI, Niederlande	2	(X)	(09/98)
WG 9	Qualitätssicherung kontinuierlich arbeitender Meßgeräte	DS, Dänemark	1	-	06/97, 03/98, 03/99
WG 10	Bestimmung der Gesamtemission spezifischer Elemente	DIN, Deutschland	(2)	(X)	12/96, 12/98 12/99
WG 11	Außenluftbeschaffenheit - Passivsammler zur Bestimmung von Gasen und Dämpfen - Anforderungen und Testmethoden	NNI, Niederlande	1	-	12/96,06/98 06/99

Tabelle 3:
Normenausschuß NAGUS des DIN und korrespondierende Komitees des ISO/TC 207

DIN NAGUS		ISO/TC 207	
AA 1	**Terminologie**	SC 6	**Terms and definitions** (Chairman: Norwegen)
AA 2 AK 1	**Umweltmanagement/ Umweltaudit** **„Tools“**	SC 1 SC 2	**Environmental management systems** (Chairman: Großbritannien) **Environmental auditing and related environmental investigations** (Chairman: Niederlande)
UA 1	**Umweltmanagement-systeme**	SC 1/WG 1 SC 1/WG 2	**Specification** (Convener: Frankreich) **Guidance** (Convener: USA)
UA 2	**Umweltaudit**	SC 2/WG 1 SC 2/WG 2 SC 2/WG 3 SC 2/WG 4	**General principles** (Convener: Frankreich) **Audit procedures** (Convener: Deutschland) **Qualification criteria for environmental auditors** (Convener: Großbritannien) **Other types of environmental investigations** (Convener: Niederlande)
AA 3 AK 1	**Produkt-Ökobilanzen** **Grundsätze (der Ökobilanzen)**	SC 5 SC 5/WG 1	**Life cycle assessment** (Chairman: Deutschland) **Life cycle assessment – General principles and procedures** (Convener: USA)
UA 1	**Sachbilanz**	SC 5/WG 2 SC 5/WG 3	**Life cycle inventory – General** (Convener: Deutschland) **Life cycle inventory – Specific** (Convener: Japan)
UA 2	**Wirkungsbilanz/ Bewertung**	SC 5/WG 4 SC 5/WG 5	**Life cycle impact assessment** (Convener: Schweden) **Life cycle improvement assessment** (Convener: Frankreich)
AA 4	**Umweltbezogene Kennzeichnung**	SC 3 SC 3/WG 1 SC 3/WG 2 SC 3/WG 3	**Environmental labelling** (Chairman: USA) **Practitioner programmes** (Convener: Schweden) **Type II (Terms and definitions, symbols, testing and verification methodologies)** (Convener: Kanada) **General principles of all environmental labelling** (Convener: USA)
		SC 4 SC 4/WG 1 SC 4/WG 2	**Environmental performance evaluation** (Chairman: USA) **Generic environmental performance evaluation** (Convener: USA) **Industry-specific environmental performance** (Convener: Norwegen)

Literaturhinweise

Kapitel IV:

[1] Ebersperger Ralf/Mauch Wolfgang: Der Kumulierte Energieaufwand von Waschmaschinen, Hauswirtschaft und Wissenschaft 3/1993, S. 132 ff.

[2] PA Consulting Group/Technology/Cambridge Laboratory, Environmental Labelling of Washing Machines, Melbourn, Royston, Herts SG8 6 DP, August 1991

[3] Gesetz zur Vermeidung, Verwertung und Beseitigung von Abfällen (KrW/AbfG), vom 27. September 1994, Bundesgesetzblatt, Jahrgang 1994, Nr. 66, S. 2705 ff.

[4] Verordnung (EWG) Nr. 1836/93 des Rates vom 29. Juni 1993 über die freiwillige Beteiligung gewerblicher Unternehmen an einem Gemeinschaftssystem für das Umweltmanagement und die Umweltbetriebsprüfung, Amtsblatt der Europäischen Gemeinschaften, Nr. L 168/1

[5] Verein Deutscher Ingenieure: Richtlinie: Konstruieren recyclinggerechter technischer Produkte, VDI 2243, Oktober 1993

[6] Zentralverband Elektrotechnik- und Elektronikindustrie e.V.: Lösungskonzept des ZVEI – Memorandum zum Entwurf einer „Elektronikschrott-Verordnung“ Frankfurt 1993

[7] Gesetz über Umweltstatistiken (UStatG), vom 21. September 1994, Bundesgesetzblatt 1994, Nr. 63, S. 2530 ff.

Kapitel X:

[1] Adams, H. W./Eidam, Gerd: Die Organisation des betrieblichen Umweltschutzes, Frankfurt am Main 1991

[2] Becher, Dieter u. a.: Umweltschutz und technische Sicherheit im Unternehmen (9. Trierer Kolloquium), Heidelberg: V. Decker 1994

[3] Bundesgerichtshof: (2. Strafsenat), Urteil vom 06.07.1990 – „Lederspray“ – BGHSt 137, 106 ff, NJW 1990, 2560 ff.

[4] Eidam, Gerd: Unternehmen und Strafe, Köln: Heymann 1993

[5] IHK Industrie- und Handelskammer für München und Oberbayern (Hrg.): Betriebliches Umweltmanagement, IHK Schriftenreihe Band 39, München 1994

[6] Salje, Peter: Umwelthaftungsgesetz, München: Beck 1993

[7] Schimikowski, Peter: Umwelthaftungsrecht und Umwelthaftpflichtversicherung, 2. Auflage VVW, Karlsruhe 1993

[8] Schmidt-Salzer: Umwelthaftungsrecht, Heidelberg: Verlag Recht und Wirtschaft 1992

[9] Schütz, Matthias (Hrg.): Risiko und Wagnis, Pfullingen: Neske 1990

[10] Steger, Ulrich (Hrg.): Handbuch des Umweltmanagements, München: Beck 1992

[11] Waskow, Siegfried: Betriebliches Umweltmanagement (nach EG-Verordnung) Heidelberg: C.F. Müller 1994

Kapitel XII:

[1] Reihlen, H.: Technische Normen – Freiheit und Bindung. DIN-Mitt. 70. 1991, Nr. 10, D. 527–532

[2] DIN-Normenheft 10: Grundlagen der Normungsarbeit des DIN, Berlin/Köln: Beuth 1991

[3] Amtsblatt der Europäischen Gemeinschaften: „Richtlinie des Rates vom 28. März 1983 über ein Informationsverfahren

auf dem Gebiet der Normen und technischen Vorschriften“ (83/109/EWG)

[4] Mohr, C.: ISO und CEN. DIN-Mitt. 70, 1991, Nr. 6, S. 319–320

[5] DIN Deutsches Institut für Normung e.V., Burggrafenstraße 6, 10787 Berlin, Europäische Normen für 1992 – Ein Leitfaden des DIN

[6] Pohle, H.: Chemische Industrie – Umweltschutz, Arbeitsschutz, Anlagensicherheit, Rechtliche und Technische Normen, Umsetzung in die Praxis. Weinheim 1991

[7] Kleinert, R.: Marktzugang durch Normenkonformität. DIN-Mitt. 71, 1992, Nr. 1, S. 17–23

[8] CEN Normung im Bereich der Umwelt. CEN-Zentralsekretariat, Brüssel, 1992

[9] Grefen, K.: Harmonisierung technischer Regeln im EG-Binnenmarkt – Beitrag der Kommission Reinhaltung der Luft im VDI und DIN. STAUB-Reinhaltung der Luft 51 (1991), Springer-Verlag, S. 199–205

[10] Feldhaus, G.: Grundlagen des Umweltschutzes – Bericht über die Arbeit des NAGUS. DIN-Mitt. 73. 1994, Nr. 7, S. 456–460

[11] Bauproduktenrichtlinie 89/106/EWG: Richtlinie des Rates vom 21.12.1988 zur Angleichung der Rechts- und Verwaltungsvorschriften der Mitgliedsstaaten über Bauprodukte, geändert durch die Richtlinie 93/68/EWG des Rates vom 22. Juli 1993

[12] Bossenmayer, H.: Einführung, Historie und Weiterführung der Europäischen Normung. DIN-Mitt. 73. 1994, Nr. 8, S. 511–515

[13] Zimmermann, N.: CE-Kennzeichnung. TÜ, Bd. 35 (1994) Nr. 11/12, S. 464–468

[14] Verordnung (EWG) Nr. 1836/93 des Rates vom 29. Juni 1993 über die freiwillige Beteiligung gewerblicher Unternehmen an

eincm Gemeinschaftssystem für das Umweltmanagement und die Umweltbetriebsprüfung (ABI. Nr. L 168/1)

[15] Europäische Rechtssetzung zum Umweltschutz – Auswirkung auf die betriebliche Praxis. VDI-Bericht 1147, Tagung Sept. 1994, VDI-Verlag

[16] Umweltmanagementsysteme – Deutscher Beitrag zur internationalen Normung. DIN-Fachbericht 45. 1994, Hrsg.: DIN Deutsches Institut für Normung, Beuth Verlag GmbH

[17] Richtlinie (EWG) des Rates über die Verbrennung gefährlicher Abfälle, Bundesrats-Drucksache 290/92, Ratsdok. 5761/92, Bonn: Heger

[18] Grundlagen der Normungsarbeit des DIN, DIN-Normenheft 10, Berlin: Beuth, August 1987

Autorenverzeichnis

Herwig Bachelin, Dr. jur., ist als Rechtsanwalt und Fachanwalt für Verwaltungsrecht sowie als Seniorpartner der Kanzlei SEUFERT Rechtsanwälte in München und Leipzig überwiegend in der Unternehmensberatung mit Schwerpunkt im Umwelt- und Technikrecht sowie im Planungs-, Boden- und Energierecht tätig. Sein Beitrag entspricht seinem Interesse für Organisations- und Haftungsfragen, der intensiven Befassung mit Umweltmanagement und -audit, dem Rückgriff auf die eigene, mehrjährige Industrieerfahrung in der Mineralölbranche und seiner Mitwirkung in verschiedenen Gremien von Industrie und Wissenschaft, die sich mit den oben genannten Themen befassen.

Franz-Rudolf Brenk, Diplom-Chemiker, ist seit 1987 im Zentralbereich Umwelt der VAW-Aluminium-AG in Bonn beschäftigt und zuständig für die Bereiche Immissionsschutz und Umweltmanagement. Er begann seine berufliche Laufbahn als Laborleiter für organische Analytik beim TÜV Hannover. Zuvor war er Mitarbeiter beim Max-Planck-Institut in Mainz im Bereich Klimaforschung.

Ullrich Didszun, Diplom-Ökonom, ist als Marketing- und Vertriebsleiter bei der Reichart Dienstleistungen und Elektronik-Recycling GmbH beschäftigt. Zuvor war er für die Telenorma GmbH für den Vertrieb und die strategische Geschäftsfeldplanung sowie als Projektleiter „Strategisches Umweltmanagement" tätig.

Klaus Grefen, Dr. Ing., ist Geschäftsführer des Gemeinschaftsgremiums „Kommission Reinhaltung der Luft (KRdL) im VDI und DIN", Düsseldorf und als Sekretär von CEN/TC 264 „Luftbeschaffenheit" sowie des gleichnamigen Technischen Komitees ISO/TC 146 für die technisch/wissenschaftliche Koordinierung der Regelsetzung (Normen, Richtlinien) auf nationaler, europäischer und internationaler Ebene zuständig.

Dietmar Goralczyk, Dr., ist Geschäftsführer der Atlantic Consultants GmbH, München. Er ist seit vielen Jahren als Berater und Trainer für mittelständische Unternehmen und die Großindustrie tätig. Seine Einsatzschwerpunkte sind dabei die Entwicklung von Unternehmensstrategien bzw. die Moderation von Strategieentwicklung, die Umsetzung von Revitalisierungsprozessen in Unternehmen inklusive der dazu erforderlichen Organisations- und Personalentwicklung sowie der Aufbau bzw. die Optimierung von Vertriebssystemen. Er verfügt über langjährige Erfahrung in Marketing, Vertrieb und Management.

Manfred Heller ist Diplom-Biologe und seit 1973 im Hause BMW zuständig für den „Produktionsbezogenen Umweltschutz" mit den Tätigkeitsfeldern: Luftreinhaltung, Schallimmissionsschutz, Wasserwirtschaft, Abfallwirtschaft, Bodenschutz, Gefahrgut. Seit 1979 ist er „Konzernbeauftragter für den Umweltschutz" mit der Zuständigkeit für alle inländischen Produktionsstandorte, Niederlassungen und Tochtergesellschaften. Zusätzlich ist Herr Heller in verschiedenen Verbänden und Ausschüssen aktiv tätig, wie z. B. in VDI-Ausschüssen, Industrie- und Handelskammer, Deutscher Industrie- und Handelstag, Verband der Automobilindustrie, Bundesverband der deutschen Industrie, Technikausschuß in der Gesellschaft zur Altlastensanierung in Bayern u. a.

Hans Jörg Henne, Dr., geboren 1935 in Eisenach, studierte Chemie und Verfahrenstechnik an den Technischen Universitäten Stuttgart und Berlin. Im Jahre 1966 trat er in die BASF ein. Von 1974 bis 1979 leitete er das BASF-Werk Rendsburg. Dann wurde Dr. Henne in den Vorstand der Guano-Werke AG (BASF-Gruppe) berufen und war Geschäftsführer der BASF-Düngemittelwerke Victor in Castrop-Rauxel. Seit 1991 leitet Dr. Henne als Direktor den Bereich Umwelt, Arbeitssicherheit und Energie der BASF AG in Ludwigshafen.

Jürgen Johannson, Dr. jur., ist seit 20 Jahren als Syndikus in der Industrie tätig. Er berät und vertritt seit 8 Jahren schwerpunktmäßig ein großes Bayerisches Chemieunternehmen, Wacker Chemie GmbH, in allen Fragen des Öffentlichen Rechts und Umweltrechts.

Herbert Mrotzek, Dr., leitet seit 1991 die Zentralabteilung Umweltschutz der Bosch-Siemens Hausgeräte GmbH, München. Seit 1986 war er als Referent für Umweltschutz bei der Siemens AG tätig. Schwerpunkt seiner derzeitigen Tätigkeit ist der Aufbau eines betrieblichen Umweltmanagementsystems unter Berücksichtigung von Umweltaspekten über den gesamten Produktlebenszyklus.

Edwin Richter, verfügt über 25jährige Erfahrung in der Elektronikindustrie, davon über 20 Jahre in den Bereichen Service und Logistik. Derzeit ist er als europäischer Serviceleiter bei DIGITAL Equipment für den Bereich „On-Site" (Vor-Ort-Dienstleistungen) tätig.

Hans Joachim Schwarz, ist Umweltschutzbeauftragter der ICL Technology GmbH und Projektleiter Recycling.

Ernst-Georg Zeschmann, Diplom-Ingenieur, hat seit 1976 in der Deutschen Shell AG unterschiedliche Aufgaben im Umweltschutz wahrgenommen und ist seit 1991 Unternehmensbeauftragter für Umweltschutz und Störfallsicherheit. Er vertritt die Interessen des Mineralölwirtschaftsverbandes im BMU-Beirat für Lagerung und Transport wassergefährdener Stoffe und in den Unterausschüssen des DIN/NAGUS für die ISO-Normung von Umweltmanagementsystemen und Umweltaudits.

320 Seiten, Leinen
ISBN 3-7064-0157-6

„Lesen Sie dieses Buch. Es wird Ihr Leben verändern."

Georgette Mosbacher, Autorin von „The Feminine Force"

Auf der Grundlage einer bahnbrechenden 20jährigen Studie über 115 Mitglieder des Harvard Business School-Jahrganges von 1974 beschreibt der Autor, wie die Globalisierung der Märkte und des Wettbewerbs sowie die nachhaltige Auswirkung der Ölkrise von 1973 Karrieren, Gehaltsniveau, Struktur und Funktionsweise von Konzernen und sogar den Begriff „Arbeit" verändert hat.
Dabei wird deutlich, daß konventionelle Karrierewege in Großunternehmen nicht mehr zum Erfolg wie in früheren Zeiten führen.
In seiner Jahr-für-Jahr-Analyse der Entscheidungen, Maßnahmen, Erfolge und Fehlschläge der Mitglieder der Abschlußklasse von 1974 weist der Autor überzeugend nach, daß sich die größten Chancen weg von den großen bürokratischen Unternehmen und hin zu den kleineren oder „unternehmerischer" orientierten Firmen verlagert haben. An diesem Buch werden sich zukünftige Generationen von Managern, Studenten, Unternehmern und all jene orientieren, die ein erfolgreicheres und befriedigenderes Berufsleben anstreben.

John P. Kotter lehrt an der Harvard Business School Unternehmensführung und ist eine international anerkannte Kapazität in den Bereichen Managementverhalten und Unternehmensführung. Er ist Autor zahlreicher Buchtitel, darunter „Erfolgsfaktor Führung", „Die Macht im Management", „Überzeugen und Durchsetzen" sowie Koautor von „Die ungeschriebenen Gesetze der Sieger".

Überall im Buchhandel